La borsa, come il Signore, aiuta chi si aiuta. Ma a differenza del Signore, non perdona coloro che non sanno quello che fanno.

Warren Buffett
(Lettera agli azionisti Berkshire Hathaway del 3 marzo 1983)

Gianpaolo Iuliano

Il cassettista del XXI secolo

I segreti dell'investimento azionario nel lungo termine

Copyright © 2017 Gianpaolo Iuliano

*A mia madre e a mio padre
per l'amore e l'esempio
che mi hanno dato*

Questo libro è stato scritto soltanto con fini informativi ed educativi. Le opinioni espresse non costituiscono dunque, in alcun modo, consulenza finanziaria o sollecitazione al pubblico risparmio. Non si garantisce l'accuratezza e completezza dei dati in esso contenuti e si declina ogni responsabilità. Ogni lettore deve considerarsi responsabile per i rischi dei propri investimenti e per l'eventuale uso che fa delle informazioni contenute in queste pagine. I consigli presenti nel libro non sono un'offerta o un invito a comprare o a vendere titoli.

Sommario

Prefazione..pag. 11

I) Le basi logiche dell'investimento
1 – Scopo dell'investimento 15
2 – Immobili, attività reali e attività finanziarie.................... 16
3 – L'inflazione e il rendimento reale...................................... 29
4 – Investire o speculare?... 34
5 – Speculazione in borsa, giochi e casinò............................. 37
6 – Il trading on line... 44
7 – Analisi tecnica: come viene applicata al trading............. 47
8 – Metodi quantitativi, investimenti e probabilità................ 53

II) La scelta degli investimenti
1 – Criteri di allocazione del patrimonio e del risparmio 57
2 – I conti correnti e i conti deposito 63
3 – I titoli di stato e le obbligazioni 65
4 – Il mercato azionario 71
5 – I fondi comuni 74
6 – Le polizze assicurative... 80
7 – I fondi pensione 84
8 – Gli ETF 89
9 – Gli hedge fund 92
10 – I consigli *classici* e dannosi di banche, giornali e intermediari........ 95
11 – L'importanza della liquidità degli investimenti............... 102
12 – La tassazione dei capital gain e la *"minipatrimoniale"* 104

III) Come investire in titoli azionari
1 – I rendimenti storici del mercato azionario, obbligazionario e dei titoli di stato 109
2 – Perché investire nel mercato azionario USA..................... 114
3 – Perché nel lungo periodo gli indici azionari (e le singole azioni) salgono? 119
4 – La teoria dei mercati efficienti, il C.A.P.M. e il Beta......... 129
5 – Ben Graham, Mr. Market e il mercato efficiente, e il value investing secondo Warren Buffett... 134
6 – L'investitore passivo, l'investitore attivo e la diversificazione 139
7 – L'illusione di prevedere il mercato azionario 147
8 – Che cosa ha funzionato nel mercato................................. 151
9 – Da Graham a Buffett (dal value investing al long term investing).. 157
10 – Le caratteristiche delle aziende su cui investire nel lungo termine (il ROIC, l'Owner's earning, il free cash flow) 162
11 – La valutazione delle aziende quotate............................. 178
12 – Joel Greenblatt, la Formula magica e il Grande segreto per il piccolo investitore... 183
13 – Investire nei titoli che pagano dividendi 189
14 – I Dividend Kings, i Dividend Aristocrats e i Dividend Achievers... 198

IV) Costruire e gestire un portafoglio azionario per il lungo termine
   1 – Modi di cercare le aziende con un vantaggio competitivo durevole...203
   2 – I criteri per la costruzione del portafoglio..211
   3 – La gestione del portafoglio e la psicologia dell'investitore 214
   4 – Quando vendere e la rotazione del portafoglio 222
   5 – Gli obiettivi di lungo termine e il pensionamento (la regola del 4%) 226
   6 – Conclusioni 235

Prefazione

Lo scopo di questo libro, è quello di riunire in un testo, scritto in un linguaggio il più possibile semplice, i criteri che, sulla base dell'evidenza storica e dei risultati comprovati raggiunti in passato dai grandi investitori, il singolo risparmiatore potrebbe o dovrebbe seguire per aumentare le probabilità di realizzare un investimento profittevole sul mercato finanziario.

Ancora oggi, infatti, nonostante decenni di esperienze negative subite dai più sul mercato azionario, si vedono persone che, a prescindere dal capitale a disposizione, acquistano uno o al massimo due/tre titoli in borsa, motivati da voci, notizie lette sui quotidiani o su internet, o semplicemente perché gli è simpatico o è famoso il brand della società (ad esempio Fiat, Enel, Unicredit, Telecom Italia, ecc.).

L'acquisto è fatto soltanto in prospettiva di una risalita in una percentuale sperata o, addirittura, *infinita* dei titoli in questione che, spesso, dà luogo a cocenti delusioni. Oppure, in altri casi, l'acquisto da parte del piccolo risparmiatore è basato sul criterio, apparentemente più scientifico, dell'*analisi tecnica* che si basa su segnali provenienti da indicatori grafici (supporti, resistenze, ecc.) e/o algoritmici (medie mobili, ecc.). Essi, applicati a passate evoluzioni di prezzo, sembrano funzionare benissimo, ma all'atto pratico pongono di fronte a tantissimi problemi e a scarsi risultati.

Per non parlare delle situazioni in cui si usano strumenti derivati (opzioni, *covered warrant*) o gli acquisti a leva (ad es. marginazione), con i quali in taluni casi si può perdere tutto il capitale e anche oltre.

Gli antichi romani saggiamente dicevano: "*caveat emptor*", cioè *il compratore stia attento*, motto che, nonostante sia molto antico, è rimasto perfettamente attuale nel corso dei secoli. Infatti, quasi tutti sanno di storie di familiari, parenti, amici, o conoscenti rovinati da investimenti disastrosi nel mercato finanziario.

Investire in proprio, autonomamente, non è per tutti e richiede un patrimonio adeguato, molta pazienza, capacità di non farsi influenzare, e conoscenza dei meccanismi che regolano il mercato finanziario. Tuttavia, seguendo le strategie che hanno avuto un successo verificabile nel lungo termine, si arriva a esiti quasi sicuramente soddisfacenti.

Ma esistono delle strategie vincenti nel mercato azionario, e soprattutto provate da risultati storici e da tutti verificabili? Sì che ce ne sono, vanno sotto il nome di *"value investing"* e in qualche modo sono state pure rese pubbliche da coloro che le hanno applicate con ottimi risultati nel corso dei decenni.

Le stesse costituiscono la parte centrale di questo libro, che si propone di spiegare perché tali strategie hanno senso economicamente e funzionano, se utilizzate nel lungo periodo, e perché le stesse ben si adattano anche a un comportamento da *cassettista*. È quello che risulta più semplice da seguire, in quanto non richiede un'elevata rotazione di portafoglio ma, al contrario, una compravendita dei titoli poco frequente.

Oggi, grazie alla libera circolazione dei capitali e alle pressoché infinite risorse offerte da internet, è possibile, senza attese e costi significativi, investire in modo saggio. Ossia, scegliendo i mercati e i titoli dove ci sono le maggiori opportunità di profitto e dove l'investitore è più tutelato, e guardando alle scelte di portafoglio di coloro che hanno avuto successo nella gestione dei capitali investiti.

Per illustrare i concetti alla base del *"value inve-*

sting" si farà riferimento alle massime e agli insegnamenti degli investitori che lo hanno applicato con importanti risultati, tra cui Benjamin Graham, Warren Buffett, Peter Lynch, Joel Greenblatt e altri.

L'approccio che viene usato nel presente testo è di tipo esclusivamente pragmatico, il linguaggio è volutamente semplice e comprensibile ai più, e i riferimenti alla teoria rimangono entro lo stretto indispensabile. Nonostante ciò, poiché la teoria del *"value investing"* si è sempre basata su specifiche valutazioni dei bilanci aziendali, per comprendere appieno il contenuto del testo al lettore è richiesta una conoscenza di base degli schemi di bilancio e dei risultati economici delle aziende.

I) Le basi logiche dell'investimento

1. Scopo dell'investimento

L'investitore può essere mosso a risparmiare e investire il proprio denaro da tante motivazioni individuali diverse, condivisibili o meno.

C'è chi vuole pagare l'università ai figli, chi comprare una seconda casa, chi andare in pensione prima del tempo, o solo integrare la pensione, oppure lasciare un'eredità ai figli. O c'è chi, semplicemente, vuole accumulare una somma per far fronte agli imprevisti del futuro, che in una vita normale certamente possono verificarsi. C'è anche chi decide di risparmiare per finanziare particolari consumi in un periodo più o meno prossimo: come acquistare un'auto di lusso, una barca o fare una vacanza costosa.

La differenza principale tra gli scopi che possono muovere il risparmiatore è che costui, nelle sue intenzioni, può fissare degli obiettivi da raggiungere nel breve o nel medio/lungo termine. In realtà, come si vedrà nel prosieguo, per la gran parte della popolazione i principali motivi per risparmiare dovrebbero essere di tipo previdenziale, posto che tutte le previsioni indicano come si prepari un futuro sempre più difficile per lavoratori e pensionati.

Di solito gli obiettivi di breve termine non si adattano a sostenere un percorso d'investimento, a meno di colpi di fortuna, in quanto, come si vedrà meglio in seguito, i risultati di una strategia efficace spesso si mostrano in periodi di tempo medio/lunghi, beneficiando della capitalizzazione composta dei rendimenti,[1] mentre nel breve termine sono condizionati dalla casualità degli andamenti del mercato, come verrà ampiamente illustrato.

In massima parte si può affermare che i guadagni a breve termine sono influenzati principalmente dalla casualità, detta in altri termini *fortuna*, mentre quelli a lungo termine dall'efficacia della strategia adottata. Pertanto, nel momento in cui ci si propone di raggiungere dei guadagni nel breve, il problema è che ci si affida in gran parte alla buona sorte, se si acquistano strumenti rischiosi che possono subire forti e imprevedibili oscillazioni di prezzo come le azioni, l'oro da investimento, o le obbligazioni con vita residua lunga.

Di fatto, comunque, tutte le motivazioni personali che muovono il risparmiatore, e come abbiamo visto possono essere le più diverse, si propongono un solo obiettivo che può essere sintetizzato nella frase: *"costruire o accrescere il patrimonio"*.

2. Immobili, attività reali e attività finanziarie

Lasciando da parte, per il momento, le tante ragioni diverse che spingono il singolo individuo all'investimento, la prima scelta di fronte a cui si trova il risparmiatore è se acquistare attività *reali* o *finanziarie*.

---

[1] Si ricorda che: nella capitalizzazione semplice gli interessi si applicano sempre e solo sul capitale iniziale, e non sono fruttiferi di ulteriori interessi, mentre nella capitalizzazione composta, alla fine di ogni anno, l'interesse maturato viene sommato al capitale iniziale, per costituire così un nuovo capitale più elevato su cui si producono gli interessi nel periodo successivo. È attraverso la capitalizzazione composta che una piccola cifra iniziale può essere incrementata a un importo considerevole sfruttando il fattore tempo, tanto è vero che ad Albert Einstein, forse il più grande scienziato del XX secolo, viene attribuita la frase *"L'interesse composto è la forza più potente dell'universo"*. A titolo di esempio un capitale di 10.000 euro investito costantemente al 20% composto per 30 anni ammonterebbe alla fine a 2.307.000 euro [la formula è 10.000 x (1+ 0,2) ^{30}].

I) LE BASI LOGICHE DELL'INVESTIMENTO

Nella prima categoria rientrano gli immobili, l'oro, le materie prime,[2] i preziosi, gli oggetti di antiquariato e d'arte. Nella seconda, titoli di stato, obbligazioni, azioni, quote societarie, depositi a risparmio, Buoni fruttiferi, certificati di deposito e tutto quanto rientra nel variegato mondo delle attività finanziarie (valute, strumenti finanziari derivati, ecc.).

Ora, tralasciando le attività finanziare sulle quali verte il contenuto di questo lavoro, voglio intrattenere i miei lettori sulle differenze principali tra le attività *reali* e *finanziarie*.

La principale diversità è facilmente intuibile a tutti e riguarda la tangibilità: ossia il fatto che le attività reali (da res = cosa) si possono toccare con mano, mentre le attività finanziarie sono al massimo rappresentate da certificati. Oggi sono quasi esclusivamente immateriali e, quindi, l'unico modo di rapportarsi a esse è leggerne il prezzo o il valore su documenti scritti (listini, estratti conto, ecc.) o, sempre più spesso, su una schermata di un PC o di uno smartphone.

Molte persone propendono per acquistare attività reali giacché preferiscono avere sottomano qualcosa da poter toccare, e che dovrebbe garantire la tenuta del valore in caso di aumento dei prezzi, ma ciò spesso si rileva una falsa percezione.

Esaminiamo separatamente le varie categorie di beni *reali*, che vengono normalmente acquistati come forma d'investimento, e le relative controindicazioni.

Immobili

Rappresentano da sempre il grande amore degli italiani verso cui si sono indirizzati nei decenni i risparmi dei cittadini che, in tal modo, li hanno difesi dall'inflazione la quale ha contraddistinto gran parte del '900. Tuttavia va subito detto che le cose nel XXI

---

[2] Dette in gergo finanziario *commodities*, il cui prezzo è trattato nelle borse merci.

secolo stanno profondamente cambiando, rendendo in gran parte obsoleto il modo di pensare che ha dato buone soddisfazioni nel secolo precedente.

In linea generale, la prima casa di abitazione rimane un ottimo investimento, salvo per chi abbia esigenze di mobilità lavorativa, circostanza che, com'è noto, si verifica sempre più frequentemente per le generazioni più giovani. Difatti l'abitazione principale è tassata in modo ridotto, anche in Italia e nonostante i recenti aumenti. Consente di risparmiare il canone mensile di locazione da pagare al proprietario e i disagi di doverne trovare periodicamente una in affitto, adatta alle proprie esigenze, con la conseguente impossibilità di personalizzarla come si desidera.

Alla casa in cui si abita, si può attribuire, inoltre, un valore d'uso o di esperienza che, in parte, prescinde dalle considerazioni economiche.

Nel caso non se ne possegga già una per eredità o donazione di genitori o parenti, e si sia raggiunta la stabilità lavorativa (purtroppo oggi sempre più difficile), normalmente l'acquisto della prima casa dovrebbe precedere l'idea di qualunque investimento finanziario. Ovviamente tale acquisto va fatto con attenzione e solo se il prezzo è ragionevole. Dopo gli anni della *bolla immobiliare* che ha gonfiato in maniera assurda i prezzi dei fabbricati dal 2002 al 2007, anni immediatamente successivi l'ingresso nell'euro, con il conseguente ribasso dei tassi di interesse, dal 2011 in poi si sta verificando un consistente e prolungata diminuzione dei prezzi. Le condizioni che hanno determinato la crescita della bolla immobiliare 2002-2007, (repentina discesa dei tassi, spinta a concedere mutui al 100% e oltre del valore degli immobili, dovuta alla consistente fascia di popolazione nata dal 1965 al 1975), infatti non ci sono più e non hanno più influenza sul mercato.

Al di là della prima casa, in generale l'acquisto di immobili per investimento comporta rischi particolari che non vi sono in altri generi di impieghi del denaro:

I) LE BASI LOGICHE DELL'INVESTIMENTO

ricerca degli inquilini, problemi di condominio, sfratti, ecc., e che, di per sé, farebbero desistere dal comprare.

L'unico vantaggio significativo è che il valore di un fabbricato è difficile che si possa azzerare come quello di un'attività finanziaria. Ma, in contropartita, vi è il rischio molto elevato di smobilizzo. Si tende giustamente a dire che gli *"immobili sono solidi ma non sono liquidi"*. La ricerca di un compratore (o di un inquilino), come molti hanno esperienza, è spesso un'impresa ardua e bisogna ridurre di parecchio le aspettative. Inoltre, le tasse (IRPEF, IMU, TARSU) e le spese (spese di condominio, manutenzione ordinaria e straordinaria, lavori sulle parti comuni condominiali, utenze per acqua, luce e gas, ecc.), sommate negli anni, sono capaci di azzerare il canone di affitto percepito, o il guadagno che ipoteticamente si può riuscire a ottenere in caso di rivendita.

Tuttavia, nonostante le situazioni siano cambiate, oggi l'acquisto di un immobile fa sentire ancora tranquillo il risparmiatore, (essenzialmente perché non è a conoscenza del suo reale valore di mercato, come avviene invece per i titoli che hanno una quotazione), fino a che non cercherà di rivenderlo, o di affittarlo, accorgendosi di avervi riposto delle false speranze. Inoltre, comprare immobili, richiedendo un capitale consistente e spesso tutto quello a disposizione, è un'azione contraria al principio della diversificazione (salvo ovviamente il caso di grandi patrimoni), che dovrebbe caratterizzare tutti gli investimenti. Ancor più rischioso è l'acquisto finanziato attraverso un mutuo, in quanto, a un'uscita certa, (le rate del finanziamento, che si aggiungono alle tasse e alle altre spese, comunque dovute), si contrappone un'entrata incerta (i canoni di locazione), cosicché le entrate non coprono le uscite.

Con l'acquisto di un fabbricato, ci si lega mani e piedi alle prospettive economiche non solo dell'Italia, ma addirittura del luogo (provincia, città, quartiere) in cui è ubicato l'immobile. Al di là del luogo, comunque, che

potrebbe risentire di dinamiche particolari (alcune località turistiche di richiamo, città universitarie, ecc.), per chi compra come investimento seconde e terze case o fabbricati commerciali in Italia, sperando nella loro rivalutazione, le prospettive non sono rosee. Vi sono fattori di lungo termine che stanno incidendo molto negativamente sul mercato immobiliare, e per i quali è difficile ipotizzare inversioni di tendenza. Si tratta, in particolare di:
 a) curva demografica e invecchiamento della popolazione italiana;
 b) crisi economica persistente e crescente precarietà del lavoro, soprattutto per i giovani;
 c) riforme delle pensioni.

a) Curva demografica

Le case sono uno stock sempre in aumento, poiché le nuove costruzioni si aggiungono alle vecchie, mentre la popolazione italiana rimane pressoché stabile: gli immigrati compensano il forte calo di natalità dei residenti. In base alle attuali proiezioni demografiche elaborate dall'Istat, per il 2050 la popolazione dell'Italia sarà a livello numerico simile a quella di oggi, ossia di 61 milioni di abitanti, ma con notevoli differenze al suo interno. Infatti, il 20% della popolazione si prevede sarà costituito da immigrati o figli d'immigrati di seconda e terza generazione. A livello di fasce d'età, poi, ci sarà una preoccupante rivoluzione. Oggi (2015) in Italia il 21% della popolazione ha più di 65 anni, il 14% ha meno di 14 anni e il restante 65% ha un'età compresa tra i 15 e i 64 anni. Secondo una classificazione delle Nazioni Unite si definiscono super-anziane le nazioni che presentano più del 20% della popolazione oltre i 65 anni. Nel mondo, in questo momento, esistono solo tre paesi considerati super-anziani: il Giappone, la Germania e l'Italia.

Il calo della natalità fa in modo che, nel 2050, si

I) LE BASI LOGICHE DELL'INVESTIMENTO 21

prevedano percentuali ancora più squilibrate: il 12,9% della popolazione avrà meno di 14 anni, il 54,1% un'età compresa tra i 15 e i 64 anni e il restante 33% oltre i 65 anni. Quindi, si può ben capire che la fascia di popolazione anziana sarà ben più numerosa rispetto a oggi, e ciò graverà pesantemente sulle giovani generazioni. Infatti, ciò farà aumentare le spese per il servizio sanitario nazionale e quelle private dei cittadini anziani. Il futuro dell'Italia, già soltanto alla luce della demografia, non si prospetta molto roseo, ed è difficile ipotizzare che i futuri anziani farebbero incetta di case invece che spendere per la sopravvivenza quotidiana e le cure sanitarie.

In Italia, poi, già oggi oltre l'80% delle famiglie vive in una casa di proprietà, e una consistente fetta di giovani italiani è nella prospettiva di ereditare una casa da nonni e bisnonni (o di averla già ereditata). Significa che la domanda di abitazioni di nuova costruzione è a dir poco stagnante e non sono prevedibili fantomatiche riprese o boom nel settore.

b) Crisi economica e crescente precarietà del lavoro

Inoltre, in linea generale le case salgono di valore e lo mantengono nel tempo solo se l'economia di un paese cresce nel suo complesso (come è successo in Italia nel dopoguerra e fino alla fine degli anni '80). Se, invece, come avviene ora in Italia, l'economia è in un declino strutturale e di lungo termine, con PIL fermo o in calo, tasse in aumento, disoccupazione crescente e difficoltà anche nel portare avanti qualunque attività d'impresa e di lavoro autonomo, sia le case, sia gli immobili a uso commerciale, sono destinati a perdere di valore.

Al di là del livello medio dei redditi, per l'acquisto di un'abitazione (e in parte anche per prenderla in affitto) contano pure molto la fiducia e le aspettative per il futuro. E con riferimento a tali prospettive, va evidenziato che le nuove famiglie giovani, tra l'altro poche per ragioni demografiche, alle prese con un mercato del lavoro difficile e con una conseguente erogazione di mutui complicata, non riescono a comprare una casa neppure ai prezzi attuali quando ne hanno bisogno. Molti tra i giovani più capaci e/o intraprendenti, tali da avere l'opportunità di spuntare redditi medio/alti, e quindi con la possibilità di accedere più facilmente al mercato immobiliare, se possono, si trasferiscono all'estero. Ciò impoverisce ancor di più l'economia e la società italiana, privandola dei suoi migliori elementi per il futuro.

c) Riforme delle pensioni

Per quanto riguarda le pensioni, poi, man mano che le riforme sull'aumento dell'età pensionabile entreranno a regime, sempre più persone oltre i 65 anni si troveranno con dei redditi più bassi. Il sistema contributivo introdotto per tutti dalla c.d. *legge Fornero*, unito a coefficienti di trasformazione[3] poco generosi, riduce di molto l'importo della pensione, che fino a pochi anni fa si avvicinava a quello dell'ultimo stipendio percepito.

Attualmente si prevede che nel 2050 l'età minima per andare in pensione sarà di circa 70 anni o con almeno 46 anni(!) di contributi. E tutto questo a fronte di un assegno pensionistico assai più leggero rispetto a oggi che dovrebbe essere, se va bene, attorno al 50% del totale dell'ultimo stipendio percepito.

A parte la follia di tenere a lavorare una persona di 70 anni,[4] saranno poi sempre più numerosi i casi in cui

---

[3] Il coefficiente di trasformazione è la percentuale che applicata al montante contributivo (ossia sul totale dei contributi versati nella vita lavorativa) dà origine all'importo della pensione. Attualmente tale coefficiente si colloca intorno al 5%.

[4] Tali scelte politiche, propagandisticamente giustificate con l'allungamento della speranza di vita, hanno come unica logica quella di tentare di tenere in piedi

I) LE BASI LOGICHE DELL'INVESTIMENTO

si verificherà la perdita del posto di lavoro senza poter percepire pensione. Difatti, l'aspirante pensionato, anche senza lavoro, è costretto ad aspettare i 67 anni (oggi, ma in futuro fino a 70) per maturare la pensione. Al massimo potrà accedere a forme di esodo volontario incentivato, senza stipendio per alcuni anni, fino alla pensione. Sarà ben difficile che le aziende vorranno mantenere in servizio lavoratori così anziani, tenuto conto che, a una certa età, si fa un'enorme fatica a mantenere gli standard di produttività richiesti, e faranno di tutto per liberarsene.

Molti di loro cercheranno di vendere la nuda proprietà o le seconde case, ed è evidente che l'offerta supererà di molto la domanda. Inoltre tanti immobili, magari in cattive condizioni e da ristrutturare, saranno ereditati nei prossimi anni da chi non avrà dei redditi sufficienti a mantenerli. Pertanto se costoro, come è probabile, li mettessero in vendita, l'offerta aumenterebbe ancora. E tutto questo senza tener conto della tassazione sui fabbricati diversi dalla prima casa, già pesantissima e che salirà ancora di più con la prossima riforma del catasto.

È evidente che siamo di fronte a un cambio epocale del mercato immobiliare. La casa sta diventando semplicemente un bene d'uso e non un bene rifugio su cui investire. Deve, quindi, essere dimenticata la legge cui ci si è abituati dal dopoguerra fino al 2007, ossia che la casa nel lungo periodo non perde mai valore. Ciò non funzionerà più e un numero sempre crescente di case, negozi e magazzini saranno destinati a rimanere vuoti e, quel che è peggio, a deteriorarsi con il tempo.

Naturalmente, quanto detto sopra per i fabbricati, vale ancor di più per i terreni, e in particolare per quelli edificabili, il cui valore dipende dalla concreta possibilità per il compratore di avere convenienza a coltivarlo (terreno agricolo) o a costruirvi sopra (suolo

---

il disastrato sistema pensionistico italiano.

edificabile). Per le ragioni viste sopra, dati i complessi calcoli di convenienza e gli enormi rischi di immobilizzo del capitale per chi acquista un terreno, (senza contare le tasse e in particolare l'IMU), l'acquisto è sconsigliabile per chiunque, a meno che non si tratti di un operatore specializzato del settore.

In definitiva, per un risparmiatore privato investire oggi in Italia in abitazioni o immobili commerciali da mettere a reddito, viste le premesse fatte, è, tranne rari casi, una sorta di *suicidio finanziario*. E in ogni caso non riflette quello che deve essere il criterio che, come visto, deve guidare gli investimenti, e cioè costruire o accrescere il patrimonio. Difatti i rendimenti che si possono riscontrare per un investimento immobiliare medio effettuato oggi nel nostro paese, al netto delle spese e delle tasse, e con aspettative di rivalutazione quasi inesistenti, sono negativi. Consistono, cioè, in una perdita netta o, nella migliore delle ipotesi, se si percepisce un canone di locazione, prossima allo zero.

Le gravissime difficoltà nell'andamento del settore immobiliare in Italia sono evidenziate nel seguente grafico[5] (aggiornato al 2014), dal quale si evince che

Fonte: elaborazione su dati OMI, Banca d'Italia, Istat e *Consulente immobiliare*.
(1) Valori corretti per la stagionalità e per gli effetti di calendario. – (2) Prezzi delle abitazioni deflazionati con l'indice dei prezzi al consumo.
Fonte: http://www.bancaditalia.it/pubblicazioni/bollettino-economico/2015-2/boleco_2_2015.pdf

dal 2007, dopo lo scoppio della bolla immobiliare, i

---

[5] Fonte: www.scenarieconomici.it su dati OMI, ISTAT e Banca d'Italia.

prezzi delle abitazioni in termini reali (cioè al netto dell'inflazione) sono scesi del 25% rispetto al 2007, mentre il numero di compravendite si è dimezzato. Né, del resto, negli anni 2015 e 2016 vi è stato qualche miglioramento sostanziale, a testimonianza delle cupe prospettive del nostro mercato.

In ultimo, va segnalato, come elemento futuro di ulteriore pressione sul mercato, il fatto che nei prossimi anni sono previsti vasti programmi di dismissioni delle proprietà immobiliari da parte di Enti Pubblici territoriali, società a partecipazione pubblica, e Casse previdenziali private. Tali soggetti sono spinti, da un lato, dalla necessità di far cassa, dall'altro, dal basso rendimento che in questo periodo ottengono dal loro patrimonio. A questi si aggiungono, poi, le Banche che, per effetto delle aumentate insolvenze sui mutui e sui prestiti, dovute alla crisi (detti *incagli* e *sofferenze* o in inglese *non performing loan*), hanno acquisito un consistente stock di immobili pignorati di cui hanno intenzione di disfarsi.

Naturalmente le considerazioni pessimistiche viste sopra potrebbero non valere per immobili situati all'estero, in luoghi dove vi sono dinamiche economiche e demografiche diverse da quelle del nostro paese. Tuttavia, in tal caso, per chi continuerebbe a vivere in Italia, possedendo fabbricati in altri paesi, le difficoltà di gestione sarebbero moltiplicate dalla distanza geografica e dalle differenze culturali rispetto al luogo di ubicazione.

Oro

Va premesso che l'oro, i diamanti, i preziosi, gli oggetti d'arte, non danno alcun rendimento al loro proprietario, ma anzi, spesso richiedono di pagare delle spese per la loro custodia. È questo il loro svantaggio rispetto alle attività finanziarie, le quali, come si vedrà, oggi non richiedono più spese di deposito e danno generalmente un rendimento sotto forma d'interessi o dividendi.

Analogamente agli immobili tali forme di investimento non sono adatte alla costruzione e all'accrescimento del patrimonio. Il fatto di non produrre rendimenti sconsiglia tali attività a chi vuole avviare un processo di accumulazione patrimoniale, ossia basato sui guadagni realizzati che possono generare altri guadagni, cioè sul principio dell'interesse composto.

Come ha detto Warren Buffett a proposito di chi possiede oro e altre attività similari:[6] *"non sono stimolati da quello che l'attività in se stessa potrà produrre – rimarrà senza vita per sempre – ma piuttosto dalla convinzione che altri la desidereranno ancor più avidamente in futuro (...) anche se possiedi un'oncia d'oro per l'eternità, alla fine avrai sempre quell'oncia"*.

L'oro, da un punto di vista fisico, è un materiale uguale in ogni parte del mondo, e questo consente una quotazione standard che rappresenta, senza dubbio, un vantaggio. In Italia, poi, a differenza degli altri preziosi e beni di lusso, l'acquisto dell'oro da investimento in lingotti o monete è esente da IVA. Inoltre la sua rivendita è abbastanza facile da realizzare.

Il principale problema dell'oro, a parte la custodia in luoghi sicuri, è che la sua quotazione ha avuto, storicamente, delle grandi oscillazioni, che ovviamente non è stato possibile prevedere in anticipo. Spesso, inoltre, la *febbre* per il metallo giallo cresce nel momento in cui le quotazioni sono molto alte. Allora qualcuno avventatamente si *butta*, sperando in un'ulteriore loro crescita. In tal modo, all'incauto investitore occorreranno tanti anni per recuperare la somma spesa inizialmente, im-

---

[6] Warren E. Buffett (nato ad Omaha negli USA nel 1930) è considerato il più grande investitore di sempre. Nel 2008, secondo la rivista Forbes, è stato l'uomo più ricco del mondo, mentre nel 2015, con un patrimonio stimato di 72,7 miliardi di dollari, sarebbe il terzo uomo più ricco del mondo, dopo Bill Gates e Carlos Slim Helú. Buffett è soprannominato *"l'oracolo di Omaha"* per la sua sorprendente abilità negli investimenti finanziari. L'articolo citato è stato pubblicato sulla rivista *Fortune* del 27.02.2012.

mobilizzando un capitale che avrebbe potuto essere impegnato in modo diverso e più proficuo.

Per quanto riguarda, poi, la capacità dell'oro nel tempo di difendere il potere d'acquisto di chi lo possiede, si rinvia l'argomento allo specifico paragrafo sull'inflazione.

Va segnalato che anche nel settore dell'oro, grazie alle nuove tecnologie, si stanno diffondendo truffe sempre più difficili da scoprire.[7]

Diamanti, gioielli e orologi

Assolutamente da evitare sono i diamanti, in quanto i risultati per gli sfortunati risparmiatori che li hanno acquistati in passato sono stati a dir poco deludenti, se non disastrosi.[8] Basti dire che, a differenza dell'oro, che salvo le truffe, è perfettamente fungibile, i diamanti non sono tutti uguali, vanno pesati, valutati secondo il grado di purezza. Un comune risparmiatore non può avere alcun controllo sulla qualità di quello che acquista, salvo confidare nell'onestà e nella correttezza di chi glielo vende (che sarebbe in palese conflitto d'interessi e tentato di spuntare dal compratore quanto più possibile). Per l'acquisto dei diamanti non è previsto alcun tipo di esenzione IVA, per cui la vendita da parte di un operatore professionale o commerciante comporta l'applicazione dell'aliquota ordinaria del 22% (nel 2016). Quindi, se li si compra per investimento è come se si partisse già con una perdita da recuperare. E questo a patto che il valore di acquisto si mantenga intatto.

È invece probabile che, trattandosi di preziosi non fungibili, al momento della rivendita sarà difficile tro-

---

[7] Sempre più spesso si sente parlare di contraffazione di lingotti d'oro con tungsteno placcato oro. Questo capita perché il peso specifico dell'oro (19,25 grammi/cmc) è pressoché identico a quello del tungsteno. È più difficile la falsificazione di sterline oro, krugerrand o altre monete da investimento, anche se in Cina vengono prodotte copie placcate delle monete d'oro più famose.

[8] Cfr. Beppe Scienza, *Il Risparmio Tradito*, pag. 166-167.

vare un compratore disposto a pagarne il prezzo di mercato (sempre che si trovino riferimenti affidabili di prezzo) e, pertanto, si sarà portati a svendere i diamanti.

Ancora peggio è un investimento in orologi di lusso, gioielli e argenteria. È difficile disfarsene, ed è possibile solo svendendo i pezzi, tenuto conto che il prezzo di acquisto include l'IVA e i margini dei commercianti. L'unico scopo verosimile di acquistare orologi e gioielli di lusso è la soddisfazione di possederli, ed è meglio comprarne il più possibile di tipo economico, considerandola per quella che è: una spesa in beni di consumo.

Arte e antiquariato
Per gli stessi motivi sono del tutto sconsigliabili come investimenti gli oggetti d'arte (quadri, ecc.) e di antiquariato (mobili antichi, ecc.). Per acquistarne bisogna essere esperti del settore e non avere fretta. Se non si è esperti, è meglio lasciar perdere, poiché l'asimmetria informativa (cioè la differenza tra le informazioni di cui dispone il venditore rispetto a quelle di cui è a conoscenza il compratore) è elevatissima. Per un oggetto d'arte è molto facile non capire bene quello che stanno cercando di venderci. Inoltre, si deve tenere conto che l'illiquidità di tali beni è massima, e anche un esperto potrebbe dover aspettare anni per trovare un compratore cui rivendere, anche considerato che oggi ci sono i siti di vendite online come Ebay, Kijiji, Subito, ecc. Nel frattempo c'è il problema della custodia e della manutenzione, che richiedono cura e spazi adeguati, e dell'immobilizzo del capitale speso per l'acquisto, senza ricevere alcun interesse o rendimento per tutti gli anni o, addirittura, i decenni durante i quali si possiederà l'oggetto.

Viste le controindicazioni all'acquisto di attività reali come strumenti d'investimento del risparmio, nel presente testo si tratterà esclusivamente delle attività finanziarie e, in modo particolare, dell'*investimento nel mercato azionario come strumento di crescita della ricchezza nel lungo termine*.

3. L'inflazione e il rendimento reale

Chi vuole incrementare il capitale investito, innanzitutto dovrà fare attenzione a non perderlo. Oltre alle perdite vere e proprie, dovute al mancato rimborso o alla diminuzione del valore delle attività (reali o finanziarie) che sono state acquistate in precedenza, esiste una perdita più subdola dovuta all'inflazione. Infatti, quello che conta per un investitore non è il rendimento *nominale*, ossia la semplice differenza tra quanto versato e quanto incassato, ma il rendimento *reale* che, invece, tiene conto della perdita di potere d'acquisto della moneta nel tempo a causa dell'aumento generalizzato del livello dei prezzi.[9]

In uno splendido articolo scritto per la rivista *Fortune* del 27.02.2012 Warren Buffett ha sottolineato l'importanza del rendimento reale affermando che: "*l'investimento è spesso descritto come il processo con cui ci si priva di denaro oggi, nell'aspettativa di riceverne di più in futuro*".

Alla Berkshire Hathaway[10] definiamo l'investimento come: "*il trasferimento ad altri di potere d'acquisto oggi, con la ragionevole aspettativa di ricevere maggior potere d'acquisto – dopo aver pagato le tasse sul guadagno nominale – in futuro*".

Buffett continua: "*Dalla nostra definizione deriva un importante corollario: La rischiosità di un investimento è misurata (...) dalla ragionevole probabilità che l'investimento causi al suo proprietario una perdita di*

---

[9] La formula per il calcolo del rendimento reale è uguale al rapporto [(1 + tasso di rendimento nominale)/(1 + tasso d'inflazione)].

[10] La società d'investimento di Buffett, che oggi è un conglomerato finanziario con una capitalizzazione che a fine 2016, sfiora i 400 miliardi di dollari.

potere d'acquisto nel corso del suo periodo di possesso.

(...) Gli investimenti che sono denominati in moneta includono fondi monetari, obbligazioni, depositi bancari e altri strumenti. La maggior parte di tali strumenti 'in moneta' vengono pensati come 'sicuri'. In realtà sono tra le attività più pericolose (...)

Nel secolo scorso (il '900) tali strumenti finanziari hanno distrutto il potere di acquisto degli investitori di molte nazioni, persino quando costoro hanno continuato a ricevere i pagamenti del capitale e degli interessi (...) Persino negli Stati Uniti, dove vi è un forte desiderio di una valuta stabile, il dollaro dal 1965 (...) ha perso una percentuale sbalorditiva dell'86% del suo valore. Oggi occorrono non meno di 7 dollari per acquistare ciò che si poteva con un solo dollaro a quel tempo.

Conseguentemente un'istituzione esente fiscalmente avrebbe avuto bisogno di guadagnare un interesse del 4,3% annuo in obbligazioni per mantenere semplicemente il suo potere d'acquisto. I suoi manager avrebbero preso in giro se stessi se avessero considerato qualunque parte di tale interesse come un 'guadagno'. Per investitori come me e voi, il quadro sarebbe stato persino peggiore. Durante lo stesso periodo di 47 anni,[11] *dei buoni del tesoro a breve termine (Treasury bills) rinnovati continuamente avrebbero prodotto un 5,7% annuale. Che sembra soddisfacente. Ma se un investitore individuale ha pagato imposte sul reddito con un'aliquota media del 25%, questo 25% non avrebbe garantito niente in termini di guadagno reale. Questa tassa sul reddito visibile gli avrebbe tolto un 1,4% del rendimento nominale, mentre la tassa invisibile rappresentata dall'inflazione avrebbe divorato i restanti 4,3 punti percentuali. È degno di nota che la 'tassa' implicita rappresentata dall'inflazione è stata più che tripla rispetto all'imposta sul reddito esplicita che il nostro investitore probabilmente ha considerato il suo*

---

[11] Dal 1965 al 2012 – anno in cui Buffett scrive l'articolo.

I) LE BASI LOGICHE DELL'INVESTIMENTO

onere principale".

Se trasliamo le parole di Buffett alla realtà italiana, dove l'inflazione è storicamente più elevata, si può osservare che la lira italiana, e più recentemente l'euro, secondo le tabelle ISTAT nel periodo di 50 anni che va dal 1965 al 2015 ha perso il 96% del potere di acquisto. In altre parole, in termini di potere d'acquisto 100 lire del 1965 sono diventati meno di 5 lire nel 2015.

Se, considerata l'inflazione suddetta, passiamo ai rendimenti reali dei nostri titoli di Stato, il rendimento reale al netto dell'inflazione di un investimento continuativo in BOT di durata annuale, tenuti fino a scadenza e con reinvestimento degli interessi e del capitale l'anno successivo nel medesimo strumento (ossia a interesse composto), avrebbe reso le seguenti percentuali annue lorde a seconda dell'anno di partenza:[12]

1968	1,5%
1978	2,3%
1988	2,7%
1998	0,8%
2008	0,03%

Tali dati fanno comprendere come un ipotetico investitore, che ha potuto beneficiare degli alti tassi di interesse sui titoli di Stato dalla metà degli anni '70 alla metà degli anni '90, è riuscito a mantenere e incrementare il potere d'acquisto. Tuttavia dal 1986 le imposte sugli interessi del 12,50% avrebbero ridotto di parecchio la sua convenienza.[13] Inoltre, dalla fine degli anni '90, riducendosi il rendimento reale a livelli vicini allo zero, si sarebbe verificata una perdita nel potere di acquisto del nostro ipotetico investitore in BOT, tenuto

---

[12] Dati elaborati dall'Ufficio Studi Mediobanca nella ricerca "*La Borsa italiana dal 1928 al 2013*" reperibile sul sito http://www.mbres.it/.

[13] Prima del 1986 i titoli di stato erano esenti da imposte. Dopo il 1986 sono stati tassati al 12,50%, aliquota rimasta invariata fino a oggi. Dal 01.01.2012 sono state invece incrementate (prima al 20% e poi al 26%) le aliquote sui rendimenti delle altre attività finanziarie, che prima erano tassate allo stesso modo dei titoli di Stato.

conto che il rendimento lordo deve essere depurato delle imposte.

Questo deve farci capire che, pur se in questi ultimi anni il problema dell'inflazione sembra ai più trascurabile, tuttavia non va dimenticato che anche i tassi di interesse hanno seguito una parabola discendente di pari passo con il tasso d'inflazione. Oggi, infatti, dopo la grave crisi del 2008-2009, le banche centrali (FED e BCE in primis), per cercare di salvaguardare le banche in difficoltà e diminuire il costo del debito pubblico degli Stati, hanno ridotto quasi a zero i tassi di interesse sulle valute mondiali più diffuse (dollaro, euro, yen, sterlina). Hanno collocato rasoterra i tassi, cui sono disposte a concedere prestiti alle banche, e hanno acquistato sul mercato i titoli di stato in modo da abbassarne i rendimenti al minimo (quest'ultima è detta politica di *quantitative easing*).[14]

Pertanto, alla continua diminuzione del tasso di inflazione registrato dagli Istituti di statistica ha fatto seguito la corrispondente riduzione del tasso di interesse corrisposto sui titoli di Stato e sulle obbligazioni private. Per quanto riguarda queste ultime, la gran parte emesse dalle banche, il tasso d'interesse è, infatti, strettamente legato a quello dei titoli di Stato, e il rendimento netto risulta oggi spesso inferiore, (salvo acquistare titoli obbligazionari decisamente rischiosi emessi da emittenti meno affidabili o obbligazioni subordinate), in quanto la tassazione è più elevata.[15]

La conclusione del discorso, comunque, è che difficilmente, in Italia come negli USA, con i titoli di Stato, tenuto conto dell'inflazione, si sono potuti ottenere rendimenti reali positivi nel corso della storia e conseguentemente capitalizzare rendimenti composti realiz-

---

[14] Tale politica monetaria che è evidentemente a svantaggio dei risparmiatori viene definita come *"repressione finanziaria"*.

[15] Infatti dal 1° luglio 2014 le obbligazioni subiscono una tassazione del 26% a fronte del 12,50% dei titoli di Stato.

I) LE BASI LOGICHE DELL'INVESTIMENTO

zando significative accumulazioni di denaro.[16] Ciò, verosimilmente, sarà ancora meno probabile in futuro.

Altro aspetto interessante da esaminare è l'asserzione, accettata dai più come un dato di fatto inconfutabile, secondo cui l'acquisto dell'oro ha sempre consentito di tener testa all'inflazione nel lungo termine. Tuttavia, se si analizza la relazione statistica tra oro e inflazione, emerge che il metallo giallo non protegge dalla crescita dei prezzi. Esiste una relazione di lungo termine positiva, ma l'oro non ha avuto una crescita regolare nel tempo capace di salvaguardare costantemente il valore reale dell'investimento. Ciò si può notare dal seguente grafico,[17] che riguarda il prezzo dell'oro nel periodo 1970-2010, aggiustato per tener conto dell'inflazione USA, e quindi espresso in termini di potere d'acquisto. Come si vede, l'oro rappresenta una difesa relativa dall'inflazione, poiché ha conosciuto violenti rialzi, ma anche prolungate discese che ne hanno ridotto il potere d'acquisto e ora (2016) sta conoscendo una nuova fase di ribasso rispetto ai picchi raggiunti nel 2011.

---

[16] Una somma di 100 euro investita al tasso del 2% richiede 35 anni per raddoppiarsi a 200 euro. La stessa somma, investita al 10% richiede solo 7 anni per il raddoppio, e dopo 35 anni di rendimento costante al 10% ammonterebbe a 25 volte il capitale iniziale, ossia 2.500 euro.

[17] Fonte: Casey Research.

Come si vedrà nel secondo capitolo, l'investimento azionario, in modo particolare negli Stati Uniti, è stato in grado di assicurare il rendimento migliore rispetto all'oro, alle obbligazioni e ai titoli di Stato, pur con consistenti oscillazioni nel tempo. Caratteristiche che, come verrà spiegato in dettaglio nel prosieguo, rendono le azioni uno strumento idoneo all'accumulazione patrimoniale, ma soltanto con un obiettivo temporale di lungo/lunghissimo periodo.

4. Investire o speculare?

In generale, quando si parla di mercati finanziari, si usa universalmente il termine *"investire"* o *"investitore"* (rispettivamente in inglese *investing* e *investor*), sia riferito al piccolo risparmiatore che compra (o meglio comprava quando i tassi d'interesse erano appetibili) i buoni del Tesoro, sia al trader più aggressivo che fa decine o centinaia di operazioni al giorno. È, invece, importante comprendere che esiste una notevole differenza tra investimento e speculazione.

La migliore definizione d'investimento finora formulata è quella di Benjamin Graham[18] nel suo famoso libro: *The intelligent investor* (L'investitore intelligente), pubblicato in più edizioni nel corso dei decenni, e che purtroppo non è stato mai tradotto in italiano. Secondo Graham: *"Un'operazione di investimento è quella che attraverso un'analisi approfondita, promette la sicurezza del capitale e un rendimento adeguato. Tutte le ope-*

---

[18] Benjamin Graham (1894-1976) è considerato il primo economista ad aver sviluppato la teoria del value investing, un approccio agli investimenti che ha insegnato alla Columbia Business School. Tra i seguaci di Graham il più famoso è Warren Buffett. Nel 1949 Graham pubblica *The Intelligent Investor*, che Warren Buffett ha definito *"di gran lunga il miglior libro sugli investimenti mai scritto"*. L'ultima edizione del libro è stata pubblicata nel 2002 (Ed. Collins), accompagnata dai commenti del giornalista Jason Zweig.

I) LE BASI LOGICHE DELL'INVESTIMENTO

razioni che non soddisfano tali requisiti sono speculative".

L'investimento, per essere tale, richiede quindi tre elementi fondamentali:
- un'analisi approfondita;
- una protezione contro perdite gravi;
- l'aspettativa di un rendimento adeguato (non necessariamente straordinario).

In altre parole, ciò che Graham ritiene sia possibile definire come investimento è sempre fondato su delle valutazioni prudenziali da parte del compratore, che non si comporta in modo avventato o spregiudicato. Il suo scopo è quello di guadagnare, ma senza incorrere in perdite patrimoniali disastrose che potrebbero procurargli acquisti azzardati, non attentamente valutati o non diversificati.

Warren Buffett sintetizza il concetto in modo simpatico, come regolette che l'investitore deve seguire: *"Regola n°1: non perdere mai denaro. Regola n°2: non dimenticare mai la regola n°1".*

La speculazione, così come l'investimento, può anche essere effettuata in modo intelligente. Tuttavia, poiché speculare bene è molto più complesso che investire bene, e rimane alla portata di pochissimi individui (forse più unici che rari), la speculazione è quasi sempre poco intelligente e pericolosa. In questo caso, come evidenzia Graham nel proprio libro, si caratterizza in diversi modi:
- speculare credendo di investire;
- speculare consapevolmente ma in mancanza delle conoscenze e delle attitudini per farlo;
- rischiare nella speculazione più denaro di quello che ci si può permettere di perdere.

Nelle tre caratteristiche citate possono riconoscersi la maggior parte dei piccoli risparmiatori che si avvicinano ai mercati finanziari sedotti dal fascino del *gioco in borsa*, assumendosi rischi di cui non sono consapevoli e che non sanno come affrontare.

Nel corso della storia, quando la febbre della speculazione si è impossessata di un gran numero di persone, si è assistito poi a vere e proprie ondate di follia finanziaria, a partire dalla famosa *mania dei tulipani* verificatasi in Olanda del 1635-1636, che riguardava il commercio dei bulbi di tulipano. Senza andare così lontano nella memoria, anche il risparmiatore italiano ha conosciuto, in tempi più o meno recenti, due violenti movimenti speculativi di massa che hanno condotto a un incremento esponenziale delle quotazioni seguito da un repentino crollo e, conseguentemente, distrutto i risparmi di tanti individui. La prima, ormai quasi dimenticata, risale al 1985-86 e coincide con un periodo di forte crescita economica del nostro paese e con l'introduzione dei fondi comuni in Italia,[19] la seconda nel periodo 1998-2000, e abbastanza nota ai più, corrisponde alla *bolla internet*. Essa ha condotto a valutazioni assolutamente illogiche e spropositate delle società del settore tecnologico, principalmente negli USA (le *dot.com* quotate sul listino Nasdaq), ma anche in Italia[20] e nel resto del mondo sviluppato.[21]

Ed è proprio a partire dagli anni di formazione della bolla internet che, grazie alle possibilità offerte dalla tecnologia, al singolo è consentito di comprare e vende-

---

[19] Tra il 1984 e il 1986, nella Borsa Italiana (che a quel tempo funzionava ancora alle *grida*, cioè senza scambi telematici) entrarono due milioni di nuovi azionisti, mentre nel solo 1986 furono quotate più società che nei 20 anni precedenti. Per un certo periodo tutti i quotidiani, addirittura anche quelli sportivi, pubblicarono il listino della borsa, dando ampio risalto alle quotazioni. Il successivo calo portò la Borsa di Milano su livelli molto bassi che raggiunsero i minimi nel periodo antecedente la svalutazione della lira e l'uscita dal Sistema Monetari Europeo (1992).

[20] Molti ricorderanno che a fine 1999 inizio 2000, in preda all'euforia speculativa, alcune piccole società nel settore internet come Tiscali e Seat Pagine Gialle (oggi, 2016, in gravi difficoltà finanziarie), avevano raggiunto delle capitalizzazioni (che si calcolano moltiplicando il numero delle azioni esistenti per il prezzo di mercato) maggiori di grandi aziende in settori tradizionali. Dal marzo del 2000, con lo scoppio della bolla, iniziò un veloce e, per molti, doloroso crollo.

[21] Per chi vuole approfondire i meccanismi che conducono alla formazione delle bolle speculative si consiglia il testo *Euforia Irrazionale* del premio nobel Robert Shiller (Ed. Il Mulino).

re titoli in piena autonomia senza alcuna particolare formalità o rapporto con gli intermediari finanziari.[22] Addirittura, mentre fino a pochi anni fa era necessario almeno un PC su una scrivania, con un collegamento fisico alla rete telefonica, oggi è possibile immettere ordini anche da dispositivi mobili, come cellulari o tablet.

Data la facilità di accesso al mercato, la tentazione di operare risulta grande e induce a non prestare attenzione a tutti i pericoli di perdere denaro e a sottovalutare la necessità di acquisire prima una buona esperienza e consapevolezza sul funzionamento dei mercati. E ciò conduce spesso a quelle esperienze disastrose che si sentono raccontare da chi si è messo in testa e ha provato a speculare in borsa, senza conoscenze adeguate e senza precauzioni. Per costoro Buffett ha coniato una massima molto efficace: *"La borsa, come il Signore, aiuta chi si aiuta. Ma a differenza del Signore, non perdona coloro che non sanno quello che fanno."*[23]

5. Speculazione in borsa, giochi e casinò

Il fascino del *gioco in borsa* per i neofiti e i piccoli risparmiatori sta nel fatto che la scommessa fatta sui mercati è più giustificabile razionalmente. Infatti, appare socialmente più accettabile, rispetto ai più classici giochi d'azzardo come il *poker on line*, le *slot machine*, o le scommesse sportive, in quanto più da esperti e rivolta al mondo della finanza, che sembra sicuramente più *serio*.

Inoltre, nell'immaginario collettivo l'operatore di borsa è raffigurato come una persona di successo che

---

[22] Prima, invece, era necessario recarsi in banca fisicamente per trasmettere gli ordini, o quantomeno telefonare agli addetti ai borsini delle filiali.

[23] http://www.berkshirehathaway.com/letters/1982.html.

sfrutta le opportunità del mercato e che, grazie ai favolosi guadagni che realizza, si può permettere consumi di lusso e una vita *alla grande*, riuscendo ad attirare a sé le donne più belle e ad avere l'ammirazione degli altri uomini.[24]

Tali false rappresentazioni, le quali sono anche propagandate da alcune società che promuovono il *trading on line* (ossia la compravendita frequente di titoli via internet), hanno una forte presa su tanti giovani e meno giovani. Queste persone, spesso uomini intelligenti,[25] pure molto istruiti, pensano di costruirsi una fortuna partendo da un piccolo capitale. Ma sulla base delle suddette fuorvianti idee sono indotti a commettere gravi errori nell'avvicinarsi ai mercati. Infatti, la base del trading on line è molto semplice e, per questo, è affascinante. Essa viene accolta con entusiasmo da tantissimi neofiti. Il prezzo delle azioni e degli altri titoli varia tutti i giorni, ora per ora, sale e scende. Per fare soldi, con pochi click del mouse e poche battute sulla tastiera, basterebbe, dunque, acquistare a un prezzo più basso e vendere a un prezzo più alto.

Per meglio spiegare i meccanismi psicologici che si innescano per coloro che speculano sui mercati finanziari senza avere consapevolezza di quello che fanno, accantoniamo un momento la problematica degli investimenti e concentriamoci sul gioco d'azzardo. Questo è concettualmente abbastanza vicino alla speculazione finanziaria, più di quanto comunemente si pensi.

In primo luogo va sottolineato che, così come sono eccitanti le scommesse nel casinò e nei giochi di carte (poker e affini), allo stesso modo è eccitante scommettere nei mercati finanziari. Tuttavia, in entrambi i ca-

---

[24] Basti pensare a figure del cinema come Gordon Gekko (interpretato da Michael Douglas nel film *Wall Street*) e più recentemente Jordan Belfort (interpretato da Leonardo di Caprio nel film *The Wolf of Wall Street*).
[25] Non me ne voglia il pubblico femminile, ma il *trading on line* è un'attività con assoluta prevalenza degli individui maschi, e questo non per capacità, ma per maggiore attitudine mentale alla speculazione, essendo l'uomo, in particolare i più giovani, spinto psicologicamente verso le attività a maggior rischio.

si, non è un buon modo per provare a costruire un patrimonio. Sia i casinò sia la *borsa* hanno calibrato le probabilità del gioco in modo che, alla fine, la *casa* prevalga sempre su coloro che provano costantemente a batterla. Vi è un detto secondo cui la magnificenza dei casinò di Las Vegas dovrebbe essere il primo motivo per non provare a giocare, giacché se ne sono potuti costruire di così grandi e lussuosi grazie ai soldi che hanno perso e continuano a perdere i giocatori.

Tutto in un casinò viene attentamente studiato, dalla disposizione dei tavoli, alla sequenza dei giochi, ad altri aspetti più insignificanti, come il disegno della moquette e dei tappeti. Ciò ha l'obiettivo di rendere il gioco seducente e non concedere mai motivi che possano scoraggiare il giocatore e farlo desistere dal gioco. I casinò hanno le finestre oscurate per non offrire indizi ai giocatori sulla luce esterna. Non hanno orologi alle pareti, sempre con lo scopo di mantenere il giocatore impegnato e concentrato, poiché più a lungo sarà impegnato, più spenderà i suoi soldi.

Inoltre, mentre fino a non molti anni fa, le *slot machine* rappresentavano solo una fonte marginale di reddito per i casinò, le cose sono cambiate e, ora, queste costituiscono la forza principale del settore. I profitti odierni dei casinò derivano, per la maggior parte, proprio dalle *slot machine*, oggi macchine digitali, simili per grafica e funzionalità ai videogiochi più sofisticati. Gli effetti speciali delle nuove slot servono a far sì che, nonostante i giocatori spesso siano in perdita rispetto al gioco complessivo, le animazioni e i suoni che sottolineano le vincite parziali vengano percepiti come una vittoria.

Ormai le sfide al tavolo verde, come si era abituati a vedere nei vecchi film di 007, dove ricchi personaggi rischiano i loro patrimoni con grande coinvolgimento emotivo di chi gli sta intorno, sono un ricordo del passato. La strategia dei gestori di casinò di Las Vegas e del resto del mondo è tenere occupati, per lunghi periodi, clienti che investono costantemente somme ridotte di denaro. Da esse, complessivamente, deriva la maggior parte del reddito per le società che gestiscono le case da gioco. L'obiettivo è di non spingere il giocatore a puntare subito una grossa quantità di denaro in un'unica serata, il che dopo una pesante perdita potrebbe convincerlo a desistere, ma piuttosto creare un ambiente ove sia indotto a puntare le stesse cifre per un lungo periodo di tempo.

Più o meno lo stesso andamento si è avuto nel mercato finanziario. In passato, diciamo fino alla seconda metà degli anni '90 (ossia nell'era pre-internet), il tipico risparmiatore italiano che si avvicinava alla borsa (rigorosamente quella di Milano, ossia piazza Affari) era un coraggioso o più spesso un fiducioso nelle *dritte* e nei consigli altrui (letti sui giornali o passati da amici fidati). Egli, confortato da un periodo di crescita delle quotazioni, metteva una grossa cifra su pochi titoli, molto spesso su uno solo, sperando in una loro salita rapida, quasi sempre dopo che gli stessi titoli erano già saliti parecchio, confidando in una continuazione all'infinito del rialzo.

La massa dei suddetti risparmiatori, solitamente commercianti, imprenditori e professionisti, che bazzicava intorno ai borsini delle banche negli anni 70-80-90, (durante i quali la Borsa di Milano non interessava ai compratori esteri e aveva dei meccanismi per lo più oscuri e incomprensibili per i non addetti ai lavori e non esistevano leggi contro l'insider trading),[26] aveva poche conoscenze finanziarie, non leggeva i bilanci delle società e prendeva tradizionalmente il nome di *"parco buoi"*. Era considerata vittima delle cosiddette *"mani forti"* del mercato, di cui facevano parte i grossi

---

[26] Viene così definita l'attività di acquisto e vendita da parte di chi possiede informazioni riservate (come gli amministratori delle società) che non sono di dominio pubblico. Mentre la pratica dell'*insider trading* in Italia è stata considerata illegale solo con la legge n. 157/1991, negli Stati Uniti la prima legislazione che sanziona l'insider trading risale al Security Exchange Act del 1934.

I) LE BASI LOGICHE DELL'INVESTIMENTO 41

speculatori e, spesso, i proprietari delle stesse aziende quotate.

Le manovre di questi *volponi* erano dirette a gonfiare le quotazioni di alcuni titoli già in loro possesso per poi, una volta che la massa avesse seguito la tendenza, incominciare a vendere le azioni, facendone scendere il prezzo. In tal modo, i piccoli compratori del *parco buoi*, entrati nel momento dell'euforia, rimanevano con le azioni in mano svalutate e le vendevano, presi dalla disperazione, a prezzi molto bassi. Di ciò le *mani forti* potevano approfittare riappropriandosi degli stessi titoli a sconto. Lo schema mentale del tipico compratore del *parco buoi* è rappresentato nell'immagine seguente (Fonte: Morgan Stanley).

Nella vecchia *Borsa Valori* erano le *mani forti* che svolgevano il ruolo della casa da gioco nel casinò tradizionale. In essa, le probabilità del gioco sono sempre tarate a proprio favore, e auspicava che i giocatori perdessero puntando forte alla roulette o ai giochi di carte. Infatti, nella borsa dei tempi andati, gli acquisti dei titoli azionari erano necessariamente pochi e di rilevante importo, poiché effettuati tramite l'intervento della banca e senza poter scendere al di sotto di certe somme.

Oggi, pur se il modo di operare sopra descritto esiste ancora, nella maggior parte dei casi, così come avviene nel moderno casinò industriale delle *slot machine*, il piccolo risparmiatore neofita accede al mondo del *trading on line* dove può fare tutte le puntate che vuole, come se giocasse a una slot, però molto più sofisticata. In particolare, è sedotto attraverso spot mirati che girano costantemente su internet e sui giornali finanziari. Tali pubblicità lo convincono di come sia semplice guadagnare cifre elevate o, comunque, apprezzabili (sempre superiori a quelle di un normale impiego lavorativo) tutti i giorni, comprando e vendendo online titoli e altri strumenti finanziari (valute, derivati,[27] *commodities*). In questo caso il ruolo della *moderna casa da gioco* è svolto dagli intermediari bancari e dalle società finanziarie che promuovono le piattaforme di trading. Questi, infatti, hanno interesse a realizzare guadagni singolarmente ridotti ma sicuri sui volumi di transazioni che effettuano i trader, poiché per ogni operazione viene addebitata una commissione generalmente proporzionale al valore dell'importo investito, all'interno di un minimo e di un massimo. Più acquisti

---

[27] I derivati, come dice la parola stessa, sono contratti il cui valore *deriva* da un elemento sottostante, che generalmente può essere il prezzo di un'azione o di un indice azionario o di una commodity (oro, petrolio, ecc.). I derivati più diffusi sono i future e le opzioni. In generale i contratti a termine consentono di guadagnare o perdere a seconda dell'andamento del sottostante rispetto al prezzo iniziale al quale il contratto è sottoscritto. Funzionano come delle scommesse (al rialzo o al ribasso) sul prezzo che raggiungerà in futuro l'attività sottostante. Grazie al fatto che il prezzo di acquisto del derivato non corrisponde al valore del sottostante, ma soltanto a una frazione di quest'ultimo, il potenziale di perdita o di guadagno è molto elevato rispetto alla cifra iniziale spesa per l'acquisto del contratto e questo rende lo strumento molto rischioso.

I) LE BASI LOGICHE DELL'INVESTIMENTO 43

e vendite vengono effettuati, maggiori sono i guadagni in commissioni.

Inoltre gli intermediari guadagnano anche confezionando e vendendo ai piccoli risparmiatori alcuni strumenti finanziari *sintetici* che consentono loro di speculare con piccole cifre, ma con la possibilità di guadagnare bene o perdere tutto l'importo in poche ore, se non in pochi giorni, come i CFD[28] o i covered warrant.[29] Naturalmente tali strumenti sono strutturati in modo che le probabilità di guadagno siano, in media, a favore dell'emittente (banca o società finanziaria), e solo nella minoranza dei casi consentano di far guadagnare l'acquirente.

Un altro modo di guadagnare per il gestore è la c.d. *"marginazione"*[30] che permette l'accesso alla *leva finanziaria*, ossia acquistare titoli con denaro preso a prestito, versando solo una quota percentuale del valore dei titoli stessi. In questo modo l'intermediario finanziario o la banca, oltre a commissioni e spese, guadagnano anche gli interessi, che solitamente sono applicati con tassi abbastanza alti.

Generalmente il *trader* alterna vincite a perdite, ma come nelle *slot machine* le probabilità sono calibrate

---

[28] Un Contratto per Differenza (detto brevemente CFD, dall'inglese *Contract For Difference*) è uno strumento finanziario il cui prezzo deriva dal valore di altre tipologie di strumenti d'investimento come le azioni. Anziché negoziare o scambiare fisicamente l'attività finanziaria, con il CFD le due parti convengono per scambiare denaro sulla base della variazione di valore dell'attività sottostante tra il momento in cui l'operazione viene aperta e quello in cui la stessa viene chiusa.

[29] Il covered warrant è uno strumento finanziario derivato quotato in borsa (In Italia è scambiato sul mercato SEDEX) che conferisce al titolare la facoltà di acquistare (Call covered warrant) o vendere (Put covered warrant) una certa attività finanziaria sottostante a un prezzo e a una scadenza stabilita. I *covered warrant* seguono l'andamento dell'azione o dell'attività sottostante amplificandone le variazioni (quindi eventualmente incrementando notevolmente i rendimenti o le perdite). Questo è il cosiddetto *"effetto leva"*, infatti per ottenere la stessa esposizione, un investimento in *covered warrant* richiede solo una frazione del capitale che sarebbe necessario per un investimento diretto nel sottostante.

[30] Anche i CFD sono prodotti che usano la marginazione e il trader deve sempre mantenere il livello di margine minimo.

contro di lui, soprattutto perché per comprare e vendere sostiene dei costi certi e costanti (commissioni, interessi, tasse sul capital gain e altri oneri), che dipendono dalla frequenza degli acquisti e dall'uso della leva a fronte di guadagni che sono, per definizione, incerti. Per cui, anche se le perdite e i guadagni delle operazioni fossero complessivamente in equilibrio, il risultato sarebbe comunque una perdita netta.

6. I risultati del trading on line

Viste le premesse fatte sopra, non ci si dovrebbe stupire che, nonostante la pubblicità che spinge a entrare nel meccanismo, i risultati di chi fa *trading on line* siano in larga parte negativi.

Pur se non vi siano dati precisi riguardo all'incidenza degli individui in perdita sul totale dei trader (in quanto le perdite di essi sono a conoscenza degli intermediari che ne gestiscono i conti, e questi non hanno interesse che i loro clienti escano dal mercato scoraggiati dalla pubblicazione di risultati negativi), esiste un interessante studio dell'Università di Berkeley pubblicato in rete nel 2010.[31] In tale studio è rilevato come più del 90% di coloro che fanno trading giornaliero perde denaro nel lungo termine. Più precisamente si mostra come meno del 2% dei *trader* è in guadagno al netto di tutte le spese, mentre l'80% di loro ha cessato l'attività nel giro di due anni.

Il mercato del trading può essere paragonato a un imbuto rovesciato in cui il denaro è trasferito dalla base verso il vertice, ossia dalla massa dei piccoli operatori finanziari agli intermediari finanziari (detti anche *market maker*) e a una piccolissima élite che riesce comunque a guadagnare. Detto in termini naturalistici i

---

[31]https://faculty.haas.berkeley.edu/odean/papers/Day%20Traders/Day%20Trading%20and%20Learning%20110217.pdf

I) LE BASI LOGICHE DELL'INVESTIMENTO

piccoli trader sono come dei pesciolini che nuotano in un oceano popolato da grossi e pericolosi squali, dove sopravvivere per lungo tempo è molto difficile.

Ma poiché un esempio conta più di mille parole, per far comprendere bene i costi e i rischi economici e psicologici che comporta il trading on line si riportano di seguito alcuni stralci ripresi da un articolo de *Il Sole 24 Ore* del 4 agosto 2008, intitolato *"Drogati di Borsa, quando il trading diventa dipendenza"* e riferito a una storia vera (le sottolineature sono mie):

"«_La notte facevo fatica ad addormentarmi_. Aspettavo solo che facesse mattino per collegarmi e fare i primi ordini. Durante il lavoro poi, appena potevo, tornavo a casa a controllare l'andamento delle azioni. _Compravo, vendevo, speculavo_. Arrivavo a muovere più di diecimila euro al giorno. _Qualche volta andava bene, qualche altra meno_. Ma alla fine mi sono trovato senza più un soldo». La storia che Fabio (nome di fantasia) ci ha raccontato, è quella di una passione sfociata in dipendenza. Un pallino, quello del trading online, diventato schiavitù simile all'alcolismo o alla droga, anche se forse il paragone più azzeccato è con il gioco d'azzardo. Fabio _ha puntato i suoi soldi su azioni e strumenti finanziari complessi al 'tavolo verde' della Borsa Italiana_. Operazioni rischiose, fatte solo con un portatile e una connessione a internet, che gli hanno fatto perdere oltre 150 mila euro (...)

«Me lo ricordo bene – racconta – da un giorno all'altro persi quasi 30 mila euro. E pensare che la settimana precedente ne avevo guadagnati mille». La batosta è pesante e Fabio cerca di farvi fronte come può, ma _a un certo punto la situazione gli sfugge di mano_. «Ero ossessionato dal recuperare quei soldi – racconta – è così iniziai a fare investimenti sempre più rischiosi. Puntai sui _covered warrant_ (strumenti finanziari molto complessi, solitamente appannaggio di esperti e trader professionisti, ndr). Ogni giorno compravo e vendevo, compravo e vendevo. Mettendoci sempre più soldi. Sen-

za accorgermene, diventai dipendente». Fabio cerca in tutti i modi di nascondere la realtà ai suoi familiari. Ma sua moglie si rende conto che qualcosa non va. Inizia a chiedere aiuto. A psichiatri, psicologi e anche al SerT (il Servizio tossicodipendenze che aiuta anche i malati di gioco d'azzardo). Ma, nel migliore dei casi, si sente rispondere: «Signora, suo marito sta benissimo, ha solo fatto degli investimenti sbagliati». Qualcuno addirittura le consiglia di divorziare. Intanto, però, la situazione finanziaria della famiglia precipita. È il mese di marzo del 2007, quando Fabio tocca il fondo. Un ribasso del titolo Tenaris e <u>il suo conto in banca si svuota</u>: in pochi anni ha dilapidato 150 mila euro.

«Fu allora che confessai tutto a mia moglie, che fino ad ora non sapeva quanto avevo investito. D'accordo con lei decisi di intestarle quanto restava dei miei risparmi, e affidarle la gestione del conto corrente»."

La storia appena raccontata è un compendio degli errori che commette quasi sempre chi si avvicina al *trading on line*, e che vale la pena di richiamare di seguito:
- il fare trading senza competenze o esperienza;
- l'utilizzo nel trading di tutto il capitale a disposizione;
- l'uso della leva finanziaria e il ricorso a prestiti della banca o di familiari ottenuti anche con l'inganno;
- l'alternanza di euforia e depressione;
- basarsi sui consigli di amici o sedicenti *esperti*;
- comprare prodotti strutturati (ossia derivati);
- l'incapacità di conservare i guadagni, quando arrivano, e di reinvestirli in modo appropriato.

L'insegnamento che si può trarre dalla storia in questione è che il trading provoca uno stress psicologico difficilmente gestibile per periodi lunghi, anche per le energie di un giovane, e tende a far assumere troppi rischi allettati dalle possibilità di guadagno.

I) LE BASI LOGICHE DELL'INVESTIMENTO

Inoltre, in modo simile a quanto avviene per i giochi d'azzardo, nel momento in cui fortunatamente si riescono a realizzare dei profitti, gli stessi vengono reimmessi nella medesima attività di trading, ritenendo gli impieghi alternativi poco interessanti e poco remunerativi. In tal modo, ossia prendendo rischi continui e pesanti per inseguire sostanziosi guadagni, riesce difficile accumulare un capitale nel tempo. L'alternanza di guadagni e di perdite fa sì che non si possa iniziare quel processo di capitalizzazione composta in cui si reinvestono i guadagni per generare altri profitti, e che è sempre stato alla base della formazione e dell'accrescimento dei patrimoni.

7. Analisi tecnica: come viene applicata al trading

Alcuni, probabilmente, affermerebbero che la storia di *trading on line* appena riportata sia frutto della mancanza di esperienza di un giovane neofita, in quanto ci sono metodi scientifici basati su matematica e statistica che, se applicati costantemente operando sui mercati finanziari, consentono di capitalizzare i guadagni e di evitare perdite rovinose.

I metodi in questione sono conosciuti come *trading system* e si basano sull'analisi *tecnica*, in contrapposizione a quelli più classici dell'analisi *fondamentale*.

Mentre *l'analisi tecnica* basa le decisioni di acquisto o di vendita sullo studio dell'andamento nel tempo dei prezzi e dei volumi di negoziazione di un'attività finanziaria (principalmente azioni o indici azionari, ma anche materie prime, cambi, ecc.), *l'analisi fondamentale* guarda, invece, alle caratteristiche economico/finanziarie dei titoli oggetto del suo esame (nel caso di un titolo azionario si basa su una valutazione di dividendi, indebitamento, utili, ecc.).

L'analisi tecnica, che ha quindi lo scopo di prevedere

in che modo si muoveranno i prezzi dei titoli, si divide in due filoni principali: l'analisi grafica (detta anche *chartistica*, dall'inglese chart = grafico) e l'analisi algoritmica. L'analisi grafica ha l'obiettivo di individuare la direzione dei prezzi per mezzo dello studio dei grafici che riportano l'andamento dei titoli tracciando delle curve o delle linee (dette linee di trend, supporti, resistenze, ecc.). L'analisi algoritmica si basa su un insieme di indicatori matematico/statistici (medie mobili, oscillatori, ecc.), definiti come funzioni di prezzi e volumi precedenti.

Il raggiungimento di una certa conformazione nel grafico (nell'analisi chartistica) o di un certo valore prestabilito come soglia (nell'analisi algoritmica) segnala l'opportunità di un acquisto o di una vendita.

Di seguito si riporta un esempio di un grafico, riferito all'indice principale della Borsa Italiana (il FTSE Mib), con gli indicatori dell'analisi tecnica:[32]

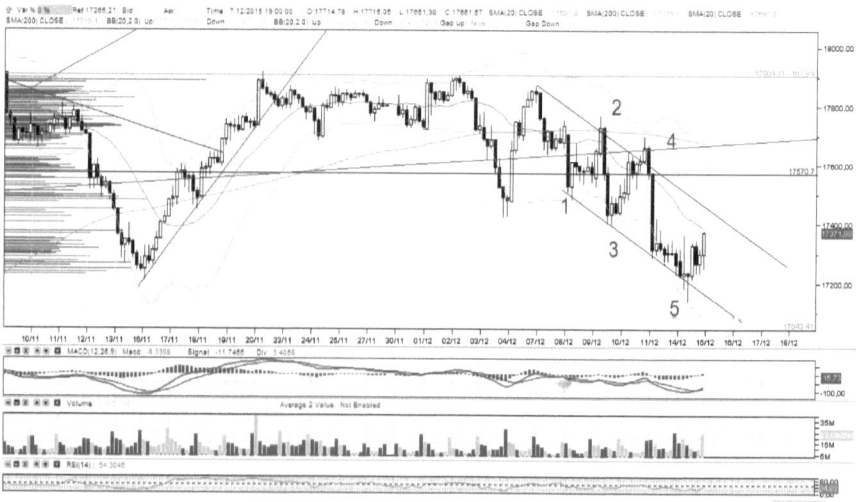

L'analisi tecnica è stata sviluppata negli Stati Uniti, a partire dagli anni trenta del '900, e perfezionata nel

---

[32] Fonte: www.finanzaonline.com

I) LE BASI LOGICHE DELL'INVESTIMENTO

corso di oltre settant'anni. Oggi, grazie all'ausilio dei computer, l'utilizzo dei principi dell'analisi tecnica è molto più semplice poiché, da almeno 20/25 anni, gli stessi vengono implementati nei cosiddetti *"trading system"* automatizzati. Tuttavia, nonostante la diffusione e l'uso estensivo dei trading system computerizzati, i risultati sono quelli visti sopra, nel citato studio dell'Università di Berkeley, dove solo una piccolissima parte di chi fa trading guadagna.

Qualcuno potrebbe però obiettare che, forse, ciò è dovuto non alla difettosità dei principi dell'analisi tecnica, ma alla loro errata implementazione nei trading system, e agli errori commessi dai singoli trader che non ne applicano bene le strategie.

Poiché la bontà e l'efficacia di un sistema o di una strategia non possono essere confutati a priori, ma vanno valutati tenendo conto dei risultati che produce, l'inefficacia dell'analisi tecnica ad assicurare guadagni costanti e duraturi (che invece è ciò che richiede il principio della capitalizzazione composta) è dimostrata da due circostanze:
- attualmente nessuno tra gli uomini e le donne più ricchi del mondo è un trader;
- quasi nessuno di coloro che hanno elaborato e sviluppato i principi dell'analisi tecnica ha raggiunto risultati eccezionali (e storicamente provati) in termini di rendimenti finanziari, o comunque è riuscito a mantenerli nel lungo termine.

Per quanto riguarda la prima affermazione è sufficiente andare sul sito della rivista *Forbes*,[33] che aggiorna annualmente la classifica dei miliardari in dollari (si fa riferimento ai dati del 2015). Quasi tutte le posizioni sono coperte da imprenditori, spesso di prima generazione. Non vi è nessun trader, ma alcuni investitori come Warren Buffett (che si contende la prima posizione con Bill Gates e Carlos Slim, tutti ol-

---

[33] http://www.forbes.com/billionaires/list/.

tre i 70 mld di $ nel 2015) e Carl Ichan (31° posto). L'unico speculatore quasi puro che compare nella lista (al 29° posto) è George Soros, che attraverso il suo Quantum Fund (un *hedge fund*[34] che esiste dal 1973) ha raggiunto ottimi risultati nel lungo termine. Se è vero che ha accumulato un patrimonio di oltre 20 mld di $, per quanto si conosce delle sue strategie non ha mai fatto uso di sistemi di analisi tecnica.

In merito, invece, alla seconda affermazione, vale la pena ripercorrere alcuni passaggi delle vite di coloro che sono stati i principali artefici dell'analisi tecnica, che hanno formato le basi della disciplina e che ancora oggi hanno un grosso seguito tra coloro che si dedicano al trading. Si tratta delle figure di Ralph Nelson Elliott e William Delbert Gann, di cui molto probabilmente avranno sentito parlare coloro i quali s'interessano ai mercati finanziari.

Ralph Nelson Elliott (1871-1948) era un contabile in pensione quando, all'inizio degli anni '30, incominciò a studiare sistematicamente l'andamento del mercato azionario dei decenni passati. Nel 1938, il risultato dei suoi studi fu pubblicato nel libro The *Wave Principle* (il *Principio dell'Onda*), in cui Elliott sosteneva che i prezzi delle azioni che normalmente appaiono casuali e imprevedibili, in realtà seguono delle leggi naturali, sviluppando una sequenza di *onde* a carattere ciclico che possono essere verificate e previste in anticipo, e la cui dimensione si basa sui numeri di Fibonacci.[35] Sta di fatto che Elliott, durante la sua vita, non riuscì a

---

[34] Gli hedge fund, sono fondi speculativi che hanno l'obiettivo di produrre elevati rendimenti nel tempo, a prescindere dall'andamento dei mercati, per mezzo di investimenti singolarmente ad alto rischio, ma con possibilità di ritorni molto elevati. Per parteciparvi bisogna investire un capitale minimo elevato e, in caso di risultati positivi, il gestore preleverà delle commissioni molto elevate (intorno al 20% dei profitti).

[35] Si tratta di una successione di numeri (1, 2, 3, 5, 8, 13, 21, 34, 55, 89, 144, ecc.) individuata da Leonardo Pisano, detto Fibonacci, matematico vissuto tra il XII ed il XIII secolo, in cui ogni numero è la somma dei due precedenti, e ciascun numero diviso per quello seguente dà 0,618 e diviso per quello precedente dà 1,618.

I) LE BASI LOGICHE DELL'INVESTIMENTO 51

fare alcun investimento azzeccato e morì in povertà. Per quanto riguarda, poi, la validità delle sue teorie, questa è stata demolita nel 2005 da Roy Batchelor, professore della *Cass Business School* di Londra,[36] che nella storia dell'indice Dow Jones, nel periodo tra il 1914 e il 2002, non ha trovato alcuna correlazione con le regole di Elliott basate sui numeri di Fibonacci.

William Delbert Gann (1878–1955) ha, a sua volta, elaborato dei metodi di previsione basati su geometria, astronomia e astrologia (angoli di Gann, ecc.), e ha scritto una decina di libri dedicati al trading. Tuttavia, intorno ai suoi risultati finanziari c'è sempre stata una coltre di mistero, probabilmente per nascondere la scarsa efficacia delle sue teorie. Ciò è confermato da Larry Williams nel suo libro *Investire al momento giusto*.[37] In particolare l'autore del libro in questione riporta che (pag. 17): *"Ebbi la fortuna di incontrare il figlio di Gann che faceva il broker a New York, il quale mi spiegò che suo padre era semplicemente un analista grafico. Si chiedeva perché, se suo padre era così in gamba come tutti sostenevano, suo figlio fosse ridotto a tentare di convincere i clienti con sorrisi e telefonate. Sembrava quasi infastidito dal fatto che la fama di suo padre fosse così grande da spingere così tante persone ad andare da lui a chiedergli il Sacro Graal. Se anche ci fosse stato un Sacro Graal, di certo suo padre non l'aveva lasciato al figlio. In quello stesso periodo incontrai anche F.B. Thatcher, che era stato un accanito sostenitore e braccio destro di Gann. Mi assicurò che negli ultimi cinque anni della sua vita Gann era stato semplicemente un buon promotore, ma non necessariamente un bravo trader. Mi raccontò la sua versione di come fosse nata la leggenda del successo di Gann come grande veggente. Mi disse che tutto iniziò con la*

---

[36] http://www.independent.co.uk/news/business/news/its-arrivederci-to-fibonacci-professor-claims-415928.html.

[37] Titolo originale: *"The right stock at the right time"*. Edizione Italiana Trading Library – anno 2005.

pubblicazione di un articolo su Ticker and Investment Digest. Questo articolo, che venne ristampato molte volte, raccontava di quando Gann riuscì a vendere un contratto sul grano sul tick più alto di quel giorno. Thatcher disse che avevano semplicemente incaricato un bravo giornalista di pubblicare per loro conto quella storia sul giornale. La pubblicazione dell'articolo fu facilitata da una cena speciale, accompagnata da vino di qualità, una discreta bustarella passata sottobanco e la promessa di acquistare un grande spazio pubblicitario sul giornale stesso."

Anche per quanto riguarda il mondo di oggi i risultati di coloro che si pubblicizzano come guru dell'analisi tecnica non sono verificabili, e comunque, come già osservato, tra i miliardari (in dollari) censiti della rivista *Fortune* non sembra ci siano speculatori che hanno fatto sistematicamente ricorso ai metodi dell'A.T. Sembra che tali personaggi, più che tentare di guadagnare attraverso la speculazione in proprio sui mercati, provano a farlo in modo molto più sicuro attraverso la pubblicazione di libri sul trading e, soprattutto, grazie ai corsi che tengono al pubblico dei piccoli trader. In tali circostanze l'oggetto del discorso sono i loro metodi, che spesso si guardano bene dall'utilizzare in prima persona.

In generale la sconfitta dei modelli di *trading* e della maggior parte delle persone che ripongono in essi le loro speranze di ricchezza, trova spiegazione nel fatto che, di fronte a un andamento imprevedibile dei mercati, le probabilità di uscire in guadagno netto nel lungo termine sono a sfavore dello speculatore, come avviene nei giochi d'azzardo. Come i giochi d'azzardo, il trading all'inizio può essere divertente, dare adrenalina, ma alla lunga tende a distruggere soldi e non a costruirli.

Del resto, tralasciando i grandi patrimoni di miliardi di dollari, è difficile trovare la figura del risparmiatore che fa trading anche tra i possessori di patrimoni

I) LE BASI LOGICHE DELL'INVESTIMENTO

dal milione di dollari in su, come testimoniato nel libro *Il milionario della porta accanto*.[38] In esso è mostrato come, quasi sempre, la stragrande maggioranza dei milionari *reali*, e non quelli che albergano nell'immaginario collettivo, sono persone che non si imbarcano in spese folli e sono molto prudenti e accorte nei loro investimenti. In altre parole, cercano i rendimenti nel lungo termine e non nel breve.

8. Metodi quantitativi, investimenti e probabilità

Se l'analisi tecnica (con i suoi segnali grafici e algoritmici basati sull'andamento dei prezzi) e, più in generale, i metodi quantitativi (che attraverso gli strumenti matematici e statistici più complessi cercano di prevedere l'andamento dei titoli e dei mercati) mantenessero davvero quanto promettono, data la vastità dei mercati finanziari e la potenza di elaborazione dei computer, si potrebbero certamente applicare su larga scala. Si realizzerebbero, così, profitti immensi grazie al continuo reinvestimento dei guadagni. Invece la realtà ha fornito quasi sempre dei risultati molto diversi da quelli sperati, e non si contano le storie di fallimenti provocati dall'uso nel trading di modelli quantitativi. Essi, dopo aver avuto qualche successo, a un certo punto smettono di funzionare e lasciano nei guai i loro utilizzatori.[39]

Tra gli speculatori che nel XX secolo hanno applicato individualmente sistemi di analisi tecnica e/o quantita-

---

[38] Edizioni Gribaudi. Titolo originale: *The millionaire next door*.

[39] Le difficoltà di prevedere in modo attendibile gli andamenti futuri nei mercati finanziari, basandosi sull'elaborazione statistica dei dati del passato, è uno degli argomenti principali del libro di Nicholas Nassim Taleb *Giocati dal caso* (Edizione Italiana – il Saggiatore (2004)). Taleb, profondo conoscitore della probabilità, ha creato un proprio hedge fund che riesce a guadagnare in modo "*contrarian*" (cioè in modo opposto all'opinione dominante del mercato) sul fatto che gli eventi rari (da lui detti *cigni neri*) non sono previsti o sono sottostimati dalle statistiche.

tivi⁴⁰ si richiama la storia di Jesse Livermore, forse il più famoso trader della storia di Wall Street. Livermore divenne famoso dopo la *crisi* di panico del 1907 durante la quale si arricchì, speculando al ribasso sul crollo delle azioni e assumendo posizioni short.⁴¹ Dopo il crollo del 1907, aveva accumulato una ricchezza di 3 milioni di dollari, di cui perse il 90% speculando sul cotone e continuò a perdere denaro fino al 1912, tanto da dichiarare bancarotta con un milione di dollari di debito. Riguadagnò la sua fortuna negli anni seguenti ripagando i creditori, a partire dagli anni della prima guerra mondiale e fino al 1929, quando, comprendendo che il mercato azionario era sopravvalutato, assunse delle posizioni short come nel 1907. Nel momento in cui tutti gli altri perdevano nel grande crack del 1929, Livermore accumulò 100 milioni di dollari di profitti (negli anni '30 equivalevano ad alcuni miliardi di oggi). Tuttavia, nei periodi seguenti, riperse ancora la maggior parte del capitale e nel 1934 fu di nuovo in bancarotta. Qualche anno dopo aver sperperato la sua fortuna, nel 1940, si suicidò in preda alla depressione.

Ma il fallimento dei modelli quantitativi è proseguito pure ai giorni nostri, anche da parte di organizzazioni complesse, con mezzi e potenza computazionale enormi a disposizione, come nel caso del Long Term Capital Management (LTCM), un *hedge fund*⁴² fondato nel 1994 e gestito con la collaborazione di due premi Nobel per l'economia: Robert Merton e Miron Scholes. Il fondo ebbe inizialmente successo con un rendimento del 21% il primo anno, del 43% il secondo e del 41% il terzo, ma nel 1998 perse oltre 4 miliardi di dollari in pochi mesi, tanto da richiedere un intervento di salva-

---

[40] Ovviamente molto semplificati in un'epoca nella quale non esistevano i computer.

[41] Una posizione *short* consiste nel vendere a termine un titolo azionario che non si possiede (allo scoperto). Se alla scadenza la quotazione del titolo sarà inferiore, si potrà lucrare la differenza tra il prezzo finale e quello iniziale.

[42] Gli hedge fund sono trattati al par. 9 del secondo capitolo di questo libro.

I) LE BASI LOGICHE DELL'INVESTIMENTO 55

taggio della Federal Reserve e di alcune grandi banche USA per evitare una grave crisi finanziaria internazionale. Fu liquidato all'inizio del 2000.[43]

Talvolta, coloro che si trovano di fronte alla potenziale bancarotta del proprio hedge fund, non vogliono ammettere le perdite e cercano di nascondere la verità, come accaduto nel famoso caso di Bernie Madoff. In esso, questi fingeva rendimenti più o meno costanti, intorno al 10% annuo, versandoli agli investitori grazie al capitale che portavano i nuovi clienti. Lo schema è saltato quando, dopo la crisi del 2008, i rimborsi richiesti hanno superato i nuovi investimenti.[44]

I numerosi fallimenti originati dal trading frequente, anche quando è basato sull'analisi tecnica o fondato su modelli quantitativi, non li rende adatti allo scopo dell'investitore prudente e consapevole, in quanto non sono in grado di assicurare che le probabilità di guadagno siano superiori a quelle di perdita. Ma anzi, soprattutto per il piccolo operatore, che non dispone dei mezzi e delle conoscenze a disposizione delle istituzioni finanziarie, la prevedibilità di realizzare perdite nette nel medio/lungo periodo è enormemente superiore.[45]

Vista, quindi, la natura probabilistica dell'attività di investimento, dato che le decisioni di impiegare il capitale, come le altre decisioni umane, sono prese in un contesto di incertezza, l'investitore intelligente deve misurare ciascuna delle sue scelte in modo che la probabilità di guadagnare sia, a priori, superiore rispetto a quella di perdere. In altre parole, deve *investire con*

---

[43] Nel 2006 vi è stato il fallimento dell'hedge fund Amaranth con proporzioni quasi simili a quello del LTCM.

[44] Anche l'Italia ha avuto il suo piccolo caso Madoff con un hedge fund gestito nella persona di Alberto Micalizzi, passato all'onore delle cronache come il *"Madoff della Bocconi"*, essendo stato professore di Finanza aziendale all'università L. Bocconi di Milano.

[45] Ciò non toglie che possano comunque esistere individui come George Soros o lo stesso Nicholas Nassim Taleb, estremamente dotati di capacità personali e/o nell'uso di strumenti computazionali, che possono raggiungere risultati eccezionali nelle attività speculative, sia pure in modo diverso da come normalmente agiscono gli altri operatori di mercato.

le probabilità a suo favore, il che, alla lunga, dovrebbe portarlo a guadagnare. Un po' come le case da gioco che guadagnano dalla gestione delle puntate nei casinò, sfruttando la probabilità delle scommesse posta a loro favore.

Difatti, nel libro *Contrarian Investment Strategies*,[46] il famoso investitore David Dreman, per rappresentare tale concetto, immagina un ipotetico casinò con due sale. La prima, la sala *"rossa"*, è piena di attività ed eccitazione e vi si scommette continuamente, ma le probabilità del gioco sono stabilite a favore del casinò e le persone, generalmente, perdono. Nonostante ciò, la maggior parte del pubblico passa il suo tempo nella sala rossa, perché cercano le emozioni forti, pur se alla fine non riescono ad accrescere il loro patrimonio.

L'altra, la sala *"verde"*, invece, è calma e priva di euforia, ma lì le probabilità sono invece a favore del giocatore. Ci sono poche persone nella sala che scommettono, e il gestore del casinò dice che questo è un bene, altrimenti, se puntassero in molti, la casa da gioco fallirebbe.

Lo scopo dell'investitore deve essere, allora, quello di entrare nella sala verde e di rimanerci il più possibile, e il modo più semplice di entrarci è attraverso il *value investing* e *long term investing*. Essi si basano essenzialmente sull'argomentazione logica che, nel lungo termine, è difficile perdere se giochi sempre secondo regole che collocano le probabilità a tuo favore.

La terza parte del libro ha, pertanto, lo scopo di dimostrare, con l'evidenza empirica data dai rendimenti storici, come sia stato possibile raggiungere ottimi risultati negli investimenti e, in alcuni casi, anche risultati eccezionali.

---

[46] Ed. Free Press (1998).

II) La scelta degli investimenti

1. Criteri di allocazione del patrimonio e del risparmio

Prima di parlare di investimenti è necessario, per il risparmiatore, tener presente alcune esigenze fondamentali che devono essere coperte in anticipo:
- la casa di abitazione;
- il rischio morte e invalidità permanente dei produttori di reddito;
- il rischio danni a terzi.

Per quanto riguarda la casa di abitazione, come si è detto nel primo capitolo, occorre provvedere a essa prima di pensare a investire il denaro in altro modo. È bene, quindi, acquistarne la proprietà (o mantenerla nel caso di un immobile già in possesso), tranne nei casi in cui vi siano esigenze di mobilità lavorativa che richiedono una sistemazione itinerante. Inoltre, nell'ipotesi in cui l'acquisto è avvenuto attraverso un mutuo, le somme risparmiate per motivi di cautela dovrebbero essere destinate a estinguere tale mutuo, prima di essere investite.

Nel caso in cui la famiglia non disponga di un patrimonio finanziario abbastanza consistente, nell'ordine di oltre 500.000 euro, è molto prudente assicurare i membri che producono reddito, in modo da non aggiungere al dolore della perdita di una persona cara anche un danno di tipo economico.[47] Per far fronte

---

[47] Normalmente si parla di *"assicurare il capitale umano"* ossia la futura

a tale rischio è opportuno sottoscrivere una polizza temporanea "*caso morte e invalidità permanente*" con una compagnia di assicurazione.[48] Quest'ultima garantirà agli eredi una certa somma in caso di decesso o grave invalidità dell'assicurato, qualora tali eventi si verificassero nel periodo di tempo prestabilito dal contratto. Ad esempio, oggi per un quarantenne, un premio annuo di circa 500 euro è sufficiente ad assicurare un capitale intorno ai 200.000 euro per solo il caso di morte. Queste polizze sono particolarmente indicate per le persone che hanno coniuge e figli a carico o che hanno sottoscritto un mutuo. Non sono indicate, però, per i più anziani, poiché i costi del premio salgono proporzionalmente all'età, quando aumentano le probabilità di morte dell'assicurato.

Quando si ha un patrimonio da salvaguardare (anche soltanto la prima casa) andrebbe, possibilmente, coperto pure il rischio danni a terzi, con un'assicurazione per la *responsabilità civile* (ulteriore rispetto a quella obbligatoria). Con essa si farebbe fronte a eventi imprevisti e/o imprevedibili che potrebbero, teoricamente, dar luogo a cause di risarcimento nei confronti dei membri della propria famiglia (ad esempio danni causati da figli, animali domestici, danneggiamenti accidentali, ecc.). I premi per la copertura di tali eventualità sono relativamente bassi, ma diventano soldi ben spesi nel caso in cui accadesse l'evento dannoso.

Ancora, per salvaguardare il patrimonio dalle aggressioni dei terzi per debiti sopravvenuti e risarcimenti è opportuno far ricorso agli istituti all'uopo previsti dalle legge italiana: il fondo patrimoniale e il trust.

---

capacità di reddito derivante dal lavoro.

[48] Una polizza di questo tipo fa parte del lavoro tradizionale svolto dalle compagnie di assicurazioni, e viene incontro a un interesse effettivo del sottoscrittore. Sono invece da evitare, come si vedrà, tutte le polizze e i contratti a contenuto finanziario proposti poiché strutturati in modo da avvantaggiare esclusivamente la compagnia.

II) LA SCELTA DEGLI INVESTIMENTI

Il fondo patrimoniale, regolato dagli art. 167 e ss. del codice civile, è costituito dai coniugi in costanza di matrimonio, (non possono beneficiarne le coppie di fatto), e cessa i suoi effetti in caso di morte di uno dei coniugi o fine del matrimonio stesso. Sui beni (che possono essere immobili o titoli di credito) oggetto del fondo patrimoniale non è possibile agire forzosamente, poiché i beni e i relativi frutti rispondono solo per obbligazioni contratte nell'interesse della famiglia.

L'istituto del *trust*, di origine anglosassone, è stato introdotto nell'ordinamento giuridico italiano con l'adesione del nostro paese alla Convenzione dell'Aja del 1° luglio 1985, in vigore dal 1° gennaio 1992. Il trust è istituito spesso con la funzione di proteggere i beni mobili (in particolare titoli e quote societarie) e immobili. Il trust consente, infatti, la segregazione del patrimonio conferito, cosicché esso sarà insensibile a ogni evento pregiudizievole che coinvolga personalmente il soggetto che ha conferito i beni nel trust, o colui che ne beneficia. Il trust, quindi, separa e protegge il patrimonio personale così da tutelare quei soggetti il cui patrimonio stesso può essere pregiudicato da attività rischiose (imprenditori, professionisti, ecc.).

Il secondo compito del risparmiatore, dopo l'assicurazione contro eventi dannosi, è paradossalmente proprio quello di *risparmiare*, poiché il capitale è la benzina che consente l'investimento. Purtroppo risparmiare in modo adeguato è diventato sempre più difficile tra le famiglie di oggi, e per la maggior parte di loro è arduo accumulare un capitale da investire. Difatti, il tasso di risparmio si è progressivamente eroso, da un quarto di secolo a questa parte. Come si osserva dal grafico che segue, la quota di reddito risparmiato dalle famiglie italiane si è ridotta, dal 20/25% degli anni '80, a meno del 5% del 2012.[49]

---

[49] Esula dagli scopi di questo libro dare indicazioni su come aumentare i risparmi.

Tuttavia, nonostante ciò, il grande stock dei patrimoni accumulati ai tempi d'oro fa sì che l'Italia sia, ancora oggi, tra i paesi europei con i maggiori livelli di ricchezza complessivi. Secondo le statistiche della Banca d'Italia[50] alla fine del 2013 la ricchezza netta delle famiglie italiane, cioè la somma di attività reali (abitazioni, terreni, ecc.) e di attività finanziarie (depositi, titoli, azioni, ecc.), al netto delle passività finanziarie

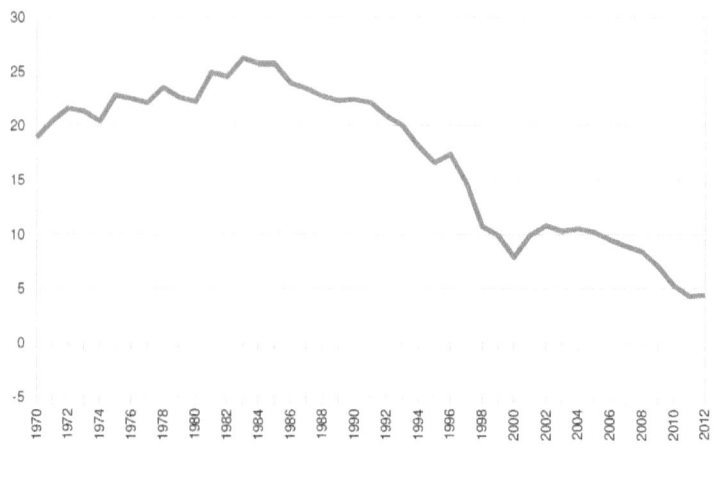

Tasso netto di risparmio delle famiglie in Italia 1970-2012 (in punti %).

—Risparmio netto

Fonte: OCSE.

---

[50] Cfr. Bollettino statistico n. 69 del 14 dicembre 2014.

II) LA SCELTA DEGLI INVESTIMENTI

(mutui, prestiti personali, ecc.), è risultata pari a 8.728 miliardi di euro. Le attività reali (5.767 miliardi di euro) rappresentavano il 60 per cento della ricchezza lorda, le attività finanziarie (3.848 miliardi di euro) il 40 per cento e le passività finanziarie (886 miliardi di euro) il 9,2 per cento. L'andamento della ricchezza è sintetizzato nel grafico,[51] da cui si rileva come la crescita di essa abbia subito una battuta d'arresto negli ultimi anni.

Da ciò si comprende come, nonostante l'atavica pro-

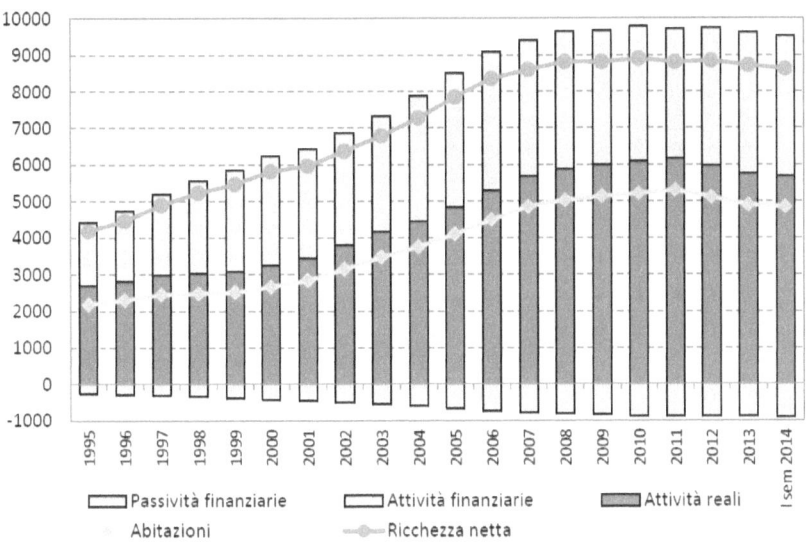

Ricchezza delle famiglie italiane e sue componenti, 1995-2013
(miliardi di euro a prezzi correnti; stime preliminari sul I semestre 2014)

pensione a favore del mattone (attività reali), vi sono comunque tanti italiani in possesso di patrimoni finanziari, più o meno consistenti, che potrebbero essere investiti in modo migliore rispetto a quanto avviene attualmente.

---

[51]Fonte:
http://www.repubblica.it/economia/2014/12/16/news/la_ricchezza_delle_famiglie_italiane_2013_milano_--103030969/.

La prima scelta d'investimento che spetta al risparmiatore, una volta in possesso del capitale necessario, è l'allocazione del patrimonio tra le diverse categorie di attività, che possono essere elencate come

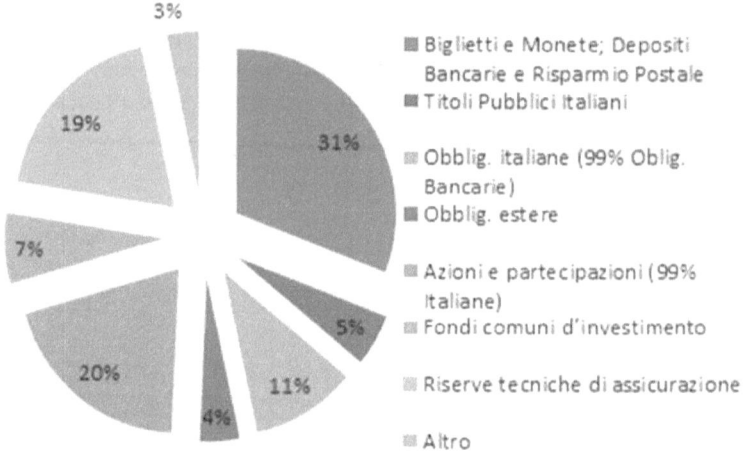

segue, a seconda della loro facilità a essere convertiti in denaro liquido:
- depositi in c/c;
- titoli di stato, depositi vincolati, obbligazioni quotate;
- azioni quotate;
- fondi comuni ed ETF;
- obbligazioni e azioni non quotate;
- immobili e attività reali;
- polizze assicurative vita con contenuto finanziario;
- fondi pensione.

La composizione delle attività finanziare che formano il patrimonio finanziario degli italiani è evidenziata nel precedente grafico, riferito al 2011 (fonte: Banca d'Italia). Le singole categorie saranno oggetto di esame nei paragrafi che seguono, evidenziando i pregi e i difetti di ciascuna.

In generale, da un investimento, o da una combinazione di investimenti, si cercano idealmente tre caratteristiche:
- liquidità: la possibilità di trasformalo in breve tempo in denaro liquido e a costi ridotti;
- solidità: il mantenimento del valore rispetto al prezzo di acquisto;
- rendimento: un'alta probabilità di ottenere un rendimento soddisfacente.

L'allocazione migliore ha come scopo di creare un portafoglio che sia solido e liquido allo stesso tempo e assicuri un buon rendimento. Naturalmente non tutti gli strumenti hanno le medesime caratteristiche e privilegiano uno solo dei requisiti, tuttavia vanno evitati quegli strumenti d'investimento che presentano le caratteristiche peggiori. Ad esempio, tra due investimenti che mostrano lo stesso rendimento e rischio potenziali è decisamente migliore quello che garantisce una maggiore liquidità.

Nei paragrafi seguenti si illustrerà una panoramica degli strumenti finanziari a disposizione del risparmiatore, valutando l'opportunità di investire in ciascuno di essi, alla luce delle attuali caratteristiche del mercato finanziario.

2. I conti correnti e i conti deposito

Il conto corrente è l'attività finanziaria diffusa quasi universalmente tra gli italiani. È aperto presso una banca o Poste Italiane e, generalmente, vi sono associati servizi bancari quali l'emissione di carte di credito, bancomat, domiciliazione di utenze, bonifici, ecc.

Il conto di deposito è invece un conto particolare aperto presso una banca, al quale non sono collegati servizi e, pertanto, deve essere necessariamente agganciato a un conto corrente di appoggio dove sono fisicamente le somme. È vincolato per durate comprese tra 6 mesi e 5 anni.[52] Il problema è che, durante questo periodo, il cliente non può ottenere la restituzione delle somme depositate o l'estinzione anticipata del contratto, salvo nel caso sia previsto dal contratto stesso, ma con l'applicazione di penali e la perdita degli interessi maturati. È, quindi, un errore molto grave per il risparmiatore vincolare somme delle quali potrebbe avere necessità di disporre a breve.

I conti correnti e i conti di deposito sono garantiti fino a 100 mila euro dal Fondo interbancario di tutela dei depositi.[53] Oltre tale soglia, i depositi non sono garantiti.[54]

A livello di tassazione, gli interessi sui c/c e sui conti deposito scontano il prelievo fiscale del 26%. Inoltre sui comuni c/c vi è l'imposta di bollo fissa di 34,00 euro, mentre sulle somme vincolate, in giacenza sui conti deposito, grava l'imposta di bollo proporzionale, attualmente nella stessa misura prevista per le attività finanziare, pari al 2 per mille (0,20%).

Dal punto di vista del risparmiatore, il normale conto corrente, oltre che per le normali attività quotidiane della famiglia, serve esclusivamente come strumento

---

[52] Con l'introduzione dei conti correnti on line a zero spese e dei conti di deposito, hanno ormai diffusione molto limitata i libretti di deposito a risparmio (vincolati e non) che, tradizionalmente, erano emessi dagli istituti di credito.

[53] Il limite di copertura per depositante a 100.000 euro, è stato fissato dal Decreto Legislativo 24 marzo 2011 n. 49, di recepimento della Direttiva 2009/14/CE nell'ordinamento italiano. La soglia di 100.000 euro è applicata a ogni conto corrente e a ciascun depositante per i conti cointestati. Ossia se un depositante possiede due c/c in altrettante banche, il livello di copertura è pari a 100.000 euro su ciascuna banca. Tuttavia va considerato che la garanzia sui depositi non è assicurata dallo Stato Italiano, dall'Unione europea o dalla BCE, ma esclusivamente da un consorzio volontario costituito dalle banche stesse (Fondo interbancario di tutela dei depositi o FIDT).

[54] Il FITD non avrebbe comunque i mezzi sufficienti per tutti i c/c in caso di fallimento di una o più grosse banche. In tal caso dovrebbe esserci un'iniziativa degli organi politici tale da assicurare comunque la garanzia.

II) LA SCELTA DEGLI INVESTIMENTI 65

su cui far transitare la liquidità destinata agli investimenti, cercando di limitare il più possibile i costi connessi al suo utilizzo, al netto delle tasse.[55]

Tuttavia, dal punto di vista dell'impiego del capitale, il c/c non ha alcun senso, se non come parcheggio di liquidità, in quanto gli interessi oggigiorno sono zero o prossimi allo zero. Tenere grosse somme sul c/c, come fanno i risparmiatori italiani secondo le statistiche Bankitalia viste sopra, quindi, serve solo a fare un favore alla banca.

Alle grosse esigenze di liquidità che potrebbero verificarsi nel corso della vita e che ancora non si conoscono, a maggior ragione quando sono imprevedibili nell'*an* e nel *quantum*, si può far fronte attraverso un portafoglio d'investimenti facilmente liquidabile, senza necessariamente perdere il rendimento.

Anche i tassi d'interesse sui conti di deposito vincolati, in questi ultimi anni di politica di tassi zero e *quantitative easing* da parte della BCE, sono attualmente ridicoli (soprattutto se calcolati al netto del bollo dello 0,2% e della ritenuta del 26%) e non compensano certamente la rinuncia alla liquidità di cui si potrebbe aver bisogno.

3. I titoli di stato e le obbligazioni

Dopo il c/c, l'investimento più tradizionale degli Italiani è rappresentato dai Titoli di Stato, nel cui ambito possono essere fatti rientrare i Buoni Postali, sia pure con caratteristiche diverse. Le categorie di Titoli di Stato Italiani sono:
- buoni ordinari del tesoro (BOT): hanno scadenza a 3, 6 e 12 mesi. I BOT hanno sempre prezzo di emissione inferiore a 100 (valore nominale). La dif-

---

[55] Oggi oltre ai conti online ci sono anche conti presso le banche tradizionali a basso costo e con operazioni illimitate.

ferenza tra il prezzo di emissione e il valore nominale, che corrisponde anche al prezzo di rimborso, è il rendimento dell'investitore. Se, ad esempio, il prezzo d'acquisto pagato è 98, l'interesse (lordo) alla scadenza sarà 2;
- buoni del tesoro poliennali (BTP): rappresentano i titoli che hanno il primato per il numero e la quantità delle emissioni e hanno scadenza da 2 fino a 30 anni (recentemente è stato emesso un titolo a 50 anni detto "*matusalemme*"). Sono caratterizzati da cedole fisse con cadenza semestrale per tutta la durata del titolo. La durata del BTP, generalmente lunga, e il tasso fisso hanno come conseguenza una più o meno grande variabilità del loro prezzo al variare dei tassi di mercato. Infatti, se il tasso d'interesse attuale di mercato è superiore rispetto a quello offerto al momento della sottoscrizione, la quotazione del BTP scenderà, perché così farà aumentare il rendimento complessivo offerto dal titolo,[56] adeguandolo a quello richiesto dal mercato. Nel caso contrario il movimento sarà in direzione opposta Le oscillazioni sono tanto maggiori quanto più lunga è la durata residua del titolo;[57]
- certificati di credito del tesoro (CCT): sono titoli indicizzati poiché hanno cedola variabile, collegata al rendimento dei BOT semestrali o al tasso Euribor semestrale. Ciò consente di coprirsi dal

---

[56] Il rendimento del titolo è dato dalla somma degli interessi e della differenza tra prezzo di acquisto e di rimborso (quest'ultimo sempre pari al valore nominale). Quindi più basso è il prezzo di acquisto più alto sarà il rendimento.

[57] La variabilità di un titolo di stato o di un'obbligazione al variare dei tassi di mercato è misurata dalla *duration* o durata finanziaria di un titolo, ovvero la sua vita residua, ponderata con il flusso di cedole che il titolo pagherà in futuro. La *duration* può essere utilizzata come un primo indicatore del rischio di un investimento in obbligazioni: a valori più elevati corrisponde, infatti, una maggiore esposizione dei titoli a variazioni dei tassi di mercato.

II) LA SCELTA DEGLI INVESTIMENTI

rischio di variazione dei tassi d'interesse;
- buoni del tesoro poliennali indicizzati (BTPi): hanno scadenza da 5 a 30 anni. Si distinguono dai normali BTP in quanto sia il capitale rimborsato a scadenza sia le cedole semestrali sono rivalutate sulla base dell'inflazione della zona euro, calcolata mensilmente da Eurostat. Recentemente sono stati emessi i BTP Italia, con scadenza di quattro anni. Il rendimento del BTP Italia è costituito da un tasso fisso, che è calcolato sul capitale rivalutato in base all'inflazione registrata in Italia;
- certificati zero coupon (CTZ): non maturano cedole e tutta la remunerazione consiste nello scarto di emissione, ovvero nella differenza tra il valore nominale a cui il titolo viene rimborsato a scadenza e il prezzo pagato all'atto della sottoscrizione.

Oltre ai tradizionali Titoli di Stato vi sono i Buoni fruttiferi postali, emessi dalla Cassa Depositi e Prestiti,[58] collocati da Poste Italiane S.p.A. e garantiti dallo Stato. A differenza degli altri Titoli di Stato, per i quali occorre aspettare la scadenza per la restituzione del valore nominale del titolo, i Buoni fruttiferi permettono il riscatto in qualunque momento con la garanzia del capitale al 100%. In termini tecnici è come se all'acquirente dei Buoni Postali, al momento dell'acquisto fosse riconosciuta un'opzione put[59] esercitabile durante tutta la vita del titolo. A fronte di tali vantaggi vi è lo svantaggio che i Buoni fruttiferi Postali riconoscono al sottoscrittore un tasso d'interesse quasi sempre inferiore a quello dei titoli di Stato di

---

[58] La Cassa Depositi e Prestiti è un ente pubblico che raccoglie il risparmio postale. Le somme raccolte sono in gran parte prestate allo Stato e agli enti locali, e in parte minore investite in partecipazioni in aziende italiane considerate strategiche.

[59] Un'opzione put è uno strumento derivato in base al quale l'acquirente dell'opzione acquista il diritto, ma non l'obbligo, di vendere un titolo (detto sottostante) a un dato prezzo d'esercizio (strike price), mentre l'altra parte si impegna ad acquistare il titolo, se l'acquirente dell'opzione decide di esercitare il suo diritto.

corrispondente durata.

Oltre ai Titoli di Stato italiani vi sono naturalmente i titoli di stato emessi da stati esteri[60] e quelli emessi da enti e da organismi internazionali (Banca Europea per gli Investimenti, ecc.) che sono equiparati *a tutti gli effetti* ai Titoli di Stato italiani per espressa previsione dell'articolo 12 del decreto legislativo 461/1997.

I Titoli di Stato possono essere acquistati anche in valute diverse dall'euro, ma ciò comporta il rischio di cambio. Spesso è sufficiente una piccola variazione nel tasso di cambio per trasformare in una perdita un investimento inizialmente in guadagno. Diventa, perciò, un controsenso acquistare Titoli di Stato e obbligazioni in valuta per fare un investimento tranquillo e poi assumersi il rischio di oscillazione delle valute. Nel caso delle azioni, l'assunzione del rischio di cambio ha, invece, indiscutibilmente più senso per i motivi che si vedranno in seguito.

Accanto al vasto mondo dei Titoli di Stato vi sono le obbligazioni emesse da società private che, come quelli, possono essere a tasso fisso, tasso variabile e zero coupon. La maggior parte delle obbligazioni nel mercato italiano ed europeo sono emesse da banche e società assicurative. Le obbligazioni private in Italia hanno un trattamento fiscale molto più penalizzante rispetto ai Titoli di Stato e ai Buoni Postali (tassazione degli interessi e dei capital gain al 26% rispetto al 12,50% dei Titoli di Stato). Il che evidenzia la necessità dei governi di favorire l'acquisto del debito pubblico.

Altre due distinzioni importanti nell'ambito delle obbligazioni vi sono tra le obbligazioni senior e subordinate e tra le obbligazioni quotate e non.

Le obbligazioni subordinate sono tipiche del mondo bancario. La loro caratteristica è che, in caso di diffi-

---

[60] Per esempio, i BTP sono paragonabili, per caratteristiche e durata, ai Bund (Bundesanleihen) tedeschi, agli OAT francesi ai Gilts Inglesi e ai Treasury bond americani, mentre i BOT sono paragonabili ai Bubill tedeschi, ai Bon du Trésor francesi e ai Treasury bill americani.

coltà della banca emittente, una volta esaurito il capitale degli azionisti, le stesse non verranno rimborsate, mentre ciò non accade alle obbligazioni senior, se non dopo la cancellazione dell'intero importo delle subordinate.

Mentre tutti i Titoli di Stato sono quotati, non è sempre così per le obbligazioni. La mancata quotazione è un notevole problema, giacché il creditore non può facilmente rientrare in possesso della somma investita se non alla scadenza.

Un elemento in comune che caratterizza i Titoli di Stato e le obbligazioni è il rating. Trattasi di un giudizio sintetico sulla solvibilità del debitore emesso a opera delle cosiddette agenzie di rating,[61] contrassegnato da lettere dell'alfabeto, che vanno dalla tripla A (AAA, ossia massimo merito creditizio) alla D (default, ovvero insolvenza), attraverso cui è possibile distinguere i titoli in base al loro rischio di mancato pagamento del capitale e degli interessi.

All'interno delle valutazioni del rating è importante la categoria dell'*investment grade* che raggruppa i titoli dalla AAA fino al limite della BBB- che sono quelli acquistabili dagli investitori istituzionali e dai fondi comuni, i quali devono attenersi a principi di prudenza. È da evidenziare che i Titoli di Stato italiani sono attualmente (2016) al limite della categoria *investment grade*.

Le quotazioni delle obbligazioni e dei Titoli di Stato risentono di due elementi fondamentali. Il primo è la solvibilità del debitore. La fiducia di cui un debitore gode sul mercato è misurata dallo *spread* che è la differenza di rendimento tra il titolo in questione e un titolo considerato *sicuro* per definizione (ad esempio lo spread tra il BTP e il bund tedesco di pari durata). L'altro

---

[61] Le agenzie di rating sono società private che realizzano ricerche e analisi finanziarie sui titoli emessi da aziende e stati. Le più note agenzie di rating sono tre (Standard & Poor's, Moody's, Fitch) e hanno tutte base principale a New York.

elemento è la variazione dei tassi d'interesse correnti per i titoli a tasso fisso. Infatti, un rialzo dei tassi d'interesse sul mercato fa scendere il prezzo dei titoli obbligazionari a tasso fisso in circolazione, mentre una riduzione dei tassi ne fa aumentare il prezzo.

La sensibilità all'andamento dei tassi è espressa tramite il concetto di *duration* (o durata media finanziaria).[62] In termini pratici esprime la variazione percentuale del prezzo al variare di un punto percentuale del tasso d'interesse, e il suo valore dipende essenzialmente dalla durata residua del titolo. In altre parole tanto più lunga è la durata residua di un'obbligazione fino alla scadenza, tanto più un rialzo dei tassi d'interesse ne farà abbassare il prezzo. Per cui, a parità di rischiosità del soggetto emittente, un'obbligazione a lungo termine si deve considerare più rischiosa di una a breve termine, essendo più soggetta agli effetti delle variazioni dei tassi d'interesse.

I Titoli di Stato e le obbligazioni sono in concorrenza con gli altri investimenti finanziari, e la loro appetibilità dipende, principalmente, dal livello generale dei tassi d'interesse. Dopo la crisi del 2008/2009 e in Europa dopo la crisi del 2011, le banche centrali hanno implementato la politica dei tassi zero (detta Z.I.R.P. = *zero interest rate policy*) o, in qualche caso, dei tassi negativi, fissando a tali valori i tassi di rifinanziamento al sistema bancario e acquistando direttamente Titoli di Stato con le politiche dette di "*quantitative easing*".

Ciò ha reso poco appetibili per i risparmiatori gli investimenti in obbligazioni denominate in euro, in quanto da un lato i titoli garantiscono un rendimento molto scarso, incapace spesso di coprire le tasse[63] e i

---

[62] In termini matematici la *duration* è la derivata della funzione che mette in relazione il prezzo di un titolo con il tasso d'interesse.

[63] In Italia i depositi titoli (che contengono azioni obbligazioni e fondi comuni) sono assoggettati alla c.d. minipatrimoniale introdotta dal governo Monti, attualmente nella misura dello 0,2% del valore di mercato del portafoglio.

costi di gestione dei medesimi, e dall'altra li espongono a un grande rischio, in caso di rialzo dei tassi d'interesse, se si tratta di titoli con scadenza a medio/lungo termine. È evidente che, fino a quando l'attuale politica monetaria dei *tassi zero* non verrà modificata, l'acquisto di obbligazioni (o di prodotti finanziari il cui patrimonio è investito in obbligazioni come fondi, polizze, ecc.) non ha senso dal punto di vista del rendimento, a meno che non si tratta di titoli rischiosi che espongono al pericolo di perdite in conto capitale.[64]

4. Il mercato azionario

Sul mercato azionario sono scambiate le azioni, ossia le quote di partecipazione al capitale sociale delle imprese costituite in società di capitali. Le azioni ordinarie (in inglese *common stock*), sono quelle normalmente più scambiate e attribuiscono diritto di voto nelle assemblee societarie e il diritto a ricevere la parte dei profitti distribuita sotto forma di dividendi.[65]

Ogni azione quotata è scambiata ovvero acquistata o venduta in base al suo prezzo di mercato. Tale prezzo evolve continuamente durante le giornate di apertura delle borse sulla base dei contratti conclusi. Per la legge della domanda e dell'offerta, se sale la domanda sale anche il prezzo, e viceversa. A fine giornata, quando la seduta sarà ufficialmente conclusa, si avrà, ad esem-

---

[64] Si tratta delle obbligazioni in valute estere, che espongono al rischio di cambio, e delle obbligazioni *high yield*, che a fronte di un tasso più alto, sono emessi da emittenti con basso merito creditizio, o delle obbligazioni subordinate bancarie. In tali casi la speranza di ottenere qualche punto percentuale in più espone al rischio di perdite potenzialmente devastanti.

[65] Accanto alle azioni ordinarie esistono altre categorie di azioni (in Italia denominante azioni privilegiate e azioni di risparmio) poco diffuse e che sono prive del diritto di voto, ma garantiscono privilegi di natura patrimoniale in termini di maggiori dividendi.

pio, il prezzo ufficiale dell'azione X, frutto di tutte le oscillazioni che il valore del titolo ha subito durante la seduta in base al numero di scambi.

Tutti gli scambi azionari, così come quelli delle obbligazioni, sono ormai effettuati su piattaforme telematiche, cosicché le borse mantengono le loro sedi fisiche principalmente per motivi di tradizione e prestigio.

I mercati, al di là delle personalizzazioni che si fanno a livello giornalistico, sono semplicemente l'insieme degli scambi effettuati facenti capo a una determinata autorità (New York Stock Exchange, Borsa Italiana S.p.A., Nasdaq, ecc.) che gestisce una piattaforma di scambi. In essa si negoziano i titoli azionari e obbligazionari che hanno i requisiti per chiedere l'accesso. Oltre ai mercati ufficiali esistono i mercati OTC ossia *Over the counter* (letteralmente *fuori dal bancone*), dove i prezzi si formano in modo meno efficiente e non vi sono i controlli sugli intermediari svolti dalle autorità che governano le borse. Anche i mercati OTC oggi funzionano principalmente attraverso scambi telematici.

L'uso della telematica ha permesso agli investitori di ogni parte del mondo di accedere, attraverso internet, ai principali mercati esteri senza difficoltà e a costi contenuti. Per cui, già da molti anni, l'investitore medio non è limitato, come era invece una volta, soltanto all'acquisto di titoli che sono quotati nel suo paese di residenza, ma può spaziare in tutti i mercati dei paesi sviluppati.[66]

Sulla formazione dei prezzi dei titoli azionari nel breve/medio periodo influiscono i seguenti fattori:
- andamento societario (lo stato di salute della società, la dimensione patrimoniale, le prospettive future di crescita, il cambiamento della proprietà, le operazioni di finanza straordinaria come acqui-

---

[66] Attraverso i fondi comuni specializzati spesso è possibile acquistare azioni anche di paesi non accessibili a investitori individuali (come attualmente la Cina).

sizioni, fusioni e scissioni): al miglioramento dell'andamento, corrisponde un aumento del prezzo e la propensione degli investitori ad acquistare quelle azioni; viceversa, accade il contrario, ovvero il deprezzamento. Chi possiede quelle azioni le venderà, aumenterà l'offerta e scenderà il prezzo;
- andamento del comparto, ovvero la performance borsistica di altre aziende appartenenti al medesimo settore;
- dati macroeconomici o di politica estera direttamente o indirettamente rilevanti per una società: notizie positive generano acquisti e apprezzamento, notizie negative spingono le vendite e il deprezzamento del titolo;
- notizie sull'azienda, come la scoperta di giacimenti per le compagnie petrolifere, l'approvazione di un nuovo farmaco per un'azienda del comparto medicale o, ancora, notizie su possibili fusioni o acquisizioni.

La formazione del prezzo dei titoli azionari nel lungo periodo, come si vedrà meglio in seguito, è invece governata esclusivamente dai risultati economici della società, nel senso che tutti i fattori di breve periodo perdono d'importanza rispetto all'andamento di lungo termine dei profitti dell'azienda che ha emesso i titoli.

L'investimento nei titoli quotati in borsa, così come avviene anche per i titoli obbligazionari, pone comunque l'investitore di fronte a una scelta iniziale, dovendo decidere tra:
- operare come investitore individuale e acquistare i titoli in prima persona attraverso le piattaforme di trading online, usufruendo di tale servizio, attualmente offerto da quasi tutte le banche;
- affidarsi al risparmio gestito e sottoscrivere le quote di un fondo comune d'investimento che investirà le somme, o affidare il denaro a una gestione patrimoniale.

5. I fondi comuni e le gestioni patrimoniali

Il risparmio gestito nasce da un'idea apparentemente vincente, soltanto che all'atto pratico presenta numerose controindicazioni che fanno largamente preferire l'investimento *fai da te*, in particolare per coloro i quali hanno le capacità e l'attitudine a operare da soli. La logica che sta alla base del risparmio gestito è quella di consentire ai piccoli investitori di partecipare ai risultati dei mercati finanziari pur senza disporre delle competenze e del patrimonio sufficienti ad attuare la necessaria diversificazione dei rischi.

Attraverso i fondi comuni, nati negli Stati Uniti negli anni venti del Novecento, in pratica un gruppo di risparmiatori si affida a un gestore, che si presume esperto del campo finanziario. Egli, in cambio di una commissione, ha il compito di investire al meglio il patrimonio che gli è affidato. In Italia la prima legislazione sui fondi comuni d'investimento risale al 1983. L'investimento in un fondo comune può avvenire con un versamento in unica soluzione o attraverso versamenti periodici da parte del risparmiatore (i cosiddetti piani di accumulo: PAC).

I fondi comuni si differenziano in base alle tipologie oggetto d'investimento, individuate nel regolamento, e si articolano principalmente in cinque macro-categorie, individuate da Assogestioni:[67] fondi azionari, bilanciati, obbligazionari, di liquidità e flessibili.

Mentre le altre categorie sono di facile individuazione, i fondi bilanciati si distinguono per il fatto che il loro patrimonio può essere investito sia in titoli azionari che in titoli obbligazionari, in diverse percentuali. La caratteristica principale dei fondi flessibili è l'assenza (o quasi) di vincoli alla politica

---

[67] Trattasi dell'Associazione italiana dei gestori del risparmio, fondata nel 1984.

II) LA SCELTA DEGLI INVESTIMENTI

d'investimento, per cui il gestore può scegliere di investire come crede in azioni e obbligazioni e altri strumenti senza limitazioni. Esistono anche i fondi di fondi. Trattasi di fondi comuni d'investimento che investono in quote di altri fondi comuni.

Va da sé che, essendo per definizione esperto, il gestore dovrebbe realizzare *in teoria* risultati in termini di rendimento non replicabili per l'investitore individuale, e quindi consentire a quest'ultimo una gestione oculata dei propri risparmi. Questo sia per i fondi, nei quali sono aggregate le disponibilità affidate da tanti piccoli risparmiatori, sia per le gestioni patrimoniali, che vengono riservate a coloro che hanno maggiori capitali da investire e che consentono una decisione individualizzata sulle scelte d'investimento. Infatti, sulla carta, i gestori sono mediamente più bravi del singolo investitore. Ciò dovrebbe derivare dal lavoro di squadra, dalle informazioni che hanno a disposizione e dalla selezione professionale a cui sono sottoposti.

Purtroppo la teoria è molto lontana dalla realtà, e spesso si verifica la situazione per la quale il rendimento che assicurano i fondi comuni e le gestioni patrimoniali è inferiore a quello medio dei mercati di riferimento. In verità la maggior parte delle persone che ha investito in fondi comuni ha avuto più delusioni che soddisfazioni. I motivi degli scarsi risultati in media dei fondi comuni sono vari e vengono di seguito spiegati:
- un gestore di fondi che ha il compito di scegliere i titoli viene valutato dai suoi superiori a scadenze molto ravvicinate (spesso inferiori all'anno). Il timore di andare peggio del mercato genera molti errori con una elevata rotazione di portafoglio (in altre parole vengono acquistate e vendute azioni e obbligazioni molto più frequentemente del necessario);
- il successo di un fondo è difficile che duri nel lungo termine. Immaginiamo, infatti, un fondo che

consegue degli ottimi rendimenti. Dopo qualche anno positivo è probabile che il suo gestore sarà allettato da offerte di altre società concorrenti e, anche se così non fosse, si troverà davanti un grande flusso di liquidità da investire proveniente da nuovi risparmiatori attirati dai rendimenti passati. Si verificherà, quindi, un fenomeno di *regressione verso la media* (*mean reversion*) tale da farne abbassare i risultati.[68] Il rating che è attribuito ai fondi più redditizi in base ai risultati passati non può essere ritenuto affidabile per effettuare la scelta del fondo migliore;[69]
- i fondi comuni d'investimento hanno dei costi elevati per i sottoscrittori. Solo i gestori molto bravi o molto fortunati, al netto dei costi, riescono a fare meglio del loro benchmark.[70] I rendimenti *lordi* di un gestore professionale, prima di caricare le spese del fondo e le spese per vendere il fondo alla clientela, possono essere anche uguali o superiori al benchmark, ma poi crollano al di sotto a causa dei costi. In particolare, dal rendimento *reale lordo* realizzato dal gestore bisogna sottrarre una percentuale per pagare il gestore e la sua struttura, più un'altra percentuale per pagare (alla banca o al promotore finanziario) il collocamento del fondo al cliente. Il risultato molto probabile è che potremmo ricevere un rendimento reale, prima delle tasse, inferiore al benchmark. I costi vari e le commissioni sono sintetizzati in un unico indice

---

[68] Un fenomeno del genere, per fare un esempio, è accaduto in anni recenti ai fondi della società Carmignac, che si erano comportati bene durante il crollo dei mercati del 2008.

[69] Il rating dei fondi viene attribuito da alcune società specializzate nella valutazione del soggetto gestore (il rating più utilizzato per i fondi è quello della società Morningstar che attribuisce da una a cinque stelle).

[70] Con il termine benchmark si indica un parametro di riferimento utile per confrontare le performance di portafoglio rispetto all'andamento del mercato. Ad esempio se s'investe in azioni, il benchmark di riferimento con cui misurare i risultati è sicuramente un indice del mercato azionario (come l'S&P500 per i fondi azionari americani o il FTSE Mib per i fondi azionari italiani).

onnicomprensivo: il TER (*Total Expense Ratio*), che deve essere sempre riportato sui prospetti informativi. Tale percentuale non include, tuttavia, le commissioni di negoziazione per le borse, le banche o i broker. Queste spese di transazione sono addebitate direttamente al patrimonio del fondo. Tutto ciò comporta, in modo particolare per quei gestori che eseguono compravendite frequenti, maggiori difficoltà nel replicare, e ancor di più nel superare, il benchmark. Normalmente il TER è molto più alto per i fondi azionari rispetto ai fondi obbligazionari. I primi hanno un TER che può superare il 3%, mentre per i secondi può superare l'1%;
- i fondi comuni generalmente non sono adatti per gli investimenti di lungo termine (che come si vedrà sono quelli che rendono più probabile realizzare effettivamente dei guadagni), in quanto cambiano sovente le proprie politiche di investimento. Sono frequentissimi gli esempi in cui un fondo è incorporato in un altro fondo, cambia gestore, stile di investimento o viene semplicemente liquidato. È quindi illusorio pensare di investire in un fondo che mantenga uno stile di gestione costante per venti o trent'anni;
- i fondi comuni vengono creati e gestiti da società che sono strettamente legate al mondo bancario. Si possono verificare, perciò, dei comportamenti scorretti da parte delle banche azioniste delle società di gestione dei fondi. In pratica, i fondi potrebbero effettuare acquisti di titoli non nell'interesse dei risparmiatori, ma dei soggetti di riferimento del fondo che vogliono disfarsene, anche a prezzi fuori mercato. Di ciò, qualora si verificasse, è estremamente difficile accorgersi, anche perché i fondi non forniscono ai clienti, neppure su richiesta, l'elenco delle operazioni compiute. Il sottoscrittore ha diritto a conoscere soltanto il va-

lore giornaliero della quota e i rendiconti semestrali e annuali, dove vi saranno soltanto i dati del portafoglio presenti al termine del semestre o dell'anno;
- ulteriore problema dei fondi comuni sta nel comportamento dei partecipanti al fondo e nella necessità di garantire la liquidità delle quote del fondo. Infatti, il rimborso di coloro che chiedono di uscire dal fondo comporta la necessità di tenere delle somme liquide parcheggiate che non possono essere investite e ciò limita la performance. Inoltre, quel che incide ancor di più negativamente è che i riscatti delle quote si verificano quando i mercati sono al ribasso, con la conseguenza che per finanziare tali riscatti i gestori devono vendere i titoli nel momento peggiore, cioè quando sono più sottovalutati. Viceversa l'ingresso nei fondi, e in particolare in quelli azionari, si verifica quando c'è euforia sui mercati e in quella fase i gestori con la nuova liquidità che arriva si trovano a comprare titoli a prezzi alti, con la conseguenza che i rendimenti potenziali sono più bassi.

Le gestioni patrimoniali, pur essendo individualizzate, molto spesso non hanno dato risultati migliori dei fondi. Con la gestione patrimoniale il risparmiatore affida, tramite un mandato, l'investimento del proprio patrimonio a un gestore (SGR, SIM e banche autorizzate a prestare questo servizio). A differenza dei fondi comuni, la gestione patrimoniale non è effettuata *in monte*, ma separatamente per ogni cliente. Trattandosi di un servizio personalizzato, il portafoglio di ciascun cliente dovrebbe essere potenzialmente diverso da quello di ogni altro e definito sulla base di una valutazione delle sue esigenze e dei suoi obiettivi di investimento. È possibile distinguere due tipologie principali di servizi di gestione patrimoniale:
- Gestione Patrimoniale Mobiliare (GPM): il capitale

viene investito prevalentemente in strumenti finanziari singoli (azioni, obbligazioni...);
- Gestione Patrimoniale in Fondi (GPF): il patrimonio viene sostanzialmente investito in quote di fondi comuni.

I pessimi risultati dei fondi comuni italiani, dovuti alle ragioni anzidette, sono certificati dall'Ufficio Studi di Mediobanca. Infatti, come riporta un articolo del *Sole 24 Ore* pubblicato il 10 ottobre 2015:[71] *"i dati annuali di Mediobanca (sui quali Assogestioni, l'associazione dei gestori di fondi, non ha voluto commentare) sono incontrovertibili (...) Ma quanto ha reso investire nei fondi comuni e SICAV in un trentennio? Semplificando al massimo i calcoli la risposta è l'1,45% di rendimento medio annuo composto in 31 anni (senza considerare l'inflazione) (...) Quali considerazioni si possono trarre da questa semplificazione dei dati di Mediobanca ? (...) il panorama è desolante: sembrerebbe che lo scopo dei fondi aperti e SICAV sia quello di generare commissioni più che produrre valore per il risparmiatore. Infatti, a fronte di 91,6 miliardi di incrementi di valore dei patrimoni generati in 31 anni, le commissioni complessive incassate dal sistema del risparmio gestito sono state di 71,3 miliardi"*.

Così, come per i fondi comuni, il punto debole delle gestioni patrimoniali sta principalmente nelle commissioni. In media la commissione di gestione è intorno al 2/3%. A ciò si aggiunge la commissione di performance, di solito intorno al 20%, cioè la società trattiene una percentuale (il 20%) sul guadagno rispetto all'indice benchmark, che rappresenta il mercato da battere. Se si tratta poi di una GPF, i fondi utilizzati per costituire il portafoglio hanno ulteriori commissioni di gestione. Sulle commissioni di gestione e di performance, poi, c'è l'IVA (attualmente al 22%), a cui si aggiungono le spese

---

[71] Cfr. Plus 24 – il Sole 24 Ore di sabato 10 ottobre 2015 *"Fondi e Sicav, in 31 anni rendimento deludente"*.

della banca depositaria dei titoli. Va da sé che anche le performance delle GP in media sono state deludenti per i risparmiatori.

6. Le polizze assicurative

Negli ultimi anni l'industria del risparmio gestito, ha particolarmente spinto i risparmiatori a sottoscrivere polizze assicurative a scopo d'investimento. Queste ultime rientrano nei cosiddetti Ramo I e Ramo III.[72]

Le polizze di Ramo III sono assicurazioni le cui prestazioni sono direttamente collegate al valore di quote di fondi comuni ovvero a indici e altri valori di riferimento (tali polizze sono dette *unit linked* e *index linked*). Le loro caratteristiche in termini di rendimento atteso sono simili ai fondi d'investimento, con tutte le controindicazioni già viste, salvo una struttura ancor più penalizzante in termini di costi.

In questi ultimi anni molto successo stanno avendo le assicurazioni sulla vita di Ramo I, caratterizzate dalla cosiddetta *"gestione separata"*. Trattasi di un patrimonio distinto da quello della compagnia di assicurazione nel quale vengono investiti i capitali dei clienti. Ciò sta a significare che, a prescindere dalla sorte della compagnia che le emette, il capitale accantonato con le polizze è comunque garantito a favore dei clienti.

Le somme raccolte nella gestione separata sono investite, prevalentemente, in Titoli di Stato e altri titoli obbligazionari. A differenza dei fondi, i titoli in portafoglio rimangono valorizzati al prezzo con il quale sono stati inizialmente acquistati (contabilizzazione a *costo storico*) sino al momento della vendita o del rimborso. Per questo, il valore della gestione separata cambia grazie alle cedole dai titoli in portafoglio e dalla diffe-

---

[72] Negli altri rami sono classificate le polizze tipiche della tradizionale attività assicurativa.

II) LA SCELTA DEGLI INVESTIMENTI

renza tra il loro prezzo di acquisto e di realizzo che genera un guadagno o una perdita. In altre parole, nella contabilità della gestione separata i prezzi dei suddetti titoli rimangono al costo di acquisto e non sono soggetti alle oscillazioni dei mercati, fino alla vendita. Questo significa che, se confrontata rispetto, per esempio, a un fondo obbligazionario che può oscillare molto e produrre perfino rendimenti negativi, una polizza dà l'idea di un rendimento più solido. In realtà il contenuto può essere lo stesso e cambiare solo il tipo di valorizzazione nel tempo.

Sempre diversamente dai fondi, le gestioni separate non hanno un valore di quota pubblicato giornalmente o settimanalmente. I premi al momento del versamento da parte dagli assicurati, subiscono il cosiddetto *"caricamento"*, ossia una commissione percentuale che è girata al venditore della polizza per compensarlo del servizio di collocamento.

Per questo tipo di polizze, il capitale investito (al netto dei caricamenti) si rivaluta ogni anno in funzione del rendimento ottenuto dalla gestione separata. Il rendimento conseguito da tale attività di gestione è ridistribuito secondo un'*aliquota di retrocessione* che, generalmente, non è inferiore all'80% del rendimento ottenuto dalla gestione separata (o in alternativa viene detratta una commissione di gestione). Le rivalutazioni annuali rimangono acquisite definitivamente di anno in anno.

Tali polizze presentano i seguenti vantaggi:
- beneficiano dell'esenzione dell'imposta di bollo dello 0,20% (si tratta della c.d. minipatrimoniale introdotta dal governo Monti che grava su tutti gli altri investimenti a eccezione dei c/c);
- le polizze sono esenti dall'imposta di successione e non entrano a far parte dell'asse ereditario (tale beneficio potrebbe, tuttavia, essere presto rivisto in caso di una probabile riforma delle imposte di successione e donazione);

- sono impignorabili e insequestrabili.

Investendo prevalentemente in Titoli di Stato, il rendimento delle polizze è andato in parallelo con il loro rendimento, come si può osservare nella seguente tabella, mostrando dei valori in chiara diminuzione.

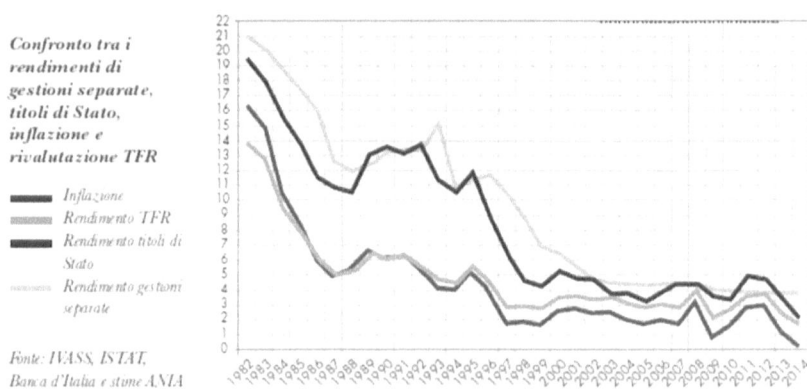

Confronto tra i rendimenti di gestioni separate, titoli di Stato, inflazione e rivalutazione TFR

— Inflazione
— Rendimento TFR
— Rendimento titoli di Stato
— Rendimento gestioni separate

Fonte: IVASS, ISTAT, Banca d'Italia e stime ANIA

Va tuttavia precisato che detti rendimenti sono al lordo, oltre che degli oneri fiscali, anche degli oneri spettanti alla società che gestisce il portafoglio. Infatti, è bene precisare che le commissioni di sottoscrizione e le penali di estinzione anticipata molto spesso azzerano il rendimento dei primi anni di sottoscrizione. Tale problema risulta tanto più grave in questo momento a causa dei rendimenti zero o negativi sui Titoli di Stato.

Va poi evidenziato che vi saranno sempre più difficoltà finanziarie cui andranno incontro le gestioni separate, per la forte concentrazione dei loro investimenti nel comparto dei Titoli di Stato. Ciò in quanto negli ultimi anni, a mano a mano che scadevano i vecchi titoli, le gestioni separate hanno immesso nei loro patrimoni Titoli di Stato e obbligazioni con tassi inferiori a quelli già in portafoglio, con le seguenti conseguenze:
- i vecchi titolari delle polizze si trovano con delle diminuzioni dei rendimenti della gestione separa-

II) LA SCELTA DEGLI INVESTIMENTI

ta *diluiti* dall'acquisto dei titoli a tasso minimo, anche a seguito del versamento dei premi dei nuovi sottoscrittori;
- il fenomeno è aggravato dal fatto che, per pagare i rendimenti, più alti delle vecchie polizze, le compagnie stanno vendendo i titoli più redditizi per realizzare plusvalenze (seguendo il principio del costo storico);
- normalmente i contratti prevedono la possibilità di rivedere il tasso garantito. Probabilmente le assicurazioni si potranno avvalere di tali clausole nel prossimo futuro.

Inoltre, le gestioni separate, data la loro alta concentrazione in Titoli di Stato, non sono efficienti dal punto di vista della diversificazione finanziaria. Una nuova crisi dei debiti sovrani, come quella del 2011,[73] porterebbe un rischio altissimo a carico delle polizze che non va sottovalutato. Ancor più grave dal punto di vista della diversificazione è il fatto che le assicurazioni investono in titoli emessi dallo stato in cui la compagnia ha sede. Ciò è particolarmente rilevante per le assicurazioni italiane che hanno investito in BTP e CCT il 60/70% del patrimonio delle gestioni separate. La garanzia dal rischio d'insolvenza della compagnia non avrebbe, quindi, alcun valore nel caso in cui lo Stato italiano andasse in default o dichiarasse una ristrutturazione del debito.

In sintesi, così come i fondi comuni, anche le polizze di Ramo I, hanno portato e porteranno nuove delusioni ai risparmiatori, per gli scarsi rendimenti attuali e potenziali, al di là dei rischi specifici di default legati ai titoli di stato che ne formano il portafoglio.

---

[73] La crisi dello *"spread"* che portò alla sostituzione del governo Berlusconi con il governo Monti.

7. I fondi pensione

A seguito delle riforme succedutesi nel corso degli anni, il sistema pensionistico italiano si considera oggi fondato su tre pilastri:
1. il primo pilastro è costituito dalla previdenza pubblica obbligatoria, finanziata con i contributi dei lavoratori e dai datori di lavoro durante tutto il corso della vita lavorativa e funzionante con il sistema *a ripartizione*.[74] Occorre immediatamente sottolineare il fatto che, con il passaggio dalle pensioni calcolate con il metodo retributivo a quelle calcolate con il metodo contributivo, la previdenza di primo pilastro non è più sufficiente per garantire il mantenimento del tenore di vita del lavoratore, causando un grave divario tra le vecchie e le nuove generazioni;
2. il secondo pilastro è rappresentato dai fondi pensione ai quali i lavoratori aderiscono in forma collettiva. I fondi pensione sono gestiti secondo il sistema della capitalizzazione. In pratica i contributi raccolti sono investiti da gestori professionali al fine di generare un capitale da restituire al momento del pensionamento per integrare la pensione pubblica;
3. il terzo pilastro è dato dalla previdenza integrativa individuale, che ciascuno può realizzare, discrezionalmente, mediante forme di risparmio personali, in modo da integrare la previdenza pubblica e/o quella realizzata in forma collettiva, per mantenere, così, invariato il proprio tenore di vita, una volta cessata l'attività lavorativa.

La necessità d'integrazione della pensione dipende dal cosiddetto *"tasso di sostituzione"*, che è la percentuale che indica il livello di copertura della previdenza

---

[74] Il sistema *"a ripartizione"* significa che i contributi versati oggi non sono accumulati o investiti ma utilizzati per coprire il costo delle pensioni attualmente in pagamento.

obbligatoria. A causa delle riforme del sistema pubblico la pensione di vecchiaia calcolata con il sistema contributivo, dopo oltre quarant'anni di contributi, sarà contenuta tra il 50 ed il 60 % dell'ultimo stipendio.

Nell'ambito dei fondi pensione vi sono innanzitutto i fondi pensione *negoziali*, costituiti per i diversi comparti tramite accordi di categoria con le organizzazioni sindacali. Essi affidano ai gestori professionali le risorse amministrate, sulla base di convenzioni che definiscono i criteri di investimento e di contenimento dei rischi a cui tali operatori si devono attenere.

Vi sono, poi, i fondi pensione *aperti* (sostanzialmente simili ai fondi comuni) e i piani individuali pensionistici di tipo assicurativo (PIP), i cui investimenti sono gestiti direttamente dalla società che li ha istituiti (banca, società di gestione, SIM, impresa di assicurazione). Le risorse accumulate dai fondi pensione costituiscono un patrimonio separato rispetto a quello della società di gestione, come visto sopra per le polizze di Ramo I.

L'idea che sta alla base dei fondi pensione è perfettamente logica, giacché finalizzata a incrementare le scarse pensioni INPS con un'integrazione volontaria, sia da parte dei lavoratori sia da parte dei datori di lavoro. A tal fine i fondi richiedono all'aderente almeno il versamento della quota annuale di TFR, oltre a un contributo variabile a scelta del lavoratore (a cui si aggiunge un piccolo contributo del datore di lavoro). Tuttavia i fondi pensione di categoria presentano diversi gravi limiti che dovrebbero far desistere dall'aderirvi a cuor leggero:
  a) l'adesione è irreversibile. Una volta firmato per la destinazione a un fondo non si potrà più recedere dall'opzione e tornare al TFR. Si potrà solo scegliere di cambiare fondo, ma mai ritornare al caro vecchio classico TFR, anche cambiando datore di lavoro;
  b) sia per il TFR, sia per i fondi pensione, è possibile

chiedere anticipi dopo 8 anni di contribuzione (fino a una misura massima del 70% per il TFR e del 75% per i fondi pensione) in casi particolari (spese sanitarie, acquisto o ristrutturazione prima casa, ecc.). Tuttavia la differenza a sfavore dei fondi sta nel fatto che, mentre la cessazione del rapporto di lavoro dà diritto a percepire il TFR, per chi aderisce ai fondi pensione il diritto alla prestazione non è raggiunto al termine del rapporto lavorativo, ma solo al raggiungimento dei requisiti pensionistici. Tuttavia il riscatto dell'intera posizione individuale maturata, può essere ottenuto per invalidità permanente, o in caso di cessazione del contratto di lavoro, con successiva disoccupazione superiore a 48 mesi (4 anni). Nel caso in cui tali casistiche si verificassero nei cinque anni che precedono la maturazione dei requisiti di accesso alla pensione, non sarà possibile ottenere il riscatto, ma dovrà essere domandata direttamente la prestazione pensionistica complementare. È possibile il riscatto parziale (fino al 50% del totale maturato), in caso di cessazione dell'attività di lavoro, con conseguente disoccupazione per un periodo minimo di 12 mesi, in seguito a procedure di mobilità, e nell'ipotesi di cassa integrazione guadagni ordinaria o straordinaria (CIG o CIGS), se a zero ore, e della durata di almeno 12 mesi;

c) i contributi che si versano oltre il TFR sono deducibili dal reddito imponibile IRPEF entro certi limiti fissati dalla normativa fiscale, ma sono tassati sia i rendimenti (ossia i guadagni che il fondo realizza sugli investimenti che fa) sia le prestazioni che si riceveranno una volta andati in pensione (nelle altre forme d'investimento, i versamenti non sono deducibili, ma sono tassati solo i rendimenti). La tassazione sui rendimenti dei fondi pensione, inizialmente agevolata, è stata raddoppiata retroattivamente (dal 10 % al 20%) a partire dal 2014;

d) il patrimonio dei fondi pensione non beneficia di alcuna protezione, i rendimenti e le prestazioni agli aderenti non sono in alcun modo garantiti, ma dipendono dal buon andamento degli investimenti decisi dal fondo;
e) i soggetti promotori dei fondi pensione per gestirli devono affidarsi a banche, compagnie di assicurazione e società di gestione del risparmio che, a loro volta, possono investire il patrimonio del fondo pensione in quote di fondi comuni di investimento. La conseguenza è che i fondi pensione saranno gravati da due commissioni: quella sulla gestione del fondo e quella sui singoli prodotti inseriti in portafoglio;
f) esiste uno stretto collegamento con le riforme previdenziali. Le somme del fondo pensione sono accessibili solo al momento del pensionamento, salvo quanto detto sopra per le anticipazioni. Quando viene aumentata l'età pensionabile verso i 70 anni, si ha automaticamente lo slittamento anche dei requisiti per poter recuperare le somme accantonate per la pensione integrativa sotto forma di rendita o come rimborso di capitale;
g) il motivo per cui è stato previsto il versamento del TFR nei fondi pensione è che, secondo i promotori della previdenza integrativa, i rendimenti dei fondi sarebbero stati superiori al TFR (che ha un rendimento garantito per legge).[75] Tuttavia, contrariamente alle attese, la performance del vecchio TFR non si è dimostrata peggiore della media dei fondi pensione. Ciò è confermato dalla stessa COVIP (Commissione di vigilanza sui fondi

---

[75] L'art. 2120 del Codice civile dispone che il TFR "*è incrementato, su base composta, al 31 dicembre di ogni anno, con applicazione di un tasso costituito dall'1,5 per cento in misura fissa e dal 75 per cento dell'aumento dell'indice dei prezzi al consumo accertato dall'ISTAT, rispetto al mese di dicembre dell'anno precedente*".

pensione) che in un'audizione parlamentare del 12 febbraio 2015 spiega: *"Se si estende l'orizzonte temporale al periodo che va dall'inizio del 2000 alla fine del 2014, caratterizzato da ripetute turbolenze dei mercati finanziari, il rendimento cumulato dei fondi negoziali si è attestato al 59,5 per cento contro il 48 del* TFR. *Nello stesso periodo temporale i fondi aperti, caratterizzati in media dalla maggiore esposizione azionaria, hanno guadagnato il 30,7 per cento; i rendimenti ottenuti dalle linee obbligazionarie dei fondi aperti sono stati, tuttavia, più elevati, intorno al 60 per cento"*. Si può notare, per questo, come solo il rendimento dei fondi negoziali sia paragonabile al TFR, pur a prezzo di una maggiore instabilità dei risultati nel corso degli anni, mentre i fondi aperti dimostrano una sottoperformance rispetto al TFR analoga a quella dei fondi comuni nei confronti del loro benchmark. Inoltre come ben evidenzia il prof. Beppe Scienza a commento della citata relazione della COVIP, il rendimento dei fondi è stato comunque notevolmente inferiore rispetto a un ipotetico investimento diretto in Titoli di Stato da parte del risparmiatore che, in più, avrebbe avuto il vantaggio di disporre liberamente delle somme in caso di necessità;[76]

h) vi è poi un altro pericolo a carico dei fondi pensione che potrebbe manifestarsi in caso di una futura crisi finanziaria dello Stato. Infatti, in alcuni paesi

---

[76] *"Da inizio 2000 i titoli di Stato italiani sopra i dodici mesi hanno fruttato il 114% netto, quelli con durata sette-dieci anni il 143%. Ci vuole una faccia tosta per galvanizzarsi per un 60%. L'organo di vigilanza porti piuttosto alla luce i costi occulti e l'assenza di trasparenza, anziché raccontare che 'il sistema dei fondi pensione ha dimostrato capacità di tenuta'. Ma che tenuta e tenuta! Da inizio 2000 si sono registrati crolli per i fondi pensione. Sono semmai i Buoni fruttiferi postali che non hanno mai subito flessioni di prezzo, per giunta rendendo di più: il 70% netto"!* (Covip. Come abbellire i numeri sui fondi pensione, il Fatto Quotidiano 25-3-2015, p. 14).

come Argentina, Ungheria e Polonia[77] i patrimoni dei fondi pensione privati sono stati assorbiti dall'ente pensionistico pubblico che, in cambio, si è impegnato a erogare le prestazioni di tali fondi quando sarà il momento. In tal modo, a una disponibilità patrimoniale del risparmiatore è stata sostituita una promessa da parte del governo che, nel frattempo, ha coperto le proprie necessità di bilancio. Non è da escludere che un'eventualità del genere possa verificarsi, in futuro, nel contesto italiano.

Stando le cose in tal modo, è quindi molto probabile che, per poter avere una pensione decorosa, non basterà il ricorso ai fondi pensione, proprio a causa degli scarsi rendimenti che si possono attendere dagli stessi. Senza contare che, rispetto ad altre forme d'investimento, si rimane prigionieri del fondo, con la possibilità di accedere a quanto accumulato prima del momento del pensionamento solo con molte limitazioni, il che è un grave problema se, per qualche motivo, vi fosse un improvviso bisogno di ricorrere al gruzzolo messo da parte.

In definitiva è bene chiarire che per integrare la propria pensione non è necessario o obbligatorio far ricorso ai fondi pensione e alla previdenza integrativa. <u>La propria pensione la si può integrare da soli risparmiando e investendo</u>. Anche per quanto riguarda il TFR, in alcuni casi è più vantaggioso conservarlo in azienda che versarlo nei fondi pensione e, se occorre, utilizzarlo per integrare la pensione al momento in cui sarà percepita.

8. Gli ETF (exchange traded fund)

Un'alternativa valida rispetto ai fondi comuni e ai

---

[77] Cfr. il Sole 24 Ore del 04.09.2013: *"Pensioni choc in Polonia: il premier annuncia la nazionalizzazione di quelle private"*.

fondi pensione è data dagli ETF (*Exchange traded fund*). Questi sono una particolare tipologia di fondi d'investimento con tre caratteristiche fondamentali che, in molti casi, li rendono ideali per la costruzione di portafogli adatti per gli investitori:
- le quote degli ETF sono negoziate nelle borse come le normali azioni e obbligazioni, per cui sono strumenti finanziari che, a condizione che vi siano sufficienti scambi, hanno un prezzo di mercato di riferimento chiaro e sono facilmente liquidabili in modo pressoché istantaneo. Nei fondi, invece, non si sa mai in anticipo il prezzo a cui si compreranno o venderanno le loro quote, perché l'ordine di acquisto o vendita viene trasmesso diversi giorni prima che sia stato stabilito il valore della quota al quale verrà liquidata l'operazione;
- hanno un costo annuo molto più basso rispetto ai fondi d'investimento. Infatti, i fondi hanno bisogno di un collocatore, ossia una banca o un promotore finanziario che li deve proporre sul mercato, e di un gestore che decide quali titoli comprare. Gli ETF sono quotati in borsa, e per acquistarli basta avere un conto titoli con la banca;
- replicano passivamente un indice di riferimento (ad esempio il FTSE MIB, lo S&P 500, ecc.). Quindi gli investimenti effettuati non dipendono dalle decisioni di un gestore e, pertanto, non possono avere delle performance inferiori (se non minimamente). In altre parole, mentre i fondi generalmente hanno una gestione attiva, gli ETF non sono gestiti, ma replicano l'indice del mercato di riferimento. Visto che mediamente i fondi sono mal gestiti e sono più costosi, è più intelligente investire acquistando direttamente ETF.

Gli ETF non hanno una lunga storia alle spalle, ma sono nati da una ventina di anni in base all'idea secondo cui le azioni possono essere raggruppate in un *fondo indicizzato*, che può essere quotato in borsa e negoziato come una singola unità. Il primo degli ETF moderni è lo SPDRs ETF S&P 500, nato nel 1993, che offriva la stessa performance del benchmark e aveva commissioni molto basse. In Italia gli ETF hanno debuttato in borsa nel 2002. Nel corso del 2007 si sono aggiunti anche gli ETF Strutturati e gli ETC (*Exchange Traded Commodities*).[78]

L'importanza degli ETF, come si vedrà, sta nel fatto che le ricerche accademiche mostrano come nel lungo termine la maggior parte dei fondi comuni gestiti attivamente tendono a sottoperformare il mercato.

Quindi, per un comune investitore, l'esistenza degli ETF consente di ottenere facilmente la performance dell'indice attraverso la replica passiva dei vari mercati e li rende un'ottima alternativa ai fondi comuni, alle polizze vite e ai fondi pensione. Gli ETF garantiscono di solito un rendimento migliore, cui si aggiunge, come plus, la possibilità di essere facilmente scambiati in borsa.

Tra le vere controindicazioni degli ETF se ne possono indicare tre:
- l'investitore non possiede direttamente i titoli azionari o obbligazionari, ma possiede le quote dell'ETF. Non è quindi registrato direttamente sui libri dell'emittente dei titoli, ma vanta esclusivamente dei diritti nei confronti della società che gestisce il fondo, generalmente una banca o una società finanziaria, e può vendere le sue quote esclusivamente nel mercato dove negozia l'ETF. In caso di inconvenienti societari o di shock economico/finanziari di un certo livello (che non si possono escludere a priori) vi potrebbero essere problemi a rivendere le quote e a rientrare in possesso delle somme investite in tempi brevi. Quindi è bene scegliere gli ETF che fanno capo alle società emit-

---

[78] Questi ultimi sono strumenti complessi che non interessano ai risparmiatori e sono utilizzati per finalità di trading.

tenti più grandi e, se possibile, diversificare tra più ETF (anche che investono sullo stesso indice di mercato);
- alcuni ETF possono avere problemi di liquidità per mancanza di scambi, spesso perché sono di piccole dimensioni. In questi casi, spesso le società che li gestiscono liquidano i fondi, restituendo agli investitori il capitale residuo con i guadagni e le perdite relativi. In caso di guadagno, in capo al risparmiatore è tassata la plusvalenza, in caso di perdita è calcolata la minusvalenza. Il risparmiatore si trova, dunque, a dover reinvestire il capitale e a dover pagare le imposte, anche se non era sua intenzione uscire dal mercato. Vanno allora scelti gli ETF con il patrimonio più grande e che sono scambiati sul mercato in buone quantità tutti i giorni;
- sugli ETF vi è un problema del regime fiscale italiano che riguarda anche i fondi comuni, ed è l'impossibilità sostanziale di utilizzare le minusvalenze maturate su tali strumenti a riduzione di futuri guadagni, a differenza di quanto avviene per le azioni, obbligazioni e per i Titoli di Stato. La questione verrà trattata in un paragrafo a parte avente a oggetto la tassazione dei capital gain.

9. Gli Hedge fund

Nella panoramica degli strumenti finanziari di investimento è opportuno trattare anche dei già citati *hedge fund* o fondi speculativi, pur se non interessano direttamente il comune risparmiatore, soprattutto per mostrare com'è difficile battere il mercato con la speculazione, anche per i personaggi più esperti e dotati degli strumenti più sofisticati.

Nonostante la parola inglese *"hedge"* fa riferimento a copertura e protezione, e sottintende l'intento di ridurre il rischio di un portafoglio titoli, in realtà gli hedge fund si propongono lo scopo di raggiungere, per i loro clienti, il cosiddetto *absolute return*, cioè un rendimento positivo del tutto decorrelato dall'andamento dei mercati su cui investono. In altre parole gli hedge fund si propongono di produrre rendimenti elevati, a prescindere dai mercati, tramite investimenti ad alto rischio finanziario, che per regolamento non possono essere portati a termine dai normali fondi comuni, tra cui: vendite allo scoperto (*short selling*), strumenti derivati, utilizzo di elevato indebitamento tramite leva finanziaria (*leverage*).

Gli hedge fund sono contraddistinti dal numero ristretto di soci partecipanti e dall'elevato investimento minimo richiesto. A causa del rischio sono destinati agli investitori più benestanti,[79] poiché non vi sono i vincoli d'investimento che caratterizzano gli altri prodotti finanziari. Inoltre, molto spesso, a differenza dei fondi comuni, non è possibile ottenere il riscatto della propria quota, che è permesso a discrezione del gestore, ed è difficile trovare un altro compratore. Talvolta i gestori, per dimostrare la loro serietà ai clienti, investono nel fondo speculativo anche una quota del loro patrimonio personale.

Un'altra caratteristica è la struttura delle commissioni, molto onerosa, che tipicamente prevede una commissione di gestione annua intorno al 2% e una commissione di performance pari al 20% dei guadagni realizzati, e che incide notevolmente sui risultati che possono ottenere i sottoscrittori.

Paradossalmente, nonostante tutta la loro specializzazione, i risultati degli hedge fund non sono quelli attesi o promessi. In un articolo del 07.12.2015[80] il *Corriere Economia* afferma che: *"Aria di crisi circola*

---

[79] Negli Stati Uniti si richiede un patrimonio superiore a 1 milione di dollari. In Italia il decreto del Min. Tesoro 228/1999 prevede una soglia d'ingresso di 500mila euro e non più di 200 partecipanti.

[80] *"Hedge fund si è spento il falò della vanità"*.

nell'intera industria degli hedge fund (...) Questi fondi, riservati ai sottoscrittori più ricchi o a quelli istituzionali hanno quest'anno subito lo smacco di essere stati battuti dai democratici ETF *che invece possono essere comprati da tutti anche per pochi dollari. Per la prima volta nella loro storia di quasi 70 anni, gli hedge fund hanno infatti in gestione un patrimonio globale inferiore a quello degli* ETF, *nati solo 25 anni fa: 2.900 mld di dollari contro 3.001. Anche le loro performance sono in rosso: -16,6% in media da inizio 2015 a oggi, nonostante la promessa degli hedge fund di poter ottenere risultati positivi in assoluto grazie alle loro tecniche di copertura dai rischi, indipendentemente dall'andamento dei mercati".*

Prima ancora dei risultati del 2015 ci aveva visto giusto Warren Buffett.[81] All'inizio del 2008 Buffett aveva scommesso un milione di dollari in beneficenza con Ted Seides, socio della società Protégé Partners, che un investimento in un ETF sull'S&P 500, considerando un periodo di dieci anni, avrebbe battuto un indice formato da cinque fondi che investono in hedge fund. Dopo otto anni Buffett sta stracciando l'avversario.

Infatti, l'ETF che ha scelto Buffett, il Vanguard 500 Index Fund Admiral Shares (che investe nell'indice S&P 500), fino al mese di maggio 2016, stava guadagnando il 65,67%, mentre il fondo di fondi Protégé guadagnava solo il 21,87%.[82] Vi sono ancora due anni per portare a termine il confronto, tuttavia le probabilità sono largamente a favore di Buffett rispetto ai maghi degli hedge fund.

Come per i fondi comuni, la spiegazione della sottoperformance è dovuta alle commissioni. Il tipico hedge fund addebita il 2% di commissione più un incentivo

---

[81] Cfr. articolo di Roger Lowenstein pubblicato sulla rivista *Fortune* dell'11 maggio 2016.

[82] http://fortune.com/2016/05/11/warren-buffett-hedge-fund-bet/.

II) LA SCELTA DEGLI INVESTIMENTI 95

del 20% dei profitti. Per converso, l'ETF americano Admiral prevede soltanto un costo dello 0,05% all'anno. Ciò significa che per eguagliare il rendimento di S&P 500, che nel corso degli ultimi otto anni (i quali includono la gravissima crisi finanziaria del 2008/2009) mediamente è stato del 6,5%, un classico hedge fund avrebbe dovuto realizzare circa il 9% l'anno. Senza contare che il Protégé, trattandosi di un fondo di fondi, ha addebitato delle commissioni ancora più alte.

Del resto, a dimostrazione della difficoltà di battere l'indice, anche senza calcolare le commissioni negli otto anni, il Protégé avrebbe reso il 49%, ossia circa il 5% l'anno. Per Buffett ai gestori di fondi speculativi interessa il 2%, ovvero le commissioni fisse poiché: "*I gestori non lavorano per battere il mercato, il loro obiettivo è attirare risorse. Questo è tutto*". Secondo Buffet: "*a causa della commissione fissa del 2% sul capitale gestito, ci sono sempre meno motivi di preoccuparsi del 20% dei profitti*". Piuttosto, "*quello che interessa è diventare grandi, attrarre risorse*".

10. I consigli *classici* e dannosi di banche, giornali e intermediari

Una questione a parte riguarda, poi, i tipici consigli che vengono elargiti tutti i giorni al piccolo e medio risparmiatore, su internet, in TV, sui giornali, nelle brochure e nelle filiali bancarie. Si tratta, il più delle volte, di consigli interessati che, oltre a indirizzare e talora disorientare il cliente, vanno spesso in contrasto con il buonsenso e con l'evidenza dei fatti.

a) Affidarsi totalmente al risparmio gestito

Il consiglio principale che viene dato è di affidare interamente il proprio patrimonio finanziario al risparmio gestito. La ragione primaria di tale suggerimento sta, ovviamente, nel fatto che le somme affidate a fondi comuni, gestioni patrimoniali, polizze vita e fondi pensione, fruttano commissioni sicure per i collocatori e i gestori di tali prodotti. E, tenuto conto che banche e società finanziarie sono tra i principali inserzionisti pubblicitari, è chiaro come sui giornali vi saranno molti articoli e servizi i quali trattano favorevolmente del risparmio gestito.

Tuttavia, come abbiamo osservato in precedenza, lo scopo dell'industria del risparmio gestito è di percepire le commissioni a prescindere dall'andamento dei mercati. Ciò vale soprattutto in un contesto come quello attuale, dove la redditività dell'intermediazione creditizia (il cosiddetto margine d'interesse dato dalla forbice tra depositi e prestiti bancari) è scesa ai minimi a causa della politica dei tassi zero delle banche centrali. Significa che il reddito delle banche dipende, sempre più, dall'ammontare delle commissioni.

Rispetto a tali consigli *disinteressati* le indicazioni da seguire sono essenzialmente due:
- non perdere il controllo sul proprio denaro. Difatti, come si è visto, affidare il proprio patrimonio ai fondi comuni, polizze e fondi pensione, vuol dire affidarsi completamente alle scelte di investimento altrui e, in alcuni casi, avere anche limitazioni (in termini di costi e/o di tempi) per rientrare in possesso delle somme consegnate;
- evitare il pagamento di commissioni molto onerose, che gravano su tutti i prodotti del risparmio gestito.

b) Investire prevalentemente in attività finanziarie domestiche

Un altro comportamento tipico che viene indotto nel risparmiatore è quello di investire in Titoli di Stato, azioni e obbligazioni di emittenti nazionali o in fondi e polizze del risparmio gestito emessi da banche e assi-

II) LA SCELTA DEGLI INVESTIMENTI

curazioni del proprio paese. Ciò è dovuto a due principali motivi, nessuno dei quali ha, tuttavia, un reale fondamento:
- il primo motivo corrisponde al cosiddetto "*home bias*", il quale fa sì che si acquistino attività finanziarie nazionali sul presupposto che le stesse siano maggiormente comprensibili da chi ci investe del denaro, rispetto alle attività estere. Tuttavia, spesso, tale scelta è compiuta soprattutto da quei risparmiatori che non hanno alcuna cognizione per valutare gli strumenti finanziari, anche se sono emessi sotto casa. Una limitazione al mercato nazionale era imposta prima degli anni '90, quando non esisteva la libera circolazione dei capitali, e quindi era vietato al singolo risparmiatore acquistare attività all'estero. Ancora poteva avere senso nell'era pre-internet, quando reperire le informazioni sulle attività finanziare quotate all'estero era difficile e alla portata di pochi, e bisognava trasmettere gli ordini di acquisto tramite una filiale bancaria (spesso a caro prezzo). Oggi, invece, dal momento in cui si ha la piena operatività sui mercati esteri, tramite un semplice home banking a costi ridotti, e tutte le informazioni necessarie sono a portata di clic, non c'è motivo per cui non si debba investire su attività estere, se assicurano un rendimento potenziale migliore e un rischio più basso, (a condizione che si abbiano le conoscenze sufficienti sul funzionamento dei mercati finanziari, che non sono dissimili da quelle che occorrono per investire in Italia);
- il secondo motivo tirato in ballo per comprare titoli italiani è che, in tal modo, si dà una mano all'economia nazionale e al proprio paese. Tale assunto non è quasi mai vero, perché lo potrebbe essere solo se si comprassero titoli di nuova emissione, versando denaro allo Stato, alle società e agli enti emittenti. Ma per quelli già emessi sul

mercato, si tratta di un semplice scambio con un altro investitore o speculatore a cui viene versato il prezzo di acquisto dei titoli. In ogni caso tale ragionamento non sta in piedi poiché il risparmiatore, per aiutare l'economia nazionale, già sopporta un pesante livello di tassazione (aliquota del 26% sulle plusvalenze e *"minipatrimoniale"* del 0,2% sul valore del portafoglio titoli). Egli deve, perciò, avere la libertà di comprare ciò che ritiene possa dargli le migliori garanzie o opportunità di guadagno. Come del resto avviene, normalmente, per gli altri prodotti diversi da quelli finanziari (automobili, abbigliamento ecc.).

A rendere invece utile e opportuno acquistare titoli emessi all'estero, vi sono due ragioni fondamentali:
- diversificazione. Il risparmiatore che vive in Italia è già strettamente legato ai destini economici del proprio paese, sia come lavoratore o imprenditore, sia come contribuente, sia come proprietario di immobili. Quindi, in un'ottica di diversificazione del rischio sarebbe meglio scegliere, a parità di rischio/rendimento, investimenti finanziari su attività che sono fuori dal proprio paese di residenza. Logico corollario di tale assunto per i lavoratori dipendenti è evitare di investire i risparmi nell'azienda in cui si lavora. Infatti, se già si subisce il rischio d'impresa come lavoratori (licenziamenti, mobilità, ecc.) è meglio evitare di concentrarlo sulla medesima azienda;[83]
- peso dell'Italia rispetto all'economia e ai mercati mondiali. Il mercato e l'economia dell'Italia hanno una scarsa incidenza nel contesto globale. Per valutare l'importanza finanziaria di una nazione, di solito si confrontano la capitalizzazione di borsa

---

[83] È rimasto famoso il caso della Enron, una delle più grandi bancarotte della storia (verificatasi negli USA nel 2002), in cui 20.000 impiegati si ritrovarono senza pensione, poiché gran parte del patrimonio dei fondi pensione dei dipendenti era investito in azioni della stessa Enron.

con il prodotto interno lordo, pur tenuto conto che solo una parte delle imprese mondiali è quotata, mentre moltissime altre non sono sul mercato. Sulla base dei dati di fine 2015 si osserva che gli Stati Uniti producono il 22,5% del PIL mondiale e le sue due borse (NYSE e NASDAQ) rappresentano il 35,3% della capitalizzazione della borsa mondiale. La capitalizzazione borsistica americana è quindi pari a 1,5 volte l'economia reale del paese. Il Regno Unito è invece il luogo con il maggior grado di *finanziarizzazione*; infatti la Borsa di Londra (LSE) capitalizza 2,2 volte il PIL nazionale e rappresenta l'8,5% dell'intera capitalizzazione di borsa mondiale. L'Italia produce il 2,8% del PIL globale, mentre la nostra borsa vale soltanto lo 0,9% della capitalizzazione mondiale. È, dunque, evidente che per un investitore comprare solo titoli italiani è come andare in un immenso mercato rionale e limitarsi a guardare e acquistare merci sempre da un'unica bancarella, peraltro piccola e poco frequentata. Mentre un investitore consapevole residente negli Stati Uniti potrebbe anche trascurare i mercati del resto del mondo, cosa che, per evidenti motivi, non è logico né consigliabile a un investitore italiano, se vuole provare a scegliere le migliori attività finanziarie a sua disposizione in termini di rapporto rendimento/rischio.

c) Seguire la teoria del *life cycle investing*

Un altro consiglio che campeggia molto di frequente sui giornali che danno raccomandazioni di finanza personale, e che viene spesso proposto da promotori e consulenti finanziari, è l'idea di seguire nei propri investimenti (anche attraverso la scelta dei fondi del risparmio gestito) la teoria dell'investimento in base al "*ciclo di vita*", o "*life cycle investing*". In pratica, definendo la quantità di reddito di cui si può disporre ogni mese, si riesce a determinare la capacità di risparmio (dato dalla semplice differenza tra reddito e consumo) ed è ancor più facile essere in grado di pianificare le esigenze e gli obiettivi futuri di un individuo.

L'idea prende spunto dalla teoria del ciclo di vita elaborata dall'economista Franco Modigliani nel 1950. Secondo Modigliani le decisioni di risparmio e di consumo di una persona sono pianificate nel tempo in modo da raggiungere un livello di consumo costante nel proprio ciclo vitale. In particolare la prima fase del ciclo vitale è quella che va della nascita fino ai 25/30 anni, quando il soggetto diventa finanziariamente indipendente. La seconda fase concerne tutto il periodo lavorativo e va dai 25/30 ai 65/67 anni, in cui il soggetto, oltre a spendere per l'abitazione e per il mantenimento dei figli, deve accantonare una parte del reddito, con la creazione di un capitale per far fronte agli imprevisti e alle esigenze della vecchiaia. Nell'ultima fase del pensionamento i redditi derivano in parte dalla pensione e in parte dai risparmi accumulati nel periodo precedente.

Sulla base di tali principi l'idea dell'investimento life-cycle è, dunque, quella di ridurre progressivamente le attività più rischiose dal portafoglio, ma generalmente più redditizie (in particolare le azioni e i fondi azionari), all'avvicinarsi del momento del pensionamento. A tale proposito il funzionario della banca o il promotore finanziario pianifica il futuro dei clienti elaborando una strategia di investimento con l'utilizzo di fondi comuni e polizze. In tal modo, l'investimento del singolo aderente, anno per anno, viene spostato da una tipologia iniziale di investimento *di crescita* a una tipologia di investimento *garantito*, nelle età più vicine al pensionamento. L'opzione life cycle dovrebbe quindi adeguare il rischio all'età del sottoscrittore: esso deve diminuire all'aumentare dell'età.

Per realizzare ciò, in termini pratici, da un lato si potrebbe optare l'assegnazione del lavoratore a un fondo gestito a rischiosità decrescente nel tempo,[84] dall'altro, in alternativa, si potrebbe operare uno spostamento (*switch*) del lavoratore/risparmiatore. Infatti, considerando che i fondi pensione complementari prevedono diversi comparti, si può pianificare a scadenze grosso modo predefinite un passaggio, in base all'età dell'iscritto, da comparti più rischiosi a comparti meno a rischio di volatilità. Ciò, in quanto, nel momento del ritiro dal lavoro si dovrebbe desiderare che il capitale accumulato abbia le minori fluttuazioni possibili. È stata anche elaborata una regola empirica (di origine statunitense) che consiste nel sottrarre a 100 l'età del risparmiatore. In tal modo la quota ottimale di investimenti rischiosi (azionari) da tenere in portafoglio sarebbe l'80% per un ventenne, il 50% per un cinquantenne e il 30% per un settantenne.

Nonostante la sua popolarità, è del tutto evidente che la teoria in questione si basa su delle ipotesi semplificate che devono fare i conti con la realtà. In particolare presuppone che: il risparmiatore debba rimanere in vita per il tempo ipotizzato; non considera la dimensione del suo patrimonio e del reddito da esso derivante; esclude l'ipotesi di lasciare un'eredità. Ad esempio un 80enne con un patrimonio di 3 milioni di euro potrebbe tranquillamente mantenere investito in azioni la maggior parte del suo portafoglio, giacché difficilmente avrà bisogno di liquidarlo tutto e i suoi figli e nipoti potranno beneficiare della rivalutazione dei titoli, avendo ancora decenni di vita davanti. Allo stesso tempo, per un 30enne medio non avrebbe senso investire il 70% nel mercato azionario, se ipotizza di poter avere presto bisogno del suo denaro, come anticipo per acquistare una casa o per le spese di un eventuale matrimonio o convivenza. Inoltre a qualsiasi età

---

[84] Recentemente sono stati introdotti fondi del genere anche in Italia.

possono accadere degli eventi inattesi come perdita del lavoro, divorzi/separazioni, malattie, ecc., che rendono necessario liquidare in tutto o in parte il patrimonio.[85]

11. L'importanza della liquidità degli investimenti

Per i motivi sopra evidenziati è difficile condividere le affermazioni, presenti sulla stampa come consiglio ai risparmiatori, secondo cui si possono investire nei fondi pensione, nei fondi comuni e nelle polizze vita i soldi che si pensa non servano per 10/20 anni, prescindendo dalla dimensione del patrimonio finanziario di partenza. Infatti, quei soldi potrebbero servire non tra 20 anni, ma tra 20 giorni o meno!

Ne consegue che, in primo luogo, l'investimento a lungo termine è consigliabile a chi ha un patrimonio adeguato, e può mantenere una sufficiente liquidità, per far fronte alle spese previste e impreviste, che va stabilita tenuto conto delle esigenze individuali. In secondo luogo gli investimenti vanno valutati, oltre che per le loro caratteristiche di rischio/rendimento, anche per la facilità con cui possono essere convertiti in denaro liquido. Infatti, indipendentemente da quale sia il valore di un'attività, questa può valere poco o niente quando si ha bisogno di convertirla rapidamente in contanti. È chiaro che senza compratori non c'è liquidità e senza di essa l'investimento è come se, in quel momento, non esistesse.

Il problema della liquidità è massimo per le attività reali. Gli immobili normalmente richiedono molto tempo per essere venduti. Per coloro che hanno gran parte del loro patrimonio investito in immobili la necessità di

---

[85] Nei confronti di alcuni eventi, come il rischio di morte o invalidità si possono stipulare polizze assicurative. Anche in tal caso, tuttavia, bisogna mettere in conto le inevitabili lungaggini nella liquidazione delle somme.

II) LA SCELTA DEGLI INVESTIMENTI

mantenere somme adeguate in strumenti liquidi è, in linea generale, ancor più importante. Per quel che riguarda la liquidità delle le attività finanziarie, la più importante distinzione è tra gli strumenti quotati e quelli non quotati.

I titoli quotati (azioni, obbligazioni, titoli di stato, ETF) sui mercati regolamentati possono essere venduti facilmente online, con accredito delle somme entro due o tre giorni dal momento in cui l'ordine è eseguito (i c.d. giorni borsa). Il disinvestimento delle quote di fondi comuni richiede tempi più lunghi (circa quindici giorni) e un iter burocratico con la presentazione di una domanda alla società di gestione del fondo. Il rimborso delle polizze vita ha bisogno di tempi ancora più lunghi (anche più di un mese) e deve essere richiesto con le modalità previste dal contratto. Ma la situazione peggiore riguarda i possessori di azioni e obbligazioni non quotate,[86] che molto spesso faticano a trovare una controparte e, talvolta, devono aspettare anni per liquidare il loro investimento.

Pertanto, si pone per il risparmiatore un'esigenza di disporre di somme liquide nell'immediato, per fronteggiare circostanze impreviste, che però devono essere sicuramente maggiori per coloro che dispongono di investimenti poco liquidabili, secondo i criteri visti sopra. Per chi ha investito, invece, in titoli quotati, l'esigenza di disporre di una consistente liquidità è più bassa, potendo venderli con immediatezza sul mercato al prezzo corrente.[87]

In merito poi alla scelta degli strumenti finanziari in cui mantenere la liquidità, va evidenziato che attualmente, nell'era dei tassi zero, è quasi equivalente utilizzare conti deposito, Titoli di Stato o obbligazioni a

---

[86] Come negli ultimi anni hanno imparato a loro spese i sottoscrittori di azioni e obbligazioni emesse da banche non quotate in borsa e collocate con leggerezza agli sportelli.

[87] In tal caso il rischio è quello di dover vendere a un prezzo basso, se in quel momento le condizioni di mercato sono sfavorevoli.

breve termine.[88] Naturalmente anche per gli strumenti di liquidità occorre seguire, per cifre elevate, una certa diversificazione, utilizzando più di un conto bancario e/o dividendo la somma tra più Titoli di Stato e obbligazioni.

12. La tassazione dei capital gain e la "*minipatrimoniale*"

Il risparmiatore attento deve essere consapevole della fiscalità che grava sui propri investimenti, così da far fronte e possibilmente minimizzare il carico fiscale. A partire dal primo luglio 2014, sui proventi finanziari si hanno le seguenti forme di tassazione:

- tassazione rendite finanziarie al 26%: interessi e plusvalenze[89] su conti correnti, conti deposito, fondi comuni, gestioni patrimoniali, obbligazioni e bond bancari e societari, ETF, polizze vita e polizze di investimento, azioni e investimenti in borsa in genere, trading e derivati;
- tassazione rendite finanziarie al 12.50%: interessi e plusvalenze su Titoli di Stato (BTP, BOT, CCT), Buoni fruttiferi postali e titoli equiparati emessi da organismi internazionali, anche se posseduti attraverso fondi comuni e polizze vita;
- tassazione fondi pensione: i rendimenti sono tassati con aliquota del 20% a carico del fondo;

Per i rendimenti dei fondi comuni, fondi pensione, ETF e polizze vita, il prelievo effettivo varia tra il 12,50% e il 26% poiché viene ponderato sulla base dall'ammontare investito in titoli soggetti a ciascuna

---

[88] Le obbligazioni a lungo termine espongono, infatti, al rischio di diminuzione del prezzo al crescere dei tassi di interesse.

[89] La plusvalenza (*Capital gain*, in inglese) è quello che si guadagna come differenza fra il prezzo di acquisto e il prezzo di vendita di un titolo. In caso di perdita si parla di minusvalenza (*Capital loss*).

II) LA SCELTA DEGLI INVESTIMENTI

alle due aliquote fiscali.[90]

Tranne che per i fondi pensione, la tassazione avviene *per cassa*, ossia quanto si effettua la vendita. Anche i proventi dei fondi di diritto italiano (SGR) e dei fondi esteri armonizzati[91] sono tassati all'atto della effettiva realizzazione per cassa, vale a dire quando vengono liquidate le quote o quando il fondo distribuisce i proventi.

Va sottolineato che il sistema fiscale italiano, pur applicando le medesime aliquote viste sopra, prevede una distinzione tra i redditi di capitale (interessi, dividendi, ecc.) e redditi diversi (plusvalenze e minusvalenze), che non sono tra loro compensabili.

Mentre i redditi di capitale sono tassati sempre attraverso la banca che fa da sostituto d'imposta, per i redditi diversi, che si producono a causa delle plusvalenze, esistono tre differenti regimi fiscali:[92]
- regime amministrato: il più diffuso. Viene applicato in automatico su tutti i titoli presenti in un dossier titoli e, pertanto, sarà la banca che effettuerà la tassazione sulle singole vendite effettuate e il contribuente non dovrà fare assolutamente nulla;
- regime dichiarativo: chi lo sceglie deve riportare sul Modello unico le plusvalenze realizzate (al netto delle minusvalenze) sui titoli che ha venduto l'anno precedente;
- regime del risparmio gestito: poco diffuso si applica alle gestioni patrimoniali e attua il prelievo *per competenza* in base al risultato maturato, anche se non realizzato.

---

[90] In termini tecnici il provento conseguito con i fondi dall'investitore viene moltiplicato per il LIE (Livello Impositivo Equalizzato) e su tale valore viene applicata l'aliquota del 26%.

[91] Fondi di diritto italiano (Sgr) e fondi esteri *armonizzati*. Sulla distinzione tra fondi armonizzati e non si rinvia al par. 6 del terzo capitolo.

[92] L'investitore può scegliere il regime dichiarativo al momento dell'apertura del conto.

Il principale vantaggio del regime amministrato in materia di capital gain è dato dalla semplicità. Nel regime amministrato, infatti, il capital gain è calcolato, dichiarato e pagato su ogni singola vendita (tramite ritenuta alla fonte a titolo definitivo) dall'intermediario finanziario che funge da sostituto d'imposta. Il risparmiatore è esonerato da ulteriori obblighi di natura sostanziale e formale, poiché sono gli stessi intermediari finanziari a versare le ritenute all'Agenzia delle Entrate. In questo caso, quindi, l'investitore incassa un capital gain al netto della ritenuta.

Nel regime dichiarativo, mentre i redditi di capitale sono tassati con la ritenuta alla fonte come nel regime amministrato, per i capital gain il risparmiatore incassa il rendimento totale al lordo delle imposte, e deve calcolare autonomamente le proprie plusvalenze di portafoglio attraverso l'applicazione del metodo LIFO (*Last In First Out* = Ultimo a entrare, primo a uscire).[93] Poi calcola e versa autonomamente le imposte nel rispetto delle scadenze previste dalla dichiarazione dei redditi. Lo svantaggio del regime dichiarativo è dato dagli obblighi formali e sostanziali per il contribuente/investitore che aumentano in misura direttamente proporzionale al numero di operazioni finanziarie effettuate. Il vantaggio principale dal fatto che le imposte calcolate[94] andranno versate un anno dopo, al momento della dichiarazione dei redditi.

La differenza che prevede la normativa italiana tra i redditi di capitale e diversi, ha degli effetti negativi sulla tassazione delle plusvalenze realizzate sui fondi e sugli ETF. Difatti, mentre le minusvalenze su tali

---

[93] Nel regime del risparmio amministrato il calcolo delle plusvalenze da assoggettare a tassazione avviene invece con il metodo del *costo medio ponderato*.

[94] Sempre con le aliquote del 12,50% e del 26% a seconda che si tratti di Titoli di Stato e assimilati, o di altri strumenti finanziari. I redditi in questione non vanno quindi sommati all'imponibile IRPEF.

strumenti sono considerate "*redditi diversi*", le plusvalenze, invece, sono fiscalmente considerate "*redditi di capitale*" e, pertanto, non possono essere compensate con eventuali minusvalenze. Queste ultime possono essere recuperate solo con le plusvalenze realizzate su azioni, obbligazioni e Titoli di Stato. L'impossibilità di compensare le minusvalenze con le plusvalenze rappresenta un pesante handicap che fa preferire il possesso dei singoli titoli azionari e/o obbligazionari rispetto al possesso di un ETF, a parità di rischio e rendimento.

Oltre alla tassazione sui rendimenti, dal 2012 esiste in Italia una tassazione patrimoniale sotto forma di imposta di bollo sulle comunicazioni finanziarie, che va pagata sia sui conti correnti, sia sugli altri investimenti.

Mentre per i conti correnti il bollo è applicato in misura fissa di 34,20 euro all'anno per le persone fisiche, e di 100 euro per altri soggetti, per gli altri investimenti è applicata con aliquota proporzionale dello 0,20% (due per mille) sul valore di mercato o, in mancanza, del valore nominale o di rimborso dei prodotti finanziari, calcolato al termine del periodo rendicontato (mensile o trimestrale), ovvero al 31 dicembre di ogni anno in assenza di rendicontazione. Sono esenti dall'imposta di bollo le polizze vita. È evidente come tale imposta, pur se con aliquota dello 0,20%, sia particolarmente gravosa in una situazione di tassi d'interesse prossimi allo zero, in quanto, se non coperta dalle cedole o dai capital gain, dà luogo a una piccola ma fastidiosa e beffarda erosione del capitale.

III) Come investire in titoli azionari

1. I rendimenti storici del mercato azionario, obbligazionario e dei Titoli di Stato

Come visto sopra trattando del life cycle investing, nel mondo della consulenza finanziaria e dei giornali economici viene comunemente accettato il principio che, nel lungo termine, l'investimento in azioni, anche se più rischioso in termini di volatilità nel breve periodo, sia più vantaggioso rispetto agli altri per accrescere la ricchezza del risparmiatore.

Quest'asserzione è stata messa alla base del famoso libro *Stocks for the long run* di Jeremy Siegel,[95] professore di finanza alla University of Pennsylvania.

Elaborando una grande quantità di dati storici sul mercato statunitense, Siegel ha dimostrato la presenza di un premio al rischio nei rendimenti azionari, grazie al quale le azioni permettono una maggiore redditività, attesa a lungo termine, rispetto agli investimenti alternativi. Va tenuto anche conto che la loro volatilità si riduce, quando è calcolata su periodi molto lunghi. Siegel, nel suo libro, ha ricostruito la performance delle principali classi di attività finanziarie per il mercato americano, dal 1802 in poi, distinguendo tra: mercato azionario, bond cioè titoli del tesoro a lungo termine, T-bill ossia titoli del tesoro a breve termine, oro, che ven-

---

[95] Il libro è uscito per la prima vola nel 1994 ed è stato pubblicato in 5 edizioni (l'ultima della McGraw Hill è del 2014). Esiste anche una traduzione in italiano della prima edizione con il titolo *"Rendimenti finanziari e strategie di investimento"*.

gono riepilogate nella tabella seguente (con i dati aggiornati fino al 2006):

Rendimenti reali composti annui per tipo di investimento, 1802-2006 (%)

Periodo	Azioni	Bond	T-bill	Oro	Inflazione
1802 - 2006	6,8	3,5	2,8	0,3	1,4
1802 - 1870	7,0	4,8	5,1	0,2	0,1
1871 - 1925	6,6	3,7	3,2	-0,8	0,6
1926 - 2006	6,6	2,2	0,7	1,2	3,0
1946 - 2006	6,8	1,4	0,6	0,5	4,0
1946 - 1965	10,0	-1,2	-0,8	-2,7	2,8
1966 - 1981	-0,4	-4,2	-0,2	8,8	7,0
1982 - 1999	13,6	8,4	2,9	-4,9	3,3
1982 - 2006	9,0	7,3	2,1	-1,2	3,1

(fonte: J. Siegel, 2008)

È importante evidenziare come la tabella riporta i rendimenti reali netti, ottenuti sottraendo al rendimento nominale il tasso d'inflazione dell'ultima colonna. Inoltre i rendimenti reali tengono conto del reinvestimento di interessi e dividendi (sono in altre parole *total return*).[96] Ragionando sulla tabella e sul lavoro di Siegel, si possono trarre una serie di conclusioni:
- il rendimento storico delle azioni è stato molto superiore a quello delle altre attività. Secondo i calcoli di Siegel, l'investimento di un dollaro in azioni nel 1802 avrebbe raggiunto il valore nominale di 12,7 milioni di dollari alla fine del 2006. Invece un dollaro investito in bond sarebbe diventato 18.235 dollari; un dollaro investito in T-bill ancora meno, ossia 5.061 dollari, mentre un dollaro investito in oro soltanto 32,84 dollari, consentendo a stento la copertura dell'inflazione.
- il rendimento secolare delle azioni, come calcolato da Siegel, è del 6,8% reale. Tale rendimento, su

---

[96] A onor del vero va detto che l'attendibilità dei dati usati da Siegel relativi al 19° secolo è stata criticata in quanto incompleti (cfr. il *"Piccolo libro che salva i tuoi soldi"* di Jason Zweig - pag. 69 e segg.).

III) COME INVESTIRE IN TITOLI AZIONARI

periodi superiori a cinquant'anni, si dimostra anche abbastanza stabile giacché il periodo di alta inflazione 1966-1981, che ha depresso i rendimenti, quasi azzerandoli, si trova in mezzo a due bull market (1946-1965 e 1982-1999) che hanno assicurato rendimenti superiori al 10%;[97]
- contrariamente a quello che si potrebbe pensare, nel lungo periodo il rendimento delle obbligazioni (bond e T-bill) è stato molto più instabile. In ogni caso si conferma sempre l'esistenza di un *equity premium*, e cioè di un vantaggio dell'investimento azionario rispetto a quello obbligazionario, di 3/5 punti percentuali annui;
- paradossalmente l'oro, confermando quanto detto nel primo capitolo, è solo riuscito a coprire la perdita del potere di acquisto nei periodi di alta inflazione, mostrando poi cadute rovinose in altri periodi storici. In ogni caso, nel lungo periodo il suo rendimento reale è stato prossimo allo zero.

Siegel ha ovviamente studiato i dati del mercato americano, ma che cosa si può dire dell'andamento del mercato azionario italiano di lungo termine? Una ricerca in merito è stata condotta dall'Ufficio studi di Mediobanca con il titolo *"La Borsa italiana dal 1928"* che ha preso in esame il periodo 1928-2013. Le conclusioni sono molto diverse da quelle di Siegel, e se ne riportano alcuni passaggi:

"L'indice della Borsa Italiana dal 2 gennaio 1928 al 30 giugno 2013 esprime, nella versione a corsi secchi, ossia senza il reinvestimento dei dividendi, un rendimento nominale pari al 6,2% annuo. In termini reali esso diviene negativo per il 2,6% annuo (l'inflazione media è stata del 9%); ciò significa che un ipotetico investitore che avesse deciso di consumare i dividendi si sarebbe ritrovato dopo 85 anni e 6 mesi con un capitale

---

[97] La percentuale del 6,8% per tale motivo è stata definita *"costante di Siegel"* da A. Smithers e S. Wright, autori del libro *Valuing Wall Street*. McGraw-Hill (2002).

dal potere di acquisto decurtato dell'89%. Calcolando l'indice nell'ipotesi di totale reinvestimento dei dividendi, il rendimento medio annuo reale si attesta allo 0,8%, per effetto di un dividend yield medio nel periodo del 3,5%. Il reinvestimento del dividendo è quindi necessario per mantenere il potere d'acquisto iniziale del capitale che, posto 100 il gennaio 1928, risulta pari a 202,9 il 30 giugno 2013. Il reimpiego dei dividendi è di fatto servito per circa il 76% a proteggere il capitale dall'inflazione e per il residuo a incrementarlo.

Sorprende che anche detenendo le azioni per 30 o 40 anni permanga il rischio di subire una perdita media annua tra il 3% ed il 4% (che significa, in 40 anni, depauperare di circa l'80% in termini reali il proprio capitale pur avendo reinvestito tutti i dividendi, come accaduto tra il 1944 e il 1983). A titolo di raffronto, si consideri che sul mercato americano non è mai accaduto che l'investimento in azioni abbia reso negativamente (in termini reali) per HP [holding periods, ossia periodi di possesso N.d.R.] *di più di 16 anni, che diventano 22 alla Borsa di Londra. In Europa Continentale si è arrivati a superare i 50 anni, ma limitatamente alla prima metà del '900".*

I pessimi risultati assicurati nel lungo termine dalla borsa italiana vengono, in buona parte, giustificati dallo studio di Mediobanca con gli eventi bellici della seconda guerra mondiale e con l'alta inflazione che ha caratterizzato diversi periodi del dopoguerra. Difatti, anche dal 1946 in poi, come illustrano i seguenti grafici tratti dallo studio di Mediobanca, l'indice, al netto dell'inflazione, ha assicurato un ritorno negativo e, pure considerando l'indice *total return*, in 60 anni il valore di un investimento effettuato nel 1946 si è appena raddoppiato.

Pertanto <u>l'assioma, secondo cui nel lungo periodo gli indici azionari salgono sempre, non è valido per tutti i mercati</u>, lo è stato per il mercato USA e per quello britannico, ma sicuramente non per l'Italia, e meno per altri mercati europei.

I risultati di Mediobanca, sono confermati dal Global Investment Returns Yearbook 2007, pubblicato a cura di Credit Suisse. Secondo tale documento (pag. 48): "*I rendimenti delle attività finanziarie verificatisi in Italia sono stati tra i più bassi di tutti i paesi presi in esame dallo Yearbook. Dal 1900 il rendimento annualizzato delle azioni è stato del 2,0% il penultimo tra tutti i paesi con almeno 116 anni di storia*".

Sarebbe lungo tentare di spiegare i motivi di risultati così negativi, ma è intuibile che l'Italia, oltre alle conseguenze delle due guerre mondiali, nella seconda metà del XX secolo e ancora oggi agli inizi del XXI secolo, è stata caratterizzata da un sistema economico corporativo che ha ricompensato poco e male gli investitori. Nella maggior parte dei casi, gli imprenditori hanno cercato di tenere per sé i profitti e hanno utilizzato la borsa come un mezzo per scaricare le perdite sugli ignari azionisti o vendergli titoli sopravvalutati di aziende con redditività scarsa o nulla. Ciò è stato possibile anche perché la legislazione di protezione degli azionisti di minoranza è stata ed è molto più forte ed efficace negli Stati Uniti. Essa protegge in misura molto maggiore gli investitori da espropriazioni e mosse truffaldine che in altri paesi, come l'Italia, ne hanno polverizzato il capitale e/o i rendimenti. Inoltre, in Italia il ruolo centrale nel finanziamento delle imprese è stato assunto dal sistema bancario (creando uno stretto legame con i gruppi di controllo delle aziende) e non dal mercato azionario e obbligazionario. Anche questo può spiegare, in parte, il peggior rendimento azionario di lungo periodo, poiché le migliori aziende del paese (per la verità poche) non hanno avuto interesse o possibilità di quotarsi in borsa.[98] La lezione di ciò, per gli investitori italiani è, ancora una volta, di evitare di cadere nell'*home bias*, in quanto occorre cercare i rendimenti migliori investendo al di là dei confini nazionali. All'interno, per quel che riguarda il mercato azionario, vi è poco o nulla di buono.

2. Perché investire nel mercato azionario USA

Oggi, grazie a internet, è possibile effettuare e tenere sotto controllo i propri investimenti in qualunque

---

[98] Tra le migliori aziende italiane non quotate si può citare la Ferrero, la cui famiglia, secondo la rivista Fortune è attualmente (2016) la più ricca d'Italia.

III) COME INVESTIRE IN TITOLI AZIONARI 115

angolo della terra ci si trovi, avendo accesso anche a una quantità inesauribile di informazioni finanziarie. Gli investimenti sui mercati finanziari esteri, inoltre, possono essere compiuti in un istante, senza doversi preoccupare di altro.[99] Si è visto sopra come, a differenza di quello italiano, il mercato azionario statunitense abbia offerto degli eccellenti rendimenti di lungo termine. Ma occorre qualche altra spiegazione per meglio comprendere il vantaggio competitivo del mercato azionario USA sugli altri:

- il numero delle società quotate è di gran lunga superiore a quello di ogni altro listino dei paesi occidentali. Ciò significa un'ampia possibilità di scelta nel momento in cui si devono selezionare delle aziende sulle quali investire. Per fare un paragone, a fine 2015 al NYSE e al Nasdaq sono quotate 5.283 società (di cui 902 aventi sede fuori dagli Stati Uniti) a fronte delle sole 282 società quotate sul mercato telematico azionario principale della borsa di Milano.[100] Inoltre, per un investitore italiano o europeo, gli orari di apertura dei mercati USA coincidono con le ore pomeridiane e serali (dalle 15.30 alle 22.00 ora italiana), il che consente di eseguire le negoziazioni collegati da casa in orari non lavorativi;
- nonostante si siano verificati scandali, come quello della Enron,[101] nel mercato azionario americano vigono, a carico delle società quotate, le normative più restrittive in termini di trasparenza e tutela

---

[99] A paragone risulta molto più difficile acquistare e gestire immobili all'estero.

[100] Alcune aziende, data la visibilità che assicura il mercato americano, hanno una doppia quotazione, una sul mercato domestico, una sul mercato USA. Ad esempio FCA (Fiat Chrysler) e Luxottica sono quotate sia a Piazza Affari sia sul NYSE. In altri casi, nella borsa di New York si possono acquistare titoli di aziende straniere attraverso le ADR (American Depository Receipt) che sono titoli quotati rappresentativi di azioni presenti su altri mercati.

[101] Dopo lo scandalo della Enron è stato promulgato il Sarbanes-Oxley Act, con cui è stata aumentata la responsabilità per il management riguardo alle informazioni fornite dei bilanci e relazioni finanziarie, creata una nuova autorità di controllo sui revisori e aumentate le pene per i reati contabili e societari.

dell'investitore, rispetto agli altri mercati del pianeta, e tali normative sono applicate in modo abbastanza severo;
- la gran parte delle idee innovative e delle ricerche è sviluppata negli Stati Uniti (basti pensare al settore informatico, alla rete internet e a tutto ciò che ne è derivato), che, per questo, mantengono il loro ruolo dominante in termini di potere economico;
- gli Stati Uniti sono una delle poche nazioni dove le imprese sono gestite senza il ricorso sistematico a mezzi per limitare la concorrenza. La crescita delle aziende americane è molto più basata sulla qualità e sui profitti reali, rispetto a quanto avviene nelle aziende europee che fanno capo a una gestione familiare;
- gli investitori stranieri da tutto il mondo acquistano attività finanziarie negli Stati Uniti in quanto c'è più sicurezza e trasparenza nei mercati USA che nei propri, oltre a esserci una maggiore garanzia di stabilità politica. Inoltre, pur tenendo conto della barriera culturale rappresentata dalla lingua, la qualità e quantità delle informazioni reperibili (spesso già elaborate) su internet, attraverso siti specializzati, è enormemente superiore rispetto a quelle disponibili per gli altri mercati;
- molte delle società di maggiori dimensioni che hanno sede negli USA, in realtà sono aziende mondiali, che hanno investimenti e vendono in tutto il globo, con la conseguenza che i loro profitti sono molto più stabili poiché non dipendono dall'economia di un solo paese o di poche nazioni. Inoltre, come si vedrà in seguito, sul mercato USA sono quotate aziende che dimostrano una crescita regolare degli utili e dei dividendi nel lungo termine, situazione che, da un lato rappresenta la caratteristica ideale a cui deve puntare un investitore *cassettista* e, dall'altro, è proprio ciò

che ha consentito la crescita secolare degli indici americani. I dati storici elaborati da Siegel mostrano che, nel lungo periodo, non c'è nulla di più redditizio e sicuro di un investimento ben diversificato in azioni quotate sul mercato americano;
- le variazioni del tasso di cambio euro/dollaro potrebbero scoraggiare l'investitore europeo che acquista titoli quotati in dollari negli Stati Uniti. Tuttavia va considerato che molte aziende quotate realizzano i propri ricavi anche in altre valute. In tal modo una discesa del dollaro ne aumenta i ricavi (e gli utili) e, quindi, la crescita delle quotazioni compensa in parte la perdita sul cambio. Inoltre, per un investitore di lungo termine il cambio conta relativamente poco, giacché da un lato la BCE e la FED tendono a coordinare le politiche monetarie, dall'altro, nel lungo periodo, il cambio tende a convergere verso la parità dei poteri di acquisto delle monete. È pertanto molto improbabile che il dollaro, trattandosi della principale moneta di riferimento mondiale, possa subire una drammatica e permanente svalutazione rispetto all'euro,[102] come potrebbe invece verificarsi per la valuta di un paese emergente;
- nonostante vi sono delle economie che hanno tassi di crescita costantemente più elevati degli Stati Uniti, il rendimento medio di un investimento sul mercato USA si è dimostrato superiore rispetto a un analogo investimento sulle borse dei paesi emergenti.

Vale la pena soffermarsi su quest'ultima affermazione, abbastanza sorprendente, che può esser spiegata alla luce dell'analisi condotta da Jason Zweig:[103] *"sfortunatamente una forte crescita economica non garanti-*

---

[102] Del resto l'euro e l'Unione Europea sono costruzioni più precarie rispetto agli Stati Uniti e al dollaro.

[103] cfr. *"Il Piccolo libro che salva i tuoi soldi"* pag. 146 e segg. (CHW Edizioni).

sce elevati rendimenti azionari. Sebbene possa sembrare incredibile, più rapida è la crescita economica di un Paese, meno soddisfacenti, almeno su base storica, sono gli investimenti nel suo mercato azionario. 'La gente è troppo acritica' avverte Elroy Dimson della London Business School (...) Basandosi sui dati relativi all'andamento economico di 53 Paesi nel corso di vari decenni, il prof. Dimson e i suoi colleghi hanno riscontrato che le economie con la crescita maggiore generano i rendimenti azionari più bassi (...) A lungo termine le azioni delle economie più dinamiche del mondo hanno avuto performance pari alla metà di quelle dei Paesi con economie più lente. (...) Se però vi fermate a riflettere su questa apparente assurdità vi accorgerete che ha una sua logica. Sui mercati azionari, come in qualunque altro settore, il valore dipende dalla qualità e dal prezzo. Quando investite nei mercati emergenti, entrate in un mondo con una forte crescita economica, ma il prezzo che pagate non sempre è conveniente (...) Ma perché gli investitori insistono a pagare prezzi troppo alti per le azioni dei mercati emergenti? (...) Uno sviluppo tecnologico molto rapido non significa necessariamente che a trarne vantaggio sarà chi ha investito in quel settore e lo stesso avviene con una rapida crescita economica. Un'economia in forte espansione fa emergere nuove società che assorbono capitale, fa salire il costo del lavoro e fa scendere i prezzi delle merci e dei servizi. È una buona notizia per i lavoratori e i consumatori, ma non lo è per gli investitori. Quando le economie dei Paesi si sviluppano rapidamente, la torta da spartire diventa più grande, ma viene tagliata in fette sempre più piccole, poiché aumenta il numero delle società (...) I futuri profitti di questi paesi saranno suddivisi in piccole fette fra un numero sempre crescente di società, le cui azioni saranno possedute da una miriade di nuovi investitori. Naturalmente, anche la vostra fetta si rimpiccolirà".

3. Perché nel lungo periodo gli indici azionari (e le singole azioni) salgono?

Nei giorni nostri molta dell'attenzione dedicata ai mercati è concentrata sull'andamento degli indici azionari. Alcune volte si dimentica che l'indice è formato da titoli di aziende, pertanto la sua crescita o la sua diminuzione è una media semplice o ponderata dei risultati delle società che lo compongono. Infatti, l'origine dell'indice *Dow Jones* si ritrova nell'idea di Charles Dow e del suo socio Edward Jones, fondatori del Wall Street Journal, di calcolare, a partire dal maggio 1896, una semplice media di 12 titoli azionari per monitorare l'andamento del mercato borsistico americano, con il nome di *Dow Jones Industrial Average*. Dal 1928 in poi tale indice è composto da 30 azioni, numero che si mantiene ancora oggi.

Il Dow Jones funziona come media aritmetica e, perciò, dà un maggior peso alle società che hanno un prezzo più alto. Nel corso dei decenni, inoltre, molte società sono state sostituite e altre sono state aggiunte, altre ancora hanno attraversato vicende societarie (fusioni, ecc.) che ne hanno modificato la natura. Ma, comunque, esso viene ancora efficacemente utilizzato per i confronti di lungo periodo.

L'indice Dow Jones è stato, successivamente, affiancato dall'indice S&P 500 realizzato da Standard & Poor's nel 1957 e formato dalle 500 aziende statunitensi a maggiore capitalizzazione quotate sui tre mercati Nyse, Amex e Nasdaq. Esso, da diversi decenni, rappresenta l'indice più significativo del mercato americano. A differenza del Dow Jones, che è una media semplice, l'indice S&P 500 è ponderato per la capitalizzazione, ossia il peso attribuito a ciascuna società è direttamente proporzionale al suo valore di mercato, ed è diventato il riferimento più importante del mercato statunitense tenuto conto della sua rappresentatività

di un paniere di 500 titoli. Proprio per questa ragione, il suo corso è determinato dai titoli che lo compongono e, quindi, il rialzo degli indici azionari nel lungo termine può essere fatto derivare soltanto dal rialzo delle azioni che ne fanno parte. A tale proposito va precisato che gli indici azionari principali al loro interno sono caratterizzati da un efficace meccanismo di *ribilanciamento*. Ciò esclude le società peggiori o in declino, e dunque li rende adatti come investimento attraverso gli ETF. In particolare le azioni che compongono l'indice S&P 500 soddisfano i seguenti requisiti:
- l'emittente deve essere una società statunitense;
- la capitalizzazione di mercato deve essere almeno pari a 4 miliardi di dollari;
- la società deve aver prodotto un risultato positivo nei precedenti 4 trimestri;
- il titolo deve possedere una elevata liquidità;
- la società deve possedere un flottante[104] pari almeno al 50%;
- il peso dei diversi settori all'interno dell'indice deve riflettere il loro peso all'interno del mercato azionario.

La crescita dell'indice deriva, allora, dalla crescita dei singoli titoli componenti. E ci sono due ragioni che determinano il rialzo di un titolo azionario.

La prima è costituita da notizie, indiscrezioni, prospettive di futuri guadagni che provocano un aumento della notorietà o visibilità dell'azienda. Al mercato piacciono le novità, poiché gli speculatori sono pronti a scommettere su di loro, nella speranza di poter spingere i prezzi dei titoli verso l'alto, (a prescindere dalla validità o meno delle informazioni, che si vedrà solo nel corso del tempo).

La seconda ragione che determina la crescita dei prezzi delle azioni di una società è legata alla sua ca-

---

[104] Il flottante è la quantità di azioni di una società che non costituiscono le partecipazioni di controllo e che sono disponibili per la negoziazione in borsa.

III) COME INVESTIRE IN TITOLI AZIONARI

pacità di guadagnare. Se un'azienda è in grado di aumentare gli utili, il suo prezzo sale di conseguenza. Anzi, comunemente, pur con deviazioni più o meno temporanee, il prezzo di borsa segue a braccetto l'andamento degli utili. Tale relazione tra utili e prezzo delle azioni di un'azienda è stata evidenziata da Benjanim Graham nella sua famosa affermazione secondo cui il mercato nel breve periodo è una *"macchina che vota"*, nel lungo periodo è una *"macchina che pesa"*. In pratica, nel breve periodo contano molto anche le opinioni degli operatori di mercato (mode, bolle speculative, ecc.), ma nel lungo periodo è il valore (inteso come capacità di guadagnare) che determina il prezzo.

Afferma Peter Lynch[105] nel suo famoso libro *One up on Wall Street*[106] (T.d.A. dall'originale inglese): *"Quel che vi state domandando* [nello scegliere un'azione N.d.R.] *è che cosa determina il valore di una società e perché questa avrà più valore domani rispetto a oggi. Ci sono molte teorie ma, per me, si arriva sempre agli utili e alle attività patrimoniali. Specialmente agli utili. Qualche volta occorrono anni perché il prezzo colga il valore dell'azione (...) ma alla fine il valore vince sempre (...) Analizzare l'azione di una società sulla base degli utili e delle attività non è diverso dall'analizzare una lavanderia, un emporio o un fabbricato da locare che potreste voler comprare. Nonostante qualche volta sia facile dimenticarlo, un'azione non è un biglietto della lotteria. È una quota di proprietà di un'impresa. (...) Si può vedere l'importanza degli utili su ogni grafico che mostra la linea dell'andamento degli utili vicina a quella del prezzo (...) E, osservando molti grafici, si nota come le due linee si muovono in*

---

[105] È stato il più famoso gestore di fondi comuni di tutti i tempi. Sotto la sua gestione, nel periodo tra il 1977 e il 1990, il Magellan Fund (della società Fidelity Investments) ha realizzato una media di rendimento annuale del 29,2%, percentuale più che doppia rispetto all'indice S&P 500, che lo ha reso il fondo comune con le migliori performance del mondo.

[106] Ediz. Simon & Schuster , pag. 161-164.

tandem e, anche se la linea del prezzo si allontana da quella degli utili, presto o tardi le ritornerà vicino".

A titolo esemplificativo si riporta di seguito il grafico della Emerson Electric Company (fonte www.fastgraph.com), relativo a un periodo di circa venti anni, nel quale è visibile la relazione tra l'andamento del prezzo (linea frastagliata) e quello degli utili per azione annuali (area piena).

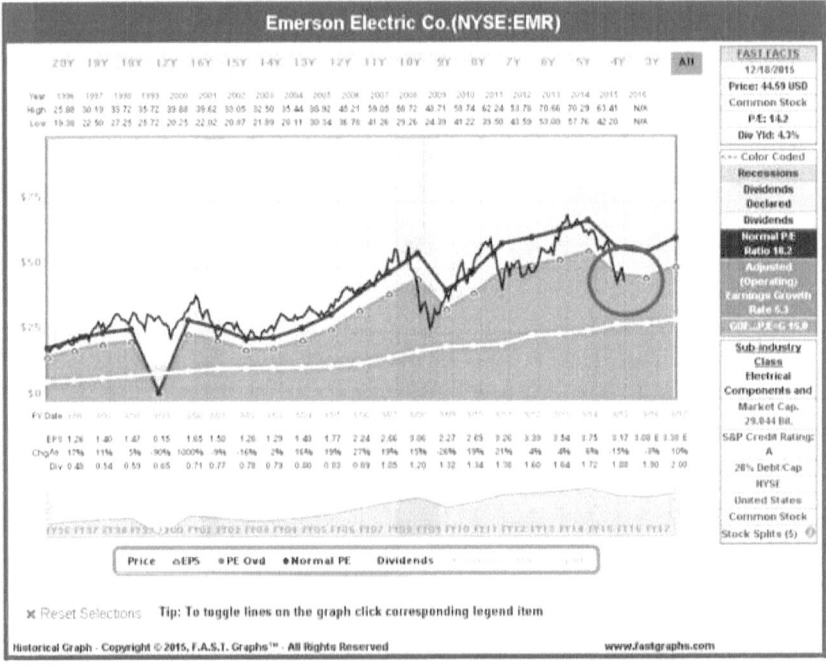

La stessa relazione che c'è tra il prezzo di un'azione e l'andamento degli utili dell'azienda sottostante si può osservare anche in relazione agli indici azionari, rapportandoli con gli utili del paniere di società che lo compongono.

In particolare il grafico successivo mette in relazione l'indice S&P 500 con gli utili relativi ai dodici mesi precedenti delle società che ne fanno parte, nel periodo che va dal 1970 al 2015. Come si può osservare, nei 45 anni considerati l'indice passa da circa 100 punti a circa 2000 punti, e la sua crescita viene portata avanti dalla crescita degli utili, salvo alcune temporanee deviazioni più o meno marcate dovute a eccessi di ottimismo o di pessimismo.

Si può quindi concludere che, al di là di tutte le elaborazioni grafiche che possono essere realizzate con gli strumenti dell'analisi tecnica per individuare i movimenti degli indici azionari, l'unica relazione sicuramente affidabile nel lungo termine è quella, di tipo fondamentale, con gli utili di bilancio.[107]

La più evidente deviazione dello S&P 500 dal sentiero degli utili si è verificata durante il periodo della bolla internet a fine anni '90, dove i prezzi delle società tecnologiche erano completamente scollegati dai fondamentali (gli utili). Essa, scoppiata nel marzo dell'anno 2000, è stata poi riassorbita negli anni successivi.

---

[107] A tale proposito è curioso osservare come per il mercato italiano sia molto difficile trovare, sui giornali economici, grafici che mettono in correlazione l'andamento pluriennale degli utili per azione con i prezzi delle singole azioni o dell'indice azionario.

La fine della bolla delle dot.com è sintomatica di un altro fenomeno tipico dell'andamento di lungo termine dei mercati azionari, ossia il principio della regressione verso la media (in inglese *mean reversion*). In base a esso, a fasi caratterizzate da rendimenti azionari inferiori alla media (*bear market* o mercati orso), seguono fasi di rendimenti superiori alla media (*bull market* o mercati toro), e viceversa. La *mean reversion* si manifesta in due modi:
- a seguito di una sopravvalutazione o sottovalutazione dei prezzi di mercato rispetto al livello degli utili correnti, prezzi che successivamente ritornano a valori congrui. Ad esempio nel '98-'99, durante la bolla delle dot.com, gli utili erano a un livello alto, ma a fronte di prezzi stratosferici, e pertanto la successiva riduzione dei corsi azionari è stata altrettanto significativa, pur rispetto a una piccola riduzione degli utili;
- a seguito di un calo (o rialzo) generalizzato degli utili che viene percepito come permanente, e che per tale motivo produce una violenta discesa dei prezzi (*overreaction*), che dopo viene recuperata. Ciò si è verificato nella recessione del 2008-2009 dove, all'improvvisa diminuzione degli utili e dei prezzi, è seguito un rapido ritorno verso la media di entrambi negli anni successivi.

Il principio della *mean reversion* può essere sfruttato dall'investitore consapevole per acquistare titoli o ETF sul mercato azionario, quando i prezzi sono convenienti in rapporto agli utili o quando gli utili sono depressi, confidando nel ritorno verso la media degli uni o degli altri. Va tuttavia precisato che fare delle previsioni sull'andamento futuro dei prezzi delle azioni, sulla base di quanto successo in passato, è un esercizio pressoché inutile. È praticamente impossibile individuare l'inizio o la fine di un rialzo o di una caduta dei corsi azionari. Ciò, infatti, è dimostrato dall'inconsistenza delle previsioni fatte, in materia, da molti *esperti* e poi ampiamente smentite dalla realtà dei fatti.[108]

L'importanza degli utili societari per le quotazioni azionarie richiede di trattare del rapporto prezzo/utili (in inglese Price/Earnings Ratio (P/E), dove P = price = prezzo; E = earnings = utili). Questo è il rapporto fra il prezzo corrente di un'azione e l'utile attribuibile a detta azione.[109] A seconda dei casi, l'utile che viene messo a rapporto con il prezzo può essere quello dell'ultimo bilancio, quello dei dodici mesi precedenti (*trailing P/E*) o l'utile futuro previsto (*forward P/E*). Data la variabilità che si registra negli utili annuali, proprio per *sterilizzare* l'andamento degli utili dai picchi o dalle cadute che possono verificarsi nei vari anni, il premio Nobel per l'economia, Robert Schiller, ha ideato il "*ciclically adjusted price earning*", che utilizza la media degli utili degli ultimi dieci anni, valore considerato meno volatile e più affidabile.

È di grande interesse sottolineare come sia molto significativo anche il valore inverso (o reciproco) del P/E, detto *Earnings yield*, ossia l'utile diviso il prezzo del titolo (Earnings/Price), definibile in italiano come ren-

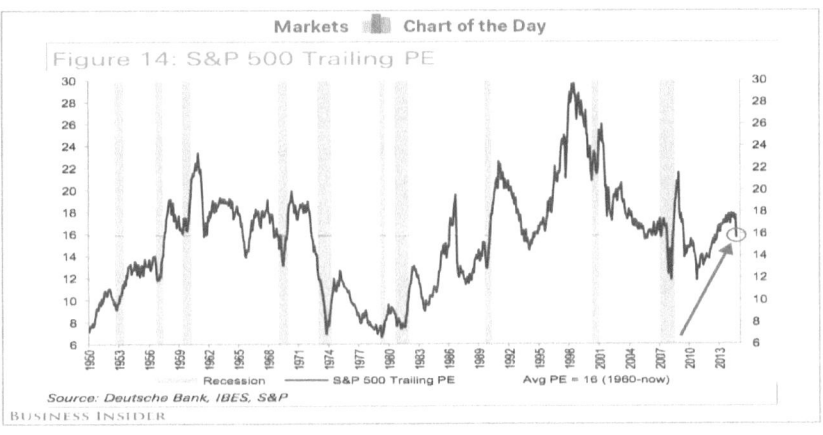

---

[108] A tale proposito si rinvia al successivo paragrafo 7., dove viene trattata l'inaffidabilità delle previsioni economico-finanziare.

[109] Il prezzo va quindi diviso per l'utile per azione (Earnings per share o EPS) che si ottiene dividendo gli utili netti di bilancio della società per il numero delle azioni emesse, ancora in circolazione.

dimento azionario, che viene espresso in percentuale. Ad esempio a un P/E di 15 del mercato azionario corrisponde un earnings yield del 6,7%, che rappresenta il rendimento lordo percentuale di un ipotetico investimento in azioni in quel determinato momento. In tal modo è possibile paragonare il rendimento di un investimento azionario con quello concorrente di un investimento in titoli di stato o in obbligazioni.

Nel grafico che precede (fonte Deutsche Bank, IBES, S&P 500) è mostrato il P/E riferito all'indice S&P 500 dal 1950 in poi, evidenziando come lo stesso sia oscillato intorno a un valore medio di circa 15/16 volte gli utili, subendo un drastico calo negli anni '70/inizio anni '80 (caratterizzati da un notevole aumento dell'inflazione) e un picco nel 1998/2000 (corrispondente alla bolla internet più volte menzionata).

A proposito del P/E storico di circa 15 volte, che, come osservato sopra, corrisponde a un earnings yield del 6,7%, si rileva come quest'ultimo è quasi uguale al rendimento del 6,8% calcolato da Jeremy Siegel di un investimento di lungo periodo nel mercato azionario. Tale conclusione conferma ancora, se mai ce ne fosse ulteriore bisogno, il legame di lungo termine tra gli utili realizzati dalle aziende e l'andamento dei prezzi del mercato azionario. Dimostra pure come, su un orizzonte di molti decenni, da un investimento sull'indice del mercato azionario si ottenga un rendimento che coincide con gli utili che vengono prodotti dal paniere di società che compone l'indice. Lo stesso fenomeno si verifica anche per le singole società, a patto che si prenda in considerazione un periodo sufficientemente lungo.

Pertanto, quando si dice che le azioni nel lungo periodo salgono, ciò è vero solo se gli utili delle società quotate aumentano. Il pessimo andamento della borsa italiana negli ultimi anni, il cui indice non si è più ripreso dopo la crisi del 2008, deve quindi essere attribuito, in buona parte, alle notevoli perdite registrate nei bilanci delle banche italiane, che hanno un rilevante peso sulla composizione dell'indice FTSE MIB. Non ha senso affermare che investire sull'indice italiano è più conveniente, in quanto, a differenza degli altri, non ha ancora recuperato: sono innanzitutto gli utili che si dovrebbero *recuperare*.

Sempre parlando di rendimento azionario, si evidenzia come il calo del P/E dello S&P 500 negli anni '70 dimostra gli effetti dell'inflazione. In presenza di una crescita del livello dei prezzi al consumo e alla produzione, gli operatori, volendo mantenere il rendimento azionario reale, fanno salire il rendimento nominale, attraverso un abbassamento dei prezzi delle azioni in rapporto agli utili. In altre parole, a un'inflazione elevata corrisponde un P/E più basso, in modo tale che gli investitori del mercato azionario possano avere dei rendimenti nominali più elevati.[110]

Vi è poi anche un effetto sul P/E medio di mercato dovuto ai tassi d'interesse. Infatti, l'innalzamento dei tassi aumenta i rendimenti di mercato delle obbligazioni e dei Titoli di Stato e, di conseguenza, anche quello richiesto ai titoli azionari. Il valore delle azioni, pertanto, diminuisce al crescere dei tassi (e viceversa). A ciò si aggiunge che le società molto indebitate, per effetto dei maggiori tassi, subiscono una riduzione degli utili a causa della crescita degli oneri finanziari. Questa è dovuta all'aumento degli interessi da pagare sui debiti a tasso variabile e al rinnovo dei debiti a tasso fisso in scadenza.

A proposito della relazione tra i tassi d'interesse e il mercato azionario nella comunità degli investitori si parla di "*Fed model*", ipotizzando che la banca centrale americana (Federal Reserve), nel decidere la sua politica monetaria, prenda in considerazione tale modello nelle sue valutazioni. Il modello paragona l'earnings

---

[110] Lo stesso effetto dell'inflazione sul mercato azionario si è verificato, con conseguenze più pesanti anche sul mercato italiano, come si può osservare dai grafici dello Studio di Mediobanca citato in precedenza.

yield (P/E) dello S&P 500 al tasso d'interesse a lungo termine dei titoli di stato americani (treasury bond a 10 anni). In particolare, il mercato delle obbligazioni e quello azionario sarebbero in equilibrio quando i rendimenti sono uguali. Lo scopo del modello è di verificare l'attrattività delle azioni rispetto ai bond nella decisione su come allocare i fondi tra mercato azionario e obbligazionario. Si presuppone che, se l'earnings yield è superiore al tasso sui titoli governativi, gli investitori dovrebbero continuare a spostare il proprio denaro verso le azioni e farne, così, scendere il rendimento (P/E) verso quello dei treasury bond. Quanto previsto dal modello FED si è verificato dal 2009 in poi, quando la discesa ai minimi dei rendimenti dei Titoli di Stato ha determinato una forte ripresa delle quotazioni azionarie, più che proporzionale alla crescita degli utili, come si può osservare nel grafico sottostante:

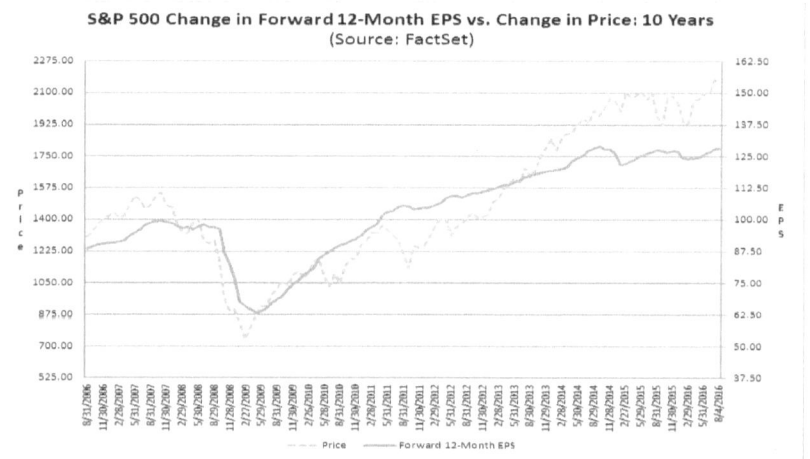

Tuttavia, nell'attuale contesto (2016), con i tassi di interesse a 10 anni ai minimi (sotto il 2%), se il modello FED fosse sempre valido, vi sarebbero ancora degli ampi spazi di crescita per il mercato azionario americano il cui P/E (che rispetto alla media storica, prescindendo dai tassi, non sarebbe a buon mercato) oscilla in un range tra 20 e 25 (equivalente a un E/P tra il 4% e il 5%).

A livello di singola società il rapporto P/E serve a valutare le quotazioni di un'azione, anche se un giudizio sul corretto valore di un singolo titolo deve tener conto di diversi fattori, come il settore di appartenenza o la crescita degli utili futuri attesi dall'impresa. Infatti, in alcuni settori economici (industria meccanica, materie prime), dove è maggiore la concorrenza, e la possibilità di ottenere utili è condizionata da fattori esterni, ci si attende che il rapporto prezzo/utili o P/E sia più basso della media. In settori innovativi e/o in forte crescita, le attese di utili futuri elevati spingono, invece, il P/E più in alto.

Vista l'importanza degli utili, si vedrà in seguito che la strategia più semplice ed efficace su cui puntare è di cercare titoli di società i cui utili presentano una crescita più o meno costante, e non un andamento discontinuo o irregolare. Puntando sulla regolarità, si riesce a ridurre l'ansia e l'incertezza sul futuro, tenuto conto che la psicologia dell'investitore detesta l'incertezza.

4. La teoria dei mercati efficienti, il C.A.P.M. e il Beta

Tenuto conto che nei fatti, come visto sopra, per gli investitori professionali è difficile ottenere risultati migliori dell'indice di mercato, tra gli anni '60 e '70 il prof. Eugene Fama, dell'università di Chicago, ha elaborato la *Teoria del mercato efficiente* o *Ipotesi del mercato efficiente* (*Efficient Market Hypothesis*, in sigla EMH). Egli fu spinto dalla constatazione che le società d'investimento, pur avendo studi e informazioni maggiori di quelli generalmente a disposizione sul mercato, con i loro portafogli non riuscivano a battere un generico portafoglio di titoli con la stessa rischiosità.

Eugene Fama definisce mercato finanziario efficiente quello in cui i prezzi dei titoli quotati rispecchiano pienamente le informazioni disponibili (bilanci, prospettive aziendali, notizie economiche, politiche, ecc.). Ed è proprio la presenza d'investitori professionali dotati di maggiori informazioni che, di fatto, agevola il mercato a restare efficiente. L'utilizzo delle informazioni disponibili da parte di un numero sufficiente di operatori ha, come conseguenza, la scomparsa del loro vantaggio, riportando tutti alle stesse condizioni. Secondo tale teoria, perciò, un investitore qualsiasi non può pensare di battere regolarmente il mercato e le risorse che impiega, per analizzare, scegliere e negoziare i titoli, sono sprecate. Sarebbe meglio operare con una strategia passiva, detenendo semplicemente un portafoglio che corrisponde all'indice di mercato.

Esistono diverse forme di efficienza:
- efficienza in forma debole: quando l'informazione ricavabile dallo studio dei dati storici è contenuta nel prezzo corrente. Tale situazione è conosciuta anche come *random walk* per cui gli investitori, scambiandosi continuamente titoli, creano un andamento casuale del prezzo del titolo azionario: la probabilità di un aumento del prezzo è identica a quella associata a una diminuzione nello stesso periodo, prescindendo dalla quotazione dell'azione fino a quel momento. I prezzi incorporano tutte le notizie che possono essere tratte dal mercato (prezzi e loro variazioni, quantità scambiate, ecc.), come afferma l'analisi tecnica che, allo stesso tempo, per il principio della *random walk*, è considerata priva di ogni efficacia per fare previsioni;
- efficienza in forma semi-forte: quando nei prezzi delle azioni, oltre a tutta l'informazione contenuta nella loro serie storica, sono incorporate anche tutte le informazioni di pubblico dominio;
- efficienza in forma forte: quando i prezzi delle azioni riflettono tutte le informazioni disponibili, comprese quelle private, riservate o privilegiate.

III) COME INVESTIRE IN TITOLI AZIONARI

Alla fine è difficile battere il mercato anche avendo a disposizione informazioni esclusive.

Inoltre, l'efficienza va valutata anche dal punto di vista temporale, poiché un mercato è tanto più efficiente quando le informazioni si diffondono rapidamente tra gli operatori e, di conseguenza, si trasferiscono sui prezzi.

Un'altra teoria finanziaria che si affianca e completa quella del mercato efficiente di Fama è il C.A.P.M. (*Capital Asset Pricing Model*) che consiste in un modello matematico della teoria di portafoglio pubblicato dal prof. William Sharpe nel 1964. Con esso si determina una relazione tra il rendimento di un titolo e la sua rischiosità, misurata tramite un unico fattore di rischio, detto *beta*. Nel modello del CAPM, investendo in un determinato titolo, si possono incontrare due tipi di rischi:
- un rischio diversificabile che riguarda il singolo titolo azionario. Tale rischio, grazie proprio alla diversificazione, può essere eliminato investendo nell'intero mercato azionario con l'acquisto di un fondo comune d'investimento (o meglio di un ETF);
- un rischio sistemico, detto *rischio di mercato*, che riguarda l'andamento del mercato azionario nel suo complesso, che non è eliminabile attraverso la diversificazione.

Il modello CAPM presuppone che, esistendo tale rischio, il rendimento percentuale ottenibile da un investitore sul mercato azionario sarà maggiore del tasso *risk-free*, ovvero senza rischio. Quest'ultimo, secondo il modello originario, corrisponde al tasso sui titoli di stato americani. Esiste, cioè, un premio percentuale di rischio, che copre il rischio generale del mercato azionario.[111]

Dato il rendimento atteso del mercato azionario, il

---

[111] In sostanza il CAPM fornisce la giustificazione teorica del maggior rendimento del mercato azionario rispetto a quello obbligazionario verificato empiricamente da Jeremy Siegel.

modello CAPM permette di trovare il rendimento richiesto dal mercato di un titolo X come la somma tra il tasso risk-free e un premio percentuale di rischio. Esso dipende dal premio per il rischio generale del mercato azionario e dal *coefficiente beta*. Il beta (ß) misura statisticamente il comportamento di un titolo rispetto al mercato, ovvero la variazione che un titolo storicamente assume rispetto alle variazioni del mercato di cui fa parte. In altre parole, il beta corrisponde alla reattività del rendimento di un'azione ai movimenti dell'indice di mercato. Tanto maggiore è il coefficiente beta, tanto maggiore sarà il rendimento richiesto da un ipotetico investitore per l'azione X, perché possiede un maggior grado di rischio non diversificabile. Richiedendo un maggior premio per il rischio le azioni ad alto beta dovrebbero mostrare un P/E più alto, ovvero un P/E più basso rispetto a quelle a basso beta. Detto in altri termini, un'azione ad alto beta, a parità di utile per azione, dovrebbe essere più economica rispetto a una a basso beta.

Nonostante Fama e Sharpe hanno ricevuto il premio Nobel per l'economia per le loro teorie,[112] in effetti si tratta di modelli matematici e, anche se spiegano con argomenti logici il funzionamento del mercato, non è detto che rappresentino la realtà, che è sempre più complessa dei modelli. Il punto debole della teoria dei mercati efficienti e del CAPM è che considerano gli operatori di mercato come perfettamente razionali, capaci di interpretare le notizie in maniera ottimale e agire nello stesso modo sui prezzi dei titoli. Infatti, non sono prese in considerazione né l'emotività degli individui, né le componenti psicologiche legate alla irrazionalità degli operatori di mercato, e neppure l'esistenza di sistemi informatici programmati per comprare e vendere in maniera automatizzata solo a seguito di determina-

---

[112] Si è vista nel primo capitolo la fine dell'hedge fund LTCM sponsorizzato da altri premi Nobel.

III) COME INVESTIRE IN TITOLI AZIONARI

te variazioni dei prezzi.[113]

Gli studi di *finanza comportamentale*[114] hanno dimostrato come il mercato, a differenza di quanto prevede la teoria, è perfettamente in grado di allontanarsi in maniera significativa e durevole dall'efficienza, come verificatosi ampiamente durante la bolla azionaria del 1998/2000 e il crollo del 2008/2009.

Il mercato finanziario è un fenomeno molto complesso, ma prima di ogni altro aspetto è un fenomeno sociale, in quanto formato da individui soggetti ai limiti e alle passioni umane. Gli operatori, nella realtà, compiono sistematici errori di valutazione nell'effettuare le proprie scelte d'investimento e si generano comportamenti di massa che sono il risultato del comportamento di tanti singoli individui, determinando un "*effetto gregge*" che è tutto il contrario della razionalità e dell'efficienza. Con la conseguenza che, in molti casi, il mercato non riflette il valore corretto delle attività finanziarie, e ciò vale soprattutto per il mercato azionario a ragione della variabilità delle quotazioni che lo caratterizza. Questo consente a taluni investitori con un orientamento a lungo termine di poter approfittare di tali inefficienze.

Secondo la teoria del mercato efficiente, chi nell'investire adotta un comportamento diverso o opposto a quello dominante in quel momento sul mercato dovrebbe essere destinato a incorrere in gravi perdite. Tuttavia come recita una frase dello scrittore americano Francis Scott Fitzgerald: "*Utilizzare una strategia opposta a quella comunemente accettata può voler dire*

---

[113] Si tratta, ad esempio, delle vendite prodotte da sistemi di trading "*automatizzati*" o dai cosiddetti "*margin call*", che si verificano quando le banche concedono finanziamenti a operatori di mercato accettando azioni in garanzia. Quando il valore dei titoli in borsa scende, le banche chiedono ai clienti il reintegro del valore della garanzia. Se un cliente non ha sufficienti titoli o liquidità per farlo, le banche chiudono il finanziamento e vendono le azioni poste a garanzia per recuperare il prestito. In tal modo il crollo delle borse si autoalimenta da solo.

[114] Per chi vuole approfondire la Finanza comportamentale consiglio la lettura del libro (in italiano) "*Penso dunque investo*" di James Montier (Edizioni CHW).

per qualcuno costruirsi una fortuna" e nel prossimo paragrafo spiegheremo come ciò è stato possibile.

5. Ben Graham, Mr. Market e il mercato efficiente e il value investing secondo Warren Buffett

Warren Buffett ha dimostrato, con i fatti, di eccellere nel campo degli investimenti, riuscendo nel corso dei decenni a raggiungere performance straordinarie.

Nell'ultima lettera agli azionisti, datata 27 febbraio 2016,[115] Warren Buffett ha evidenziato che il valore azionario della sua società si è incrementato a un tasso del 21,6% negli ultimi 50 anni (dal 1965 al 2015), a fronte di una crescita dell'indice S&P 500 (*total return* compresi i dividendi) che si ferma al 9,7%. Una differenza di 10 punti percentuali in un periodo così lungo, grazie alla forza dell'interesse composto, ha generato un enorme divario. In altri termini, un investimento di un solo dollaro nel 1965 nella Berkshire Hathaway sarebbe arrivato a valere 15.982 dollari a fine 2015, mentre avrebbe avuto un valore di 113 dollari se investito nello S&P 500.[116]

È quindi evidente che l'attività di Buffett, portata avanti per cinque decenni, costituisce una chiara smentita al principio dell'efficienza del mercato. Infatti, in un mercato efficiente non si sarebbero potuti raggiungere dei risultati tanto eccezionali per un periodo di tempo così lungo. Poiché la verità, o la validità di una teoria, è affidata alla sua verifica pratica, è palese che le teorie del mercato efficiente e del C.A.P.M., pur

---

[115] Cfr. il testo della lettera all'indirizzo: http://www.berkshirehathaway.com/letters/2015ltr.pdf.

[116] È importante evidenziare come la crescita del titolo sia andata di pari passo con la crescita del patrimonio netto della società (*book value*) data dagli utili reinvestiti, che nello stesso periodo (1965-2015) si è incrementato a un tasso composto del 19,2%.

elaborate da premi Nobel e matematicamente complesse, non spiegano in tutto o in parte la realtà dei fatti.

Nella prefazione della quarta edizione del libro di Ben Graham, *The intelligent investor*, Warren Buffett spiega come si deve comportare un investitore (T.d.A.): "*Per investire con successo durante la propria vita non è necessario un quoziente d'intelligenza stratosferico, un particolare intuito per gli affari, o informazioni riservate. Quel che è necessario è una solida struttura intellettuale per prendere le decisioni e la capacità di evitare che le emozioni corrodano tale struttura (...) Se seguirete i comportamenti e i principi sostenuti da Graham – e se riservate particolare attenzione agli inestimabili consigli dei capitoli 8 e 20 – non avrete dei modesti risultati dai vostri investimenti (...) Se i vostri risultati saranno eccezionali dipenderà dallo sforzo e dell'intelligenza che applicherete ai vostri investimenti, come pure dall'ampiezza della follia del mercato azionario che si verificherà durante la vostra carriera di investitore (...) Seguite Graham e approfitterete della follia del mercato invece di parteciparvi*".

I capitoli 8 e 20 ai quali Buffett fa riferimento, e che in qualche modo costituiscono la sintesi del libro, sono intitolati: "*l'investitore e le fluttuazioni di mercato*" e "*il margine di sicurezza come idea centrale dell'investimento*". Il capitolo 8 tratta di come l'investitore deve far fronte alle variazioni dei prezzi sul mercato azionario, mentre il capitolo 20 del concetto di margine di sicurezza. In esso s'insegna la prudenza che deve contraddistinguere un investimento, per il quale si deve lasciare un ampio "*margine di sicurezza*" onde coprire eventuali errori di valutazione.

In merito alle fluttuazioni di mercato, Graham la pensava molto diversamente dai teorici dell'efficienza secondo i quali i prezzi delle azioni variano perché gli operatori interpretano le informazioni, affermando che l'investitore non deve spaventarsi per le fluttuazioni dei prezzi, ma anzi ne può approfittare. Per questo ha ideato la storiella di Mr. Market, che si riporta di seguito, ripresa dal testo di *The intelligent investor* (T.d.A.): *"Immaginate di possedere una piccola partecipazione di $ 1000 in una società non quotata. Uno dei vostri soci di nome Mr. Market, è un tipo molto accomodante. Ogni giorno vi dice quanto vale per lui la vostra quota e, inoltre, si offre di comprarvela o di vendervi le sue allo stesso prezzo. Talvolta la sua idea del valore sembra plausibile e giustificata dalle prospettive di sviluppo dell'impresa che voi stesso conoscete. Spesso, d'altra parte, Mr. Market si lascia sopraffare dall'entusiasmo o dalla paura e il prezzo che propone vi sembra privo di senso. Se siete un investitore prudente o un uomo d'affari assennato lascereste che la comunicazione giornaliera di Mr. Market determini per voi il valore che attribuite alla vostra quota di $ 1.000 nell'impresa? Ciò può avvenire solo se siete d'accordo con il suo prezzo o se volete fare affari con lui. Potreste essere felici di vendergli la quota se egli stabilisce un prezzo ridicolmente alto, o di acquistarne altre se il prezzo è basso. Ma nel resto del tempo sarà più saggio formarvi la vostra idea del valore dell'azienda basandovi sui bilanci provenienti dalla società e relativi alla sua attività operativa e alla sua posizione finanziaria. Il vero investitore è nella stessa posizione anche quando possiede azioni di una società quotata. Può trarre vantaggio dal prezzo di mercato o lasciarlo perdere (...)".*

Il margine di sicurezza è la chiave del *value investing* ed è una diretta conseguenza dell'inefficienza del mercato, perché individua la differenza tra il valore stimato di un'azione da acquistare e il suo prezzo di mercato. Detto margine serve a coprire gli errori di valutazione nel caso il valore del titolo comprato si rilevi, in seguito, sovrastimato. È un concetto flessibile, che si può adattare a diversi stili d'investimento, e si vedrà come può essere applicato, in concreto, anche a un'attività di investimento da cassettista.

Per completare il discorso in merito all'inefficienza

III) COME INVESTIRE IN TITOLI AZIONARI

del mercato e al concetto generale di value investing che consente di trarre vantaggio dagli errori di valutazione del mercato, è opportuno richiamarsi al famoso discorso di Buffett (*I superinvestitori di Graham e Doodsville*) tenuto alla Columbia University nel 1984. Egli, con il ricorso al semplice buonsenso e ai risultati raggiunti da lui e altri discepoli di Graham,[117] smonta sia le teorie sul mercato efficiente sia le credenze sui vantaggi di utilizzare l'analisi tecnica e statistica per operare sui mercati finanziari. Di seguito si riportano alcuni stralci tradotti:

"(...) *La formula di Graham e Dodd*[118] *per l'analisi dei titoli, 'cerca il valore con un margine significativo di sicurezza relativo al prezzo' è forse fuori moda? È ciò che affermano molti professori che scrivono libri di testo. Essi sostengono che la borsa è un mercato efficiente, ovvero che i prezzi dei titoli riflettono tutto ciò che è noto riguardo alle possibilità della società e allo stato dell'economia. Non ci sono titoli sottovalutati, ribadiscono questi teorici, perché ci sono brillanti analisti finanziari che utilizzano tutte le informazioni disponibili così da assicurare in modo infallibile prezzi corretti. Gli investitori che sembrano ricavare utili al di sopra della media di mercato, anno dopo anno, sarebbero solo fortunati (...) Bene, può essere, ma voglio presentarvi un gruppo di investitori che, anno dopo anno, ha battuto l'indice Standard & Poor 500. (...) In questo gruppo di investitori di successo che intendo considerare c'è stato un patriarca intellettuale comune, Ben Graham. Ma i figli che hanno lasciato la sua casa hanno lanciato le loro monetine in modo molto diverso. Sono andati in diversi posti e hanno comprato e venduto differenti azioni e società e hanno ottenuto risultati aggregati che*

---

[117] Nel testo della conferenza vengono citati da Buffett: Walter Schloss, Tom Knapp, Bill Ruane, Charlie Munger, Rick Guerin.

[118] Il discorso di Buffett è stato tenuto in occasione dei 50 anni dalla pubblicazione (1934) del libro *Security Analysis* pubblicato nel 1934 da Benjamin Graham e David L. Dodd.

non possono semplicemente essere spiegati con il fatto di aver lanciato la moneta in modo identico, perché il loro leader gli segnalava come farlo. Il patriarca ha solamente esposto la teoria intellettuale per prendere le giuste decisioni in merito al lancio della moneta, ma ogni discepolo ha scelto il suo proprio modo di applicare quella teoria. Il tema intellettuale comune degli investitori che provengono da Graham e Doddsville è questo: cercano il divario tra il valore di una società e il prezzo delle quote di quella società sul mercato. Essenzialmente sfruttano questo divario senza preoccuparsi delle teorie relative al mercato efficiente o su come le azioni si comportino il lunedì o il mercoledì, o se sia gennaio o luglio. Incidentalmente, quando uomini d'affari acquistano una società – che è proprio quello che fatto i nostri investitori Graham e Dodd tramite l'acquisto di titoli azionari – dubito che mettano in moto il processo decisionale di un'acquisizione in un giorno specifico della settimana o scelgano un mese particolare in cui la transazione deve avvenire. (...) I nostri investitori Graham e Dodd non discutono del coefficiente beta, del modello di definizione del prezzo del capitale, o della covarianza dei rendimenti dei titoli. Questi non sono argomenti che li interessino. In verità, la maggior parte di loro avrebbe qualche difficoltà a definire questi termini. Gli investitori si focalizzano solo su due variabili: il prezzo e il valore.

Ho sempre trovato straordinario che siano stati realizzati tanti studi sul comportamento del prezzo e del volume, la passione degli statistici. Vi immaginate di acquistare un'intera società semplicemente perché il prezzo delle sue attività è sostanzialmente aumentato la scorsa settimana e quella precedente? Naturalmente, il motivo per cui vengono realizzati tanti studi su queste variabili è che ora, nell'epoca dei computer, ci sono infiniti dati a disposizione. Non è necessariamente perché questi studi hanno un'utilità; è semplicemente che i dati sono lì e che gli accademici hanno lavorato duramen-

te per apprendere le competenze matematiche che servono a manipolarli. Una volta acquisite queste competenze, sembra un peccato non utilizzarle, anche se il loro uso non ha alcuna utilità o è addirittura negativo (...)".

Vista l'efficacia logica ed empirica del value investing, nei prossimi paragrafi saranno esaminate le modalità con cui applicare concretamente le sue regole basilari.

6. L'investitore passivo, l'investitore attivo e la diversificazione

Nei paragrafi precedenti sono stati illustrati due principi fondamentali:
- un investimento sul mercato azionario USA ha un'elevata probabilità di ricompensare un investitore nel medio/lungo termine, in quanto la crescita degli utili spinge in alto gli indici azionari;
- seguire efficacemente i principi del value investing consente nel medio/lungo termine di ottenere risultati superiori alla media del mercato.

Ma posto ciò, come si deve comportare in concreto un investitore?[119] Secondo Graham ci sono due modi di essere un investitore intelligente:
- investitore passivo: è colui che si crea un portafoglio permanente o semi-permanente di attività finanziarie che gestisce con un sistema automatico e senza richiedere sforzi particolari;
- investitore attivo o intraprendente: è colui che continuamente ricerca, seleziona e monitora azioni e/o obbligazioni allo scopo di comporre un portafoglio di titoli fondato sui principi del value investing.

---

[119] Ricordiamo la differenza tra investitore e speculatore vista all'inizio del libro.

Entrambi gli approcci possono essere ugualmente intelligenti e avere possibilità di successo. Dipendono dalle attitudini e dalle capacità del singolo investitore.

Essere un investitore attivo in azioni non è sicuramente da tutti. È una sfida intellettuale che richiede molto tempo da dedicare allo studio del mercato azionario e delle singole società, una grande fiducia in se stessi e uno spirito competitivo, anche se, come si vedrà, vi sono dei sistemi che semplificano la scelta dei titoli da comprare. Essere un investitore passivo richiede, invece, molto meno sforzo mentale e in termini di tempo, ma come per l'investitore attivo è necessario tenere le emozioni sotto controllo di fronte ai continui saliscendi del mercato. È possibile anche utilizzare entrambi gli approcci, creando un portafoglio gestito in parte attivamente e in parte passivamente.

Vediamo ora come può agire convenientemente un investitore passivo che vuole investire sul mercato azionario, facendo riferimento ai titoli statunitensi, per tutti i motivi indicati in precedenza:
- in primo luogo l'investitore passivo intelligente rinuncerà ad acquistare fondi comuni, fondi pensione, o polizze *unit* o *index linked*, a causa della sottoperformance di tali strumenti rispetto al mercato di riferimento, dovuta a tutte le ragioni ampiamente illustrate. È pur vero che ci sarà qualche fondo in grado di battere l'indice di mercato, ma essendo una tale probabilità molto remota conviene rivolgersi a uno o più ETF a basso costo che investono sull'indice S&P 500.[120] In tal modo

---

[120] Gli ETF sullo S&P 500 sono quotati e facilmente accessibili anche sul mercato borsistico italiano. Per motivi fiscali si deve puntare sui cosiddetti ETF armonizzati (ossia conformi alle direttive europee) che sono quotati nella Borsa italiana. Gli ETF quotati nelle borse statunitensi sono invece non armonizzati. Infatti, mentre sugli ETF armonizzati nel regime del risparmio amministrato vi è la ritenuta al 26% a titolo definitivo effettuata dalla banca, su quelli non armonizzati la ritenuta è a titolo di acconto e i proventi vanno riportati nel Mod. Unico come redditi di capitali e assoggettati a IRPEF ad aliquota marginale (fatto salvo lo scomputo della ritenuta di acconto).

non gli è necessario alcun controllo o manutenzione periodica di portafoglio;
- una scelta razionale sarà realizzare l'investimento gradualmente attraverso la c.d. tecnica del "*dollar cost averaging*", ossia, in parole semplici, investire un ammontare di denaro fisso a intervalli regolari. Ogni mese o trimestre si acquisterà una quantità addizionale a prescindere da dove si trova l'indice di borsa. In tal modo chiaramente si rinuncia a indovinare in che direzione andrà il mercato. Se al momento dell'acquisto il mercato è basso, con la cifra prestabilita si acquisteranno più quote, se il mercato è alto, meno. Un simile pilota automatico ha il vantaggio di evitare di investire troppo denaro quando il mercato è al rialzo e sembra, in apparenza, più promettente (ma di fatto è più pericoloso) e di far investire anche nelle fasi di ribasso, quando vi è maggiore convenienza (anche se sembra che sia più rischioso). Infatti, se è possibile affermare, con una notevole approssimazione, che in un determinato momento il mercato è sottovalutato o sopravvalutato in rapporto agli utili rispetto alla sua media storica, è illusorio prevederne l'andamento futuro ed è impossibile individuare i punti di minimo e di massimo delle quotazioni. Se ciò fosse possibile l'analisi tecnica e/o statistica avrebbe reso rapidamente miliardaria gran parte dei suoi utilizzatori, mentre si è visto che, nella realtà, non è stato assolutamente così;
- investire in ETF sull'indice S&P 500 consente di sfruttare il suo meccanismo di ribilanciamento periodico che espelle automaticamente dal paniere le azioni delle società che non realizzano utili, mantenendo nel tempo l'investimento solo su aziende redditizie.

Essere un investitore passivo nel mercato azionario non richiede sforzo intellettuale, ma molta pazienza e la capacità di tenere a bada le emozioni, senza farsi influenzare dai saliscendi di breve termine. Paradossalmente, l'investitore dovrebbe essere più contento quando il mercato è al ribasso, poiché ciò gli consente di acquistare nuove quote a prezzi più convenienti, nonostante sia psicologicamente frenato dal fare altri acquisti perché vede che il valore del proprio investimento sta diminuendo per la discesa dei prezzi ed è sopraffatto dalla paura di perdere. Al contrario sarà ansioso di acquistare in un mercato al rialzo, per timore di non riuscire ad approfittare della continua crescita delle quotazioni. Come sintetizza Peter Lynch: *"Nella loro storia, le azioni sono state ciclicamente considerate un valido investimento o un pericoloso gioco d'azzardo, di solito con un pessimo tempismo. Le azioni hanno maggiori possibilità di essere accettate come prudenti nel momento in cui non lo sono affatto"*.

A tale proposito vale la pena di richiamare alcuni passaggi della lettera di Warren Buffett, *"Buy American. I Am"*, pubblicata dal New York Times il 16 ottobre 2008, nel pieno della crisi finanziaria mondiale dovuta allo scoppio della bolla immobiliare, dei mutui cartolarizzati e al fallimento della Lehman Brothers, nella quale egli dimostra la sua perfetta razionalità e lucidità nella valutazione del mercato azionario:

"Il mondo finanziario è nella tempesta, sia negli Stati Uniti che all'estero. I suoi problemi, inoltre, si stanno trasferendo sull'economia reale (...) Nel breve termine la disoccupazione salirà, le attività imprenditoriali saranno più incerte e le notizie continueranno a far paura. È per questo che... sto acquistando azioni americane. Lo sto facendo con il mio patrimonio personale, nel quale prima tenevo solo titoli di stato americani (non considero le mie quote della Berkshire Hathaway in quanto sono destinate a scopi filantropici). Se i prezzi continueranno a essere così interessanti, il mio patrimonio extra Berkshire presto sarà investito al 100% in azioni statunitensi.

III) COME INVESTIRE IN TITOLI AZIONARI

Perché lo sto facendo? I miei acquisti si fondano su una semplice regola: sii preoccupato quando gli altri sono avidi e sii avido quando gli altri hanno paura. E sicuramente ora la paura è ampiamente diffusa, persino tra gli investitori più esperti.
Per la verità gli investitori hanno ragione a preoccuparsi di società fortemente indebitate o di aziende in deboli posizioni competitive, ma le preoccupazioni sulla prosperità di lungo termine di molte ottime aziende del paese non ha senso.
Anche queste società subiranno sicuramente oscillazioni negli utili, come del resto è sempre stato, ma la maggior parte di queste aziende segnerà ancora nuovi record negli utili nei prossimi 5, 10 e 20 anni. Fatemi essere chiaro su un punto: io non so prevedere i movimenti di breve termine del mercato azionario. Non ho la più pallida idea se le azioni saranno più alte o più basse tra un mese o tra un anno. Quel che però è probabile è che il mercato si muoverà al rialzo, forse in modo significativo, ben prima di quando si alzerà il sentiment generale sull'economia. (...) In sintesi, le cattive notizie sono il migliore amico dell'investitore. Vi permettono di comperare a prezzo di saldo una fetta del futuro dell'America.
Nel lungo termine le notizie per il mercato azionario saranno positive. Nel ventesimo secolo gli Stati Uniti sono stati coinvolti in due guerre mondiali e in altri costosi e traumatici conflitti militari, la Grande Depressione del 1929, circa dodici recessioni e panici finanziari, shock petroliferi, un'epidemia di influenza spagnola, e le dimissioni di un presidente disonorato. Tuttavia nello stesso periodo il Dow Jones è cresciuto da 66 a 11.497 punti. Potreste pensare che sia stato impossibile per un investitore perdere denaro durante un secolo segnato da guadagni così straordinari. Ma per alcuni invece è stato proprio così. Costoro comprarono azioni quando si sentirono sicuri e vendettero quando le notizie li resero nauseati.

Oggi le persone che detengono liquidità o investimenti di breve termine si sentono sicuri. Non dovrebbero esserlo. Hanno infatti scelto uno dei peggiori investimenti di lungo termine, che non dà praticamente nulla e certamente è destinato a deprezzarsi in potere di acquisto. (...) Le azioni quasi sicuramente forniranno risultati superiori alla liquidità nel prossimo decennio e, probabilmente, anche in maniera sostanziale".

La saggezza di Warren Buffett è illuminante e conferma l'importanza, per l'investitore passivo, di non farsi scoraggiare dalle fluttuazioni del mercato. A onore di cronaca va detto che dalla lettera di Buffett (16.10.2008) al marzo 2009 il mercato continuò a scendere, per poi riprendersi con una crescita ininterrotta negli anni seguenti. In particolare l'indice Dow Jones che il giorno 16.10.2008 quotava 8.979 punti, al 31.12.2015 quotava 17.425 punti, in pratica un raddoppio in circa sette anni al netto dei dividendi. La lettera di Buffett dimostra, ancora una volta, il principio generale secondo cui l'investimento azionario ha senso soltanto con un obiettivo temporale di lungo/lunghissimo periodo.

Sempre a proposito dell'investitore passivo va detto che:
- investendo nell'indice di mercato e non in singole azioni, si ottiene automaticamente la più ampia diversificazione sul mercato azionario;
- nel tempo sono stati effettuati studi e ricerche per consentire a un investitore passivo di battere l'indice di mercato attraverso dei sistemi quantitativi semi-automatici, (il più famoso dei quali negli ultimi anni è quello di Joel Greenblatt, ma che possono essere fatti risalire allo stesso Benjamin Graham), ai quale viene dedicato un apposito paragrafo.

Passando a trattare dell'investitore attivo, costui si trova di fronte all'impresa, apparentemente impossibile, di realizzare un rendimento superiore all'indice di mercato attraverso la selezione di singoli titoli azionari cercando, possibilmente, di applicare i principi del value investing. In prima battuta gli sarebbe richiesto di diventare un analista fondamentale *amatoriale*, per cui dovrebbe avere un elevato livello di specializzazione in campo economico e contabile.

L'analisi fondamentale esamina bilanci e altra documentazione relativi alle società, fornendo alcuni indicatori per valutare, tramite il confronto con altre azioni, se un titolo è sottovalutato o sopravalutato. Esaminare un titolo attraverso l'analisi fondamentale richiede molto tempo e risorse. Per tale motivo un analista individuale non può esaminare l'intero mercato, ma deve necessariamente specializzarsi in uno specifico settore economico o su determinate società, giacché deve destreggiarsi tra notizie, bilanci ufficiali, conference call, operazioni straordinarie, ecc.

Solitamente gli analisti fondamentali lavorano per le banche e per grosse società di gestione fondi, e con le loro scelte riescono a far muovere patrimoni di rilevante entità. Però va detto che i report emessi dalle banche d'affari sui titoli, in molti casi sbagliano le loro previsioni sui prezzi futuri immaginati per le azioni (i c.d. *target price*), in generale, peccando di ottimismo.[121]

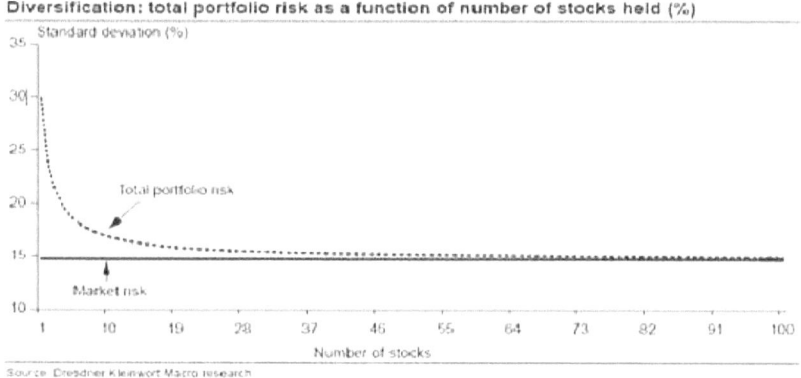

---

[121] Ciò è dovuto in parte alla difficoltà di fare previsioni (v. paragrafo successivo), in parte alla volontà implicita delle banche di compiacere i clienti che commissionano i report.

Inoltre va detto che l'investitore attivo non può scegliere una manciata di titoli, ma deve operare necessariamente una diversificazione del rischio, onde evitare che anche un solo errore commesso possa compromettere il rendimento. In tal modo il suo lavoro di selezione è moltiplicato per il numero di titoli su cui decide di investire. Tradizionalmente si afferma in base ad alcuni studi sul mercato USA che il 95% dei benefici della diversificazione è raggiunto attraverso un portafoglio di 30 azioni, come si evidenzia nel precedente grafico.

Va sottolineato, invece, che la diversificazione in campo azionario è un concetto estraneo al risparmiatore italiano, come evidenziato nel documento di studio del 2004 di Borsa Italiana:[122] *"Investitori retail e Borsa. Secondo rapporto sullo shareholding in Italia"*. In esso si evidenzia come, per un investitore tipico, il portafoglio azionario si componeva prevalentemente di blue chip italiane (ossia le maggiori società del listino di Milano) e contava in genere uno o due titoli, mentre tra i risparmiatori italiani possessori di azioni solo il 4,6%, aveva più di cinque titoli. In un più recente documento di Borsa Italiana del 2012, *"L'investitore retail: un as-*

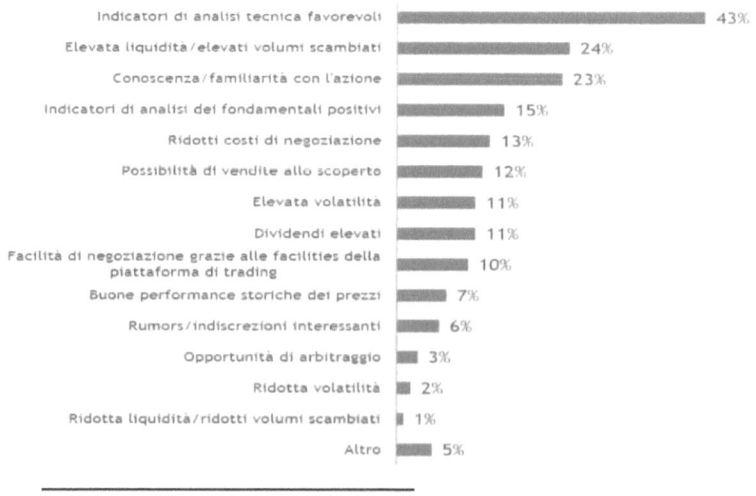

---

[122] Disponibili sul sito www.borsaitaliana.it.

set per il mercato italiano", tra i possessori di azioni individuali risulta un numero medio di 1,4 titoli. È evidente, quindi, come i piccoli risparmiatori italiani non comprendono assolutamente i benefici della diversificazione.

E neppure comprendono i principi del *value investing* in quanto, in base al secondo dei citati documenti di Borsa Italiana, solo il 15% di chi ha acquistato azioni indica i fondamentali della società come criterio di scelta (cfr. grafico – fonte Borsa italiana).

Tuttavia al di là del comportamento dei piccoli risparmiatori, la domanda fondamentale è se per un risparmiatore, che oggi si voglia cimentare come investitore attivo, ci sono delle scorciatoie che permettono di evitare un enorme dispendio di energie e capacità intellettuali. Sembra strano, ma la risposta è sì, a condizione che egli riesca a comprendere i metodi e le strategie che hanno realmente funzionato in passato nel mercato azionario, (poiché hanno fatto guadagnare coloro che le hanno messe in pratica), e soprattutto le basi economiche su cui sono fondate.

7. L'illusione di prevedere il mercato azionario

In primo luogo, nell'approcciarsi all'investimento azionario si deve evitare di cadere nella trappola della speculazione che, come visto, può condurre a risultati disastrosi. Nel gioco della speculazione, infatti, le probabilità sono contro l'investitore individuale. Bisogna distaccarsi dal pensare continuamente all'andamento dei prezzi dei titoli in portafoglio e non prestare attenzione a tutte le previsioni che sono fatte, ogni giorno, sull'andamento futuro dei mercati.

A tale proposito è opportuno richiamare un altro brano preso dal cap. 8 del libro di Graham (T.d.A.):

"*La più realistica distinzione tra un investitore e uno speculatore si trova nella loro attitudine nei con-*

fronti dei movimenti del mercato azionario. L'interesse primario di uno speculatore è di anticipare le fluttuazioni di mercato al fine di poterne approfittare. <u>L'interesse primario dell'investitore sta, invece, nell'acquistare e detenere dei buoni titoli a prezzi convenienti</u>. Per lui, i movimenti di mercato sono importanti per un motivo pratico, poiché creano, alternativamente, prezzi bassi ai quali è saggio acquistare e prezzi alti ai quali evitare di comprare, a cui, anzi, potrebbe probabilmente essere saggio vendere. Non è per niente sicuro che un tipico investitore debba regolarmente aspettare che arrivino bassi livelli di mercato prima di comperare, perché ciò potrebbe comportare una lunga attesa, una quasi certa perdita di reddito [e cioè il reddito dei dividendi N.d.R.], e il possibile costo delle opportunità mancate. In generale, è forse meglio se l'investitore acquisti azioni ogni qualvolta ha denaro a disposizione per questo scopo, tranne quando il livello generale del mercato è molto più alto di quello che può essere giustificato, in base a standard di valore ben fondati. Se vuole essere astuto, può andare in cerca di qualche buon affare, che a livello di singolo titolo non manca mai. Oltre che alla previsione dei movimenti del mercato in generale, Wall Street indirizza grandi sforzi e capacità al compito di selezionare azioni o settori industriali i cui prezzi, in futuro, 'faranno meglio' degli altri in breve tempo. Nonostante sembri trattarsi di uno sforzo del tutto logico, non crediamo sia adatto ai bisogni e al temperamento di un vero investitore – in considerazione soprattutto del fatto che si troverebbe in competizione con un gran numero di trader e di analisti finanziari di prim'ordine, che provano a fare la stessa cosa. Come in tutte le altre occupazioni, che si fondano in primo luogo sui movimenti di prezzo e solo in subordine sono sensibili al sottostante valore, il lavoro di molte persone intelligenti costantemente applicato a questo genere di attività tende a neutralizzarsi da sé e a diventare, negli anni, controproducente.

III) COME INVESTIRE IN TITOLI AZIONARI

L'investitore con un portafoglio di solide azioni deve aspettarsi che i loro prezzi siano soggetti a fluttuazioni e non dovrebbe né preoccuparsi di sensibili cali né eccitarsi per un consistente rialzo. Dovrebbe sempre ricordare che le quotazioni di mercato sono lì per la sua convenienza, in modo da poter essere sfruttate o ignorate. Non dovrebbe mai comperare un'azione perché il prezzo è salito o venderla perché è sceso".

In sintesi, Graham afferma che l'interesse dell'investitore sta nel comprare buoni titoli a prezzi convenienti e mantenerli in portafoglio, guardando al valore e non al prezzo delle azioni, e lasciando stare le previsioni sul prezzo futuro dei titoli. L'approccio fondamentale di Graham, e ancor più di Buffett, richiede di concentrarsi sulle aziende e di ignorare del tutto il bombardamento quotidiano di previsioni sulla direzione del mercato e sull'economia in generale.

I veri guru della finanza, come Buffett, non fanno affidamento sulla illusoria capacità di prevedere dove andrà il mercato azionario nei prossimi mesi o nel prossimo anno, confermando la massima del leggendario filosofo cinese Lao Tsu, secondo cui: *"Chi sa, non fa previsioni. Chi fa previsioni, non sa"*. Paradossalmente, invece, nel campo finanziario tutti i giorni sono rese pubbliche enormi quantità di articoli, ricerche e report, che analizzano e tentano di prevedere il futuro andamento di un'azione o del mercato.

Purtroppo l'analisi a posteriori dell'accuratezza delle previsioni finanziarie dimostra la loro fallacia, anche se compiute da analisti esperti che dispongono di grandi mezzi. Il motivo di tale inaffidabilità è spiegato da Nicholas Nassim Taleb, che nel suo famoso libro *Il cigno nero* intitola un capitolo: *"Lo scandalo della previsione"*. Di esso si riporta un breve brano:[123] *"I venditori di dati vi permettono di dare uno sguardo alle previsioni elaborate da 'eminenti economisti' gente (in*

---

[123] *Il cigno nero* (il Saggiatore) pag. 164-165.

giacca e cravatta) che lavora per istituzioni prestigiose quali J.P. Morgan o Morgan Stanley. Potete osservarli mentre parlano e teorizzano con fare eloquente e convincente. La maggior parte di loro guadagna cifre a sei zeri, sono considerati delle star e hanno squadre di ricercatori che masticano numeri e proiezioni. Ma queste star sono abbastanza stupide da pubblicare i dati delle proprie previsioni e da lasciare che la posterità li osservi e valuti il loro grado di competenza (...) Il problema della previsione è un po' più sottile. Deriva principalmente dal fatto che (...) gli esperti di previsioni sono in grado di prevedere l'ordinario ma non l'irregolare, ed è qui che alla fine falliscono. (...) E tali errori dipendono molto dalle grandi sorprese, dalle grandi opportunità. Gli esperti di previsioni economiche, finanziarie e politiche non le vedono e si vergognano di dire cose bizzarre ai loro clienti. Eppure gli eventi sono quasi sempre bizzarri".

Molto prima del libro di Taleb, lo stesso concetto era molto chiaro a Buffett, che nella lettera agli azionisti della Berkshire del 1994 (T.d.A.), afferma: *"Continueremo a ignorare le previsioni politiche ed economiche, che sono una costosa distrazione per molti investitori e uomini d'affari. Trent'anni fa nessuno avrebbe potuto prevedere l'enorme espansione della guerra in Vietnam, i controlli dei prezzi e dei salari, i due shock petroliferi, le dimissioni di un presidente, la dissoluzione dell'Unione Sovietica, il crollo del Dow di 508 punti in un giorno, o le fluttuazioni dei rendimenti dei titoli del Tesoro a breve dal 2,8% al 17,4%. (...)*

Una serie diversa di grandi shock accadrà di sicuro anche nel corso dei prossimi 30 anni. E non cercheremo né di preverderli né di approfittarne. <u>Se riusciremo a identificare aziende simili a quelle che abbiamo acquistato in passato, le sorprese esterne avranno pochi effetti sui nostri risultati di lungo termine</u>".

III) COME INVESTIRE IN TITOLI AZIONARI

8. Che cosa ha funzionato nel mercato?

Come visto sopra, l'investitore attivo deve capire se vi sono strategie che in passato hanno consentito di guadagnare dall'investimento nel mercato azionario nel lungo termine, ossia di fare in maniera che le probabilità di rendimento siano a suo favore e rimangano tali nel tempo. Investire, si ripete, è un'attività probabilistica come il gioco d'azzardo e, per aumentare notevolmente le possibilità di guadagno, si deve guardare a chi in passato ha avuto successo nel corso di lunghi periodi di tempo e cercare di imparare da loro. Coloro che hanno avuto i migliori risultati nelle attività fondate sulla probabilità tendono ad avere un approccio simile, che si basa sui seguenti principi:
- focalizzazione sul processo piuttosto che sul risultato;
- una costante ricerca delle probabilità favorevoli;
- la comprensione del ruolo del tempo.

Concentrarsi sul processo è necessario perché, in tutte le attività probabilistiche, buone decisioni periodicamente provocano esiti negativi, anche se la probabilità di un esito positivo è molto più alta. Se il processo d'investimento è ottimale (ossia con un'alta probabilità di successo) i buoni risultati saranno meritati e i cattivi risultati saranno dovuti alla sfortuna. Se, invece, si utilizza un processo d'investimento cattivo (con una bassa probabilità di successo) un buon risultato sarà causato dalla fortuna cieca e un cattivo risultato sarà quello meritato. La ricerca delle probabilità favorevoli richiede di investire solo quando la probabilità di successo è a proprio vantaggio, in tal modo si aumenta sostanzialmente la possibilità di raggiungere un esito positivo.

Per quanto riguarda il tempo, va evidenziato che la chiave per vincere in attività probabilistiche è quella di insistere per lunghi periodi. Infatti, anche se in un gioco c'è la possibilità del 90% di vincere ogni volta, non significa che di fatto si vincerà in ogni tentativo. Ma si ha, comunque, la certezza di vincere a lungo termine. Se si prendono le decisioni giuste, i risultati arriveranno nel lungo periodo. Quando sono concentrati su rendimenti mensili e trimestrali, pochissimi investitori o gestori di fondi si prendono il tempo necessario per sviluppare e mantenere investimenti che portano a risultati positivi a lungo termine. Questo può essere visto nel comportamento dei portafogli dei fondi comuni che oggi hanno un indice di rotazione superiore al 100% annuo. Conseguentemente corrono il rischio di abbandonare strategie vincenti solo perché non hanno funzionato nel breve periodo. Ne deriva che gli investitori con una strategia di investimento di provata efficacia e un orientamento a lungo termine hanno un enorme vantaggio rispetto ai trader e ai gestori di fondi che sono, invece, orientati al breve termine e alle performance trimestrali.

In merito al successo delle strategie d'investimento è interessante la ricerca "*What has worked in investing*", realizzata nel 1992 dalla società Tweedy, Browne Company LLC. Essa fornisce evidenza empirica all'efficacia dei principi d'investimento del value investing descritti da Benjamin Graham. In particolare,[124] si evidenzia l'efficacia di una strategia che prevedeva l'acquisto di azioni di società che mostravano un earnings yield (ossia il reciproco del rapporto price/earnings) pari almeno al doppio del tasso sulle obbligazioni con rating AAA, e un debito totale della società (a breve e lungo termine) inferiore al capitale proprio. I titoli acquistati in tal modo sarebbero dovuto essere venduti dopo due anni, o dopo una crescita del 50% rispetto al prezzo iniziale di acquisto, se ciò si fosse verificato prima del biennio. Un investitore che avesse seguito il criterio di Graham's dal 1974 al 1980

---

[124] Cfr. pag. 26 della ricerca, consultabile all'indirizzo: https://www8.gsb.columbia.edu/sites/valueinvesting/files/files/what_has_worked_all.pdf

III) COME INVESTIRE IN TITOLI AZIONARI

avrebbe realizzato un rendimento annuale del 38% rispetto al 14% ottenuto dal mercato nello stesso periodo.

Che l'applicazione sistematica della logica di Graham prima, e di Buffett poi, possa consentire di *battere il mercato* è confermata dal seguente grafico. In esso si vede come, tra gli investitori che hanno fatto meglio del mercato per periodi di tempo più o meno lunghi so-

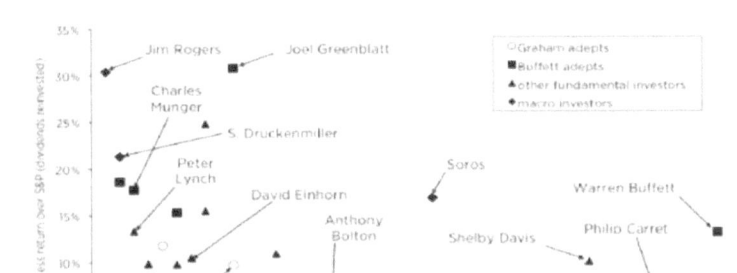

Figure 1: Approximate excess returns versus the S&P 500 Index (with dividends reinvested) of top investors

no prevalenti i seguaci degli stili di investimento di Graham e Buffett, e in generale gli investitori che basano il loro approccio sui fondamentali delle aziende (redditività, indebitamento, crescita, patrimonio netto, ecc.) comparando il prezzo con il valore (fonte www.valuewalk.com). Il grafico mostra la percentuale di rendimento ottenuta in più, rispetto all'indice S&P 500, e il numero di anni in cui è stata mantenuta.

È curioso osservare come uno stile analogamente basato sui fondamentali, orientato sul valore delle aziende, e non sulle previsioni economiche, fu adottato nei suoi investimenti dal più famoso e influente economista del XX secolo, John Maynard Keynes,[125] che

---

[125] I risultati di Keynes come investitore sono stati esaminati a fondo in una ricerca dell'Università di Cambridge e della London Business school pubblicata nel

dal 1924 al 1946 gestì il fondo di investimento del King's College dell'Università di Cambridge (*Chest Fund*). Keynes incominciò la sua attività di investitore con l'intenzione di approfittare della sua ampia conoscenza dei cicli economici, entrando e uscendo dal mercato.

I risultati nei primi anni non furono brillanti e addirittura inferiori alla media del mercato. Inoltre, non aveva anticipato il crollo del 1929, durante il quale aveva oltre l'80% del portafoglio investito, dimostrando come, nonostante le sue grandissime capacità e le informazioni di cui disponeva all'epoca, sia difficile per chiunque prevedere l'andamento dei mercati. Dal 1932 cambiò radicalmente approccio, preferendo investimenti in singole aziende. Le imprese quotate avevano bilanci che poteva studiare e vendevano beni e servizi che poteva valutare oggettivamente, diventando così un investitore a lungo termine in titoli selezionati in base ai fondamentali. In particolare nel 1938 Keynes scrisse in merito alla strategia di portafoglio che aveva in mente, proponendo:

- un'accurata selezione di un limitato numero di azioni, avendo riguardo al prezzo in relazione al loro valore intrinseco probabile attuale e potenziale nel corso degli anni e rispetto a investimenti alternativi;
- il loro mantenimento nel tempo, anche per parecchi anni fino a che non hanno dimostrato il loro potenziale o risulta evidente l'errore commesso al momento del loro acquisto.

La strategia d'investimento utilizzata da Keynes negli ultimi anni della sua vita è, in molti aspetti, simile a quella che ha in seguito adottato Warren Buffett, basandosi sui concetti del value investing e del "*long term investing*". Del resto, nella sua opera principale *The General Theory of Employment, Interest, and*

2012 (autori David Chambers, Elroy Dimson, and Justin Foo).

III) COME INVESTIRE IN TITOLI AZIONARI

Money (1936), dà una definizione in tal senso dell'investimento rispetto alla speculazione, affermando che: *"L'investimento consiste nel prevedere il rendimento durante la vita dell'attività finanziaria, mentre la speculazione è l'attività di prevedere la psicologia del mercato"*. In altre parole, la differenza tra l'investitore e lo speculatore sta nel fatto che il primo, anteriormente all'acquisto, calcola il valore del proprio investimento rispetto al prezzo di mercato. Lo speculatore (trader), invece, nella maggior parte dei casi scommette che un titolo salirà perché ci sarà qualcuno che è disposto a pagarlo di più. Seguendo il suo stile d'investimento *fondamentale*, i rendimenti di Keynes furono notevoli in quanto, sotto la sua gestione, il fondo crebbe a un tasso composto del 12% annuo. Tale risultato è da considerarsi eccezionale per i seguenti motivi:
- la performance è stata ottenuta durante un periodo in cui vi sono stati sia il crack del 1929 sia la seconda guerra mondiale, eventi disastrosi per le azioni britanniche;
- nel medesimo periodo, il mercato azionario inglese ha perso il 15 per cento;
- i dividendi del fondo non sono stati reinvestiti ma spesi per il college.

La performance del fondo di Keynes dal 1927 al 1946 è mostrata nella tabella che segue.

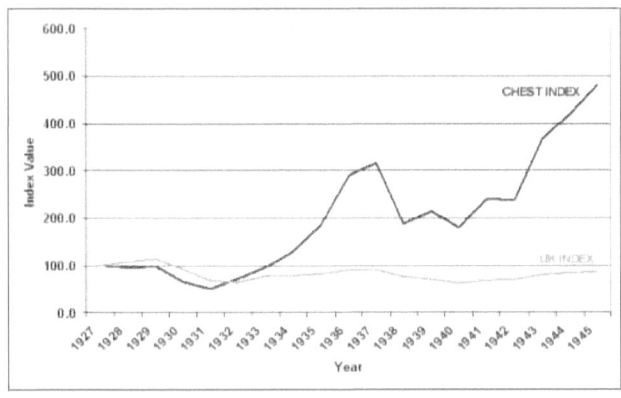

Ritornando a Warren Buffett, va detto che su di lui sono stati scritti molti libri, ma è particolarmente interessante richiamare uno studio accademico che risale al 2013,[126] intitolato *Buffett's Alpha*, che ha trattato in termini statistico/matematici le caratteristiche di investimento di Buffett. A pag. 25-26 del documento si afferma che (T.d.A.): "*In sostanza, si scopre che il segreto del successo di Buffett è la sua preferenza per azioni convenienti e di alta qualità, in combinazione con il suo uso costante della leva finanziaria per aumentare i rendimenti, e la sopravvivenza ai cali delle quotazioni in termini assoluti e relativi. Infatti, abbiamo verificato che le azioni con le caratteristiche favorite da Buffett hanno fatto bene, in generale, e che Buffett applica una leva finanziaria* [indebitamento N.d.R.] *di circa 1,6 (...) I nostri risultati suggeriscono che il successo di Buffett non è dovuto alla fortuna o del caso, ma è la ricompensa per un avere attuato con successo un'esposizione a fattori che storicamente hanno prodotto rendimenti elevati. Allo stesso tempo, il successo di Buffett mostra che i rendimenti elevati di questi fattori non sono solo 'ritorni sulla carta', ma questi rendimenti hanno potuto essere realizzati nel mondo reale*".

In sintesi i risultati di Buffett derivano da quattro elementi:
- ✓ l'acquisto di azioni di elevata qualità;
- ✓ azioni che sono state comprate nel momento in cui erano sufficientemente convenienti (con un rapporto P/E non caro);
- ✓ l'uso di una moderata leva finanziaria per aumentare i rendimenti;
- ✓ mantenere le azioni durante i cali di mercato avendo fiducia nella sua strategia.

È interessante notare che la maggior parte di queste caratteristiche sono replicabili da parte dei singoli investitori. Chiunque può acquistare sul mercato le azio-

---

[126] Gli autori sono Andrea Frazzini, David Kabiller, and Lasse Heje Pedersen.

III) COME INVESTIRE IN TITOLI AZIONARI 157

ni di aziende di elevata qualità, mentre sono scambiate a prezzo scontato, e chiunque le può tenere in portafoglio durante i cali. L'unico fattore di differenziazione che separa Buffett è il suo accesso alla leva a buon mercato che i singoli investitori non possono utilizzare.[127] Vi è, inoltre, la possibilità per Buffett di rilevare intere aziende, e non solo quote, che è preclusa al normale investitore.

9. Da Graham a Buffett (dal value investing al long term investing)

Nei precedenti paragrafi è stato spiegato che la maggior parte dei grandi investitori ha realizzato rendimenti superiori al mercato sfruttando le differenze tra il prezzo di mercato e il valore dei titoli azionari. Warren Buffett, in particolare, ha realizzato rendimenti superiori al mercato acquistando azioni di qualità a prezzi convenienti. In questo paragrafo e nei successivi viene chiarito il significato che deve essere attribuito a tali espressioni.

Il *"value investing"* era utilizzato da Ben Graham soprattutto allo scopo di individuare azioni convenienti, a prescindere dalla qualità dell'azienda sottostante. Il margine di sicurezza consisteva nell'estrema sottovalutazione dei titoli. A Graham interessava che la società quotasse meno del valore delle sue attività liquide o liquidabili (in pratica è come pagare 50 centesimi un biglietto da un dollaro), o mostrasse un P/E estremamente basso. Egli era intenzionato a vendere le azioni dopo che il loro prezzo fosse risalito del 50%, o fossero trascorsi due anni senza che ciò fosse accaduto. Ciò richiedeva la necessità di selezionare, ogni volta, nuovi titoli per reinvestire le somme ricavate dalle cessioni, oltre a costruire un portafoglio molto diversificato, in

---

[127] La leva deriva dall'attività assicurativa svolta dalla Berkshire.

quanto alcune delle società sottovalutate sarebbero fallite a causa del peggiorare dello loro difficoltà.

Tuttavia Buffett, che aveva incominciato la sua attività d'investimento seguendo la metodologia di Graham, ossia comprando azioni di aziende sottovalutate e vendendole dopo poco tempo, si accorse che alcune società continuavano ad aumentare il loro valore nel corso degli anni. Inoltre, fu notevolmente colpito dal libro *Common Stocks and Uncommon Profits* (Azioni ordinarie e profitti straordinari) scritto nel 1958 da Philip Fisher, un analista finanziario poco conosciuto fino allora, nel quale si diceva che <u>se un'azione era stata selezionata bene all'atto dell'acquisto, il momento migliore per venderla non sarebbe arrivato *mai*, o quasi</u>. Il libro di Fisher andava al di là di una metodologia di stima fondata solo sui bilanci, ma valutava anche la gestione e i fondamentali della società e del suo business. Nel corso degli anni Buffett ha avvicinato sempre più il suo stile d'investimento a quello di Fisher, affermando: *"Io sono l'85 per cento Graham e per il 15 per cento Fisher"*.

La caratteristica fondamentale di tali società *super* su cui investire è la presenza di un vantaggio competitivo durevole, detto anche "*moat*",[128] che permette di temere poco la concorrenza e fa sì che gli utili, e conseguentemente il valore dell'azienda, continuino a crescere anno dopo anno. In tal caso l'investimento deve essere conservato per più tempo possibile, in modo da consentire ai profitti di accumularsi e alle quotazioni di aumentare. Inoltre, tali azioni, grazie alla presenza del vantaggio competitivo, hanno anche un minor rischio per l'investitore, giacché difficilmente i cali delle loro quotazioni sono permanenti. Infine, ugualmente importante è che mantenere le azioni evita la necessità di vendere e di trovare nuovi titoli da acquistare. Afferma Buffett: *"Tutto ciò che serve, è investire è in buo-*

---

[128] Il termine "*moat*" si riferisce al fossato che circondava i castelli medioevali, che corrisponde al vantaggio competitivo che protegge l'azienda.

III) COME INVESTIRE IN TITOLI AZIONARI

ne azioni al momento giusto e stare con loro il più a lungo possibile, finché rimangono buone aziende".

Investire in titoli di aziende con vantaggi competitivi durevoli, che per questo sono caratterizzate da una crescita degli utili per azione nel corso degli anni, produce un *effetto valanga* sul portafoglio dell'investitore. Si tratta di un'analogia per avere un'idea visiva dell'interesse composto. Immaginate il conto titoli come una piccola palla di neve in cima a una collina. Si dà alla palla una spinta (ossia si investe del denaro) e questa rotola giù per la collina e diventa sempre più grande, perché imbarca altra neve anno dopo anno (dividendi e utili non distribuiti). Rappresentandolo in altro modo, investire nel lungo termine in una società con utili per azione crescenti, sarebbe come acquistare un fabbricato i cui piani aumentano nel tempo. Immaginiamo cioè che in dieci anni una palazzina cresca da uno solo a tre piani. È evidente che, anche se il mercato è al ribasso, sarà difficile che la si debba vendere a meno di quanto la si è acquistata.

È rilevante osservare che, nella postfazione alla fine del libro *The intelligent investor,*[129] anche Graham implicitamente ammette la superiorità del *"long term investing"* presente nell'idea di Buffett e Fischer. Egli ricorda, infatti, di aver destinato all'acquisto (nel 1948) di una partecipazione del 50% in una sola azienda (una compagnia di assicurazioni, la GEICO) un quinto dei fondi della propria società di investimento. Tale azienda aveva fatto talmente bene che nel 1971 il prezzo si era moltiplicato per 200 volte rispetto alla spesa iniziale. Nonostante la crescita del prezzo negli anni consigliasse di vendere, lui e i suoi soci non lo avevano fatto considerandola una sorta di *impresa di famiglia*. E ciò gli ha consentito di accumulare milioni di dollari. Ironicamente, osserva Graham, i profitti di tale singola decisione d'investimento sono stati ampiamente supe-

---

[129] Pag. 532-533 dell'edizione 2003.

riori alla somma di tutti gli altri conseguiti in vent'anni di attività, con tante operazioni su titoli che hanno reso necessarie moltissime ricerche, valutazioni e decisioni accuratamente ponderate.

In effetti, pur se "*value investing*" e "*long term investing*" sono diversi, poiché il primo cerca di comprare a forte sconto azioni di media qualità per venderle quando si saranno apprezzate (e ripetere tale processo di compravendita nel tempo, cercando sempre nuove opportunità), mentre il secondo cerca azioni di ottime società da comprare a prezzi equi e mantenere nel lungo termine, il loro obiettivo è lo stesso: provare ad acquistare qualcosa per meno di ciò che vale realmente. Entrambe le strategie si fondano sul famoso *margine di sicurezza*, che è il concetto più importante nel campo dell'investimento.

Oltre alla sua notevole efficacia, dimostrata dai rendimenti storici di Warren Buffett e di molti altri investitori, ci sono altre importanti ragioni per agire come un investitore a lungo termine, in quanto tale strategia:
- riduce le spese e le tasse;
- richiede meno tempo rispetto al "*value investing*" classico e, ovviamente, al trading, ottenendo mediamente risultati migliori.

Difatti, ogni volta che si acquista o si vende un titolo, s'incorre in costi in termini di commissioni, ma cosa più importante è che mantenere un titolo a tempo indeterminato riduce le tasse. Quando si tiene in portafoglio senza venderla un'azione, sulla quale si è maturata una plusvalenza, di fatto si permette alla parte della plusvalenza da pagare in tasse (il 26% in Italia) di rimanere investita e continuare a incrementare il valore del portafoglio. La capitalizzazione composta delle somme che sarebbero state pagate a titolo d'imposta sulle plusvalenze ha un potente effetto sugli investimenti nel lungo termine.[130]

Investire a lungo termine richiede, poi, meno tempo. Il lavoro è in buona parte finito nel momento in cui sono acquistate delle azioni di società con un vantaggio competitivo durevole, che si ritiene rimarranno tali a tempo indeterminato. Quello che si deve fare dopo è controllare periodicamente, in occasione della pubblicazione delle relazioni finanziarie trimestrali,[131] che la società stia ragionevolmente continuando sul suo sentiero di crescita. In questo modo non è necessario trovare ogni giorno o ogni mese altri investimenti di qualità, poiché il denaro investito continuerà a crescere a interesse composto e, per tale motivo, vi sono notevoli benefici in termini di riduzione dello stress.

Non bisogna, però, cadere nell'errore di ritenere che l'investimento a lungo termine sia veramente facile. Soprattutto perché è psicologicamente difficile mantenere un'azione quando il suo prezzo scende, anche se si tratta di un'azienda di qualità. Ciò richiede una vera determinazione, anche perché la liquidità del mercato azionario rende semplicissimo vendere azioni. Ma solo perché *si può*, non significa che *si dovrebbe*.

Il grande successo degli investitori che hanno avuto una prospettiva di lungo periodo conferisce credibilità all'idea di investire a lungo termine. Quando ci si avvicina all'investimento azionario come se non si dovesse mai vendere, ci si costringe a essere molto selettivi nello scegliere le aziende su cui si investirà. Impegnare

---

[130] Per fare un esempio su ciò che significa mantenere i titoli a lungo termine, Warren Buffett possiede le azioni dell'American Express da oltre 50 anni.

[131] Le leggi federali americane impongono alle società quotate, tranne quelle più piccole, di pubblicare dei rendiconti finanziari in cui devono essere fornite agli investitori importanti informazioni su affari, condizioni finanziarie e gestione della società. I rendiconti finanziari sono standardizzati, quelli trimestrali sono trasmessi sul Modulo 10-Q, quelli annuali sul Modulo 10-K. Anche in Italia, per le società quotate, sono previsti i rendiconti trimestrali, la cui obbligatorietà è stata recentemente abolita con il Decreto legislativo 15 febbraio 2016, n. 25, lasciando il rendiconto semestrale e il bilancio annuale.

denaro a lungo termine pone i riflettori su ciò che conta davvero, ossia le prospettive e il vantaggio competitivo del business.

Nonostante ciò, oggi come ieri, la gran parte dei giornali e dei siti finanziari tratta pochissimo dell'importanza di investire nel lungo termine in titoli azionari, perché questo non genera proventi per il settore finanziario (commissioni di trading e di gestione) che paga le inserzioni pubblicitarie, e perché l'investimento a lungo termine non colpisce la fantasia e l'interesse del pubblico. Investire per molti anni richiede invece convinzione, perseveranza e la capacità di resistere a non fare nulla, quando gli altri muovono attivamente i loro portafogli.

Per comportarsi in tal modo può essere utile pensare come il proprietario di un'azienda, non come un'azionista. Occorre immaginare come se comprassimo il 100% di ogni azienda quasi che fosse un'attività di famiglia, e non le singole azioni. Adottando questo schema mentale si pensa in termini più ampi, non ai prezzi di mercato, ma alla posizione competitiva della società, alla permanenza delle sue aspettative di lungo termine. Ragionare in questo modo consente di mantenere uno schema mentale che aiuta a essere pazienti e disciplinati di fronte al mercato azionario, caratteristiche che mancano alla maggior parte dei risparmiatori.

10. Le caratteristiche delle aziende su cui investire nel lungo termine (il ROIC, l'Owner's earning, il free cash flow)

Si è detto che i titoli con forti vantaggi competitivi offrono ai singoli investitori il miglior mix a disposizione tra crescita e stabilità. La strategia d'investimento a lungo termine si può dividere quattro fasi:
1. identificare le aziende con forti vantaggi competitivi;

2. accertarsi che i vantaggi competitivi siano durevoli;
3. comprare le azioni di dette aziende quando quotano a un prezzo equo, o meglio a sconto;
4. mantenerle nel lungo periodo.

Seguire un tale processo, riduce notevolmente il campo dei titoli azionari tra i quali l'investitore deve scegliere. In particolare occorre cercare le imprese che:
- producono elevati rendimenti sul capitale;
- riescono a investire una considerevole parte dei loro utili a detti tassi di rendimento sul capitale;
- producono free cash flow di importo elevato;
- sono gestite da ottimi management, che destinano l'eccesso di mezzi finanziari prodotti dalla società in modo da creare valore per gli azionisti.

Rendimento sul capitale

Buffett, nella sua lettera agli azionisti Berkshire sul bilancio 1987,[132] chiarisce le caratteristiche che deve avere un'azienda con vantaggio competitivo durevole, ossia la prevedibilità e la stabilità nel suo modello d'impresa e un elevato ritorno sul capitale investito.[133]

Commentando gli utili delle aziende partecipate dalla Berkshire, afferma (T.d.A.): "*Di per sé, questa cifra non dice nulla circa la performance economica. Per valutare quest'ultima, dobbiamo sapere quanto capitale totale - debito e capitale proprio - è stato necessario per produrre quei guadagni. L'esperienza, tuttavia, indica che i migliori rendimenti* [sul capitale N.d.R.] *del business generalmente si ottengono dalle aziende che stanno facendo oggi qualcosa di molto simile a quello che facevano cinque o dieci anni fa. Questo non è un argomento per l'autocompiacimento gestionale. Le aziende hanno*

---

[132] http://www.berkshirehathaway.com/letters/1987.html.

[133] Il rendimento sul capitale investito di un'azienda è rappresentato in percentuale nell'indice ROIC (v. spiegazioni alle pagine seguenti).

sempre la possibilità di migliorare il servizio, le linee di prodotto, le tecniche di produzione e simili, e, ovviamente, tali opportunità dovrebbero essere colte. Ma un'azienda che va incontro costantemente a grandi cambiamenti, va incontro anche a molte possibilità di commettere gravi errori. Inoltre, il terreno economico che è sempre scosso violentemente, è un suolo su cui è difficile costruire un business con un marchio riconoscibile (business franchise) che sia come una fortezza. Un tale marchio è di solito la chiave per rendimenti elevati e durevoli.

(...) Ecco un punto di riferimento [per scegliere N.d.R.]: *nella sua Guida per gli investitori del 1988, la rivista Fortune ha riportato che tra le 500 più grandi aziende industriali e le 500 più grandi società di servizi, solo sei avevano in media un rendimento del capitale proprio[134] di oltre il 30% nel corso del decennio precedente. (...) Lo studio di Fortune (...) sostiene il nostro punto di vista. Solo 25 delle 1.000 aziende superano due test di eccellenza economica, un rendimento medio del capitale proprio di oltre il 20% nei dieci anni dal 1977 al 1986, e nessun anno inferiore al 15%. Queste aziende superstar sono state anche superstar del mercato azionario: durante i dieci anni, 24 su 25 hanno sovraperformato l'indice* S&P 500.

I campioni di Fortune potrebbero sorprendervi sotto due aspetti. In primo luogo, la maggior parte utilizza un ridotto effetto leva (indebitamento) rispetto alla loro capacità di pagare interessi. Infatti, una buona azienda di solito non ha bisogno di prendere denaro in prestito. In secondo luogo, a eccezione di una società che è 'high-tech' e diverse altre che producono farmaci, le aziende operano in settori che, a conti fatti, sembrano piuttosto banali. La maggior parte non vende prodotti e servizi di grande fascino, più o meno allo stesso modo in cui

---

[134] Il rendimento sul capitale proprio di un'azienda è rappresentato percentualmente dall'indice ROE (v. spiegazioni alle pagine seguenti).

facevano dieci anni fa (anche se ora lo fanno in quantità maggiori, o a prezzi più alti, o entrambe le cose). Il record di queste 25 aziende conferma che aumentare la produzione di un marchio commerciale già forte, o concentrarsi su un unico tema di business vincente, è quello che comunemente produce risultati economici eccezionali."

Il vero significato di ciò che dice Buffett è che il progresso porta, inevitabilmente, verso cambiamenti del mercato. I vecchi modelli di business soccombono di fronte ai nuovi modelli di successo. Non tutti i settori, però, sono creati uguali. Ci sono alcune industrie che cambiano molto più lentamente rispetto ad altre e, per tale motivo, sono più adatte per l'investimento a lungo termine, come l'intero settore beni di consumo. Alimenti e bevande, in particolare, sono in grado di mantenere i loro vantaggi competitivi quasi all'infinito. Investire in aziende di settori a lento cambiamento costituisce un beneficio grazie al quale è possibile sedersi e guardare l'investimento crescere nel tempo, senza far nulla. Aziende eccellenti nelle industrie che cambiano lentamente possono continuare ad accrescere la ricchezza dell'investitore per interi decenni.

Il rendimento sul capitale è, normalmente, espresso in percentuale dalle formule del ROE e ROIC. Più alto è il rendimento sul capitale, maggiore è il vantaggio competitivo dell'azienda, a parità di durata di quest'ultimo. In altre parole, tali parametri rappresentano l'espressione numerica del vantaggio competitivo di una società.

Il ROE (*return on equity*) è il rendimento percentuale sul capitale netto dell'azienda, ottenuto dividendo l'utile netto dell'anno per il patrimonio netto (somma del capitale e delle riserve di bilancio). In pratica, corrisponde a quanto l'azienda riesce a guadagnare al netto di tutti i costi sull'investimento del proprio capitale.

Il ROIC (*return on invested capital*) è il rendimento percentuale sul capitale investito nell'azienda (patrimonio netto + debiti di finanziamento),[135] ottenuto dividendo l'utile operativo (corrispondente all'utile al lordo degli interessi pagati sui finanziamenti e delle imposte sul reddito) per il valore del capitale investito, calcolato come detto. Tale misura di rendimento sul capitale è preferita da molti, rispetto al ROE, perché quest'ultimo non tiene conto del livello d'indebitamento della società (ossia del capitale preso a prestito e investito).

In effetti, quando s'investe in un'azione nel lungo termine, scegliere l'azienda giusta (capace di generare e reinvestire a un altro ROIC) è molto più importante che scegliere il multiplo giusto (un basso P/E). Infatti, produrre un rendimento sul capitale superiore alla media è cruciale per accrescere il valore dell'impresa.

Per capire i vantaggi di un alto ROIC è sufficiente presentare un esempio relativo a due ipotetiche imprese A e B. L'impresa A produce un ROIC del 20% e riesce a reinvestire il 100% dei suoi utili, l'impresa B produce invece un ROIC del 10%, reinvestendo sempre il 100% dei suoi utili.[136] Tutte e due all'inizio hanno un utile per azione (EPS) di 1 dollaro e non pagano dividendi. Ipotizzando una valutazione di mercato per entrambe con un P/E di 20, ambedue avrebbero un prezzo sul mercato azionario di $ 20 per azione.

La matematica ci dice che se un'impresa ha un ROIC del 20% e reinveste il 100% dei propri utili, gli utili aumenteranno del 20% composto nel corso degli anni e anche il valore intrinseco dell'azienda tenderà ad aumentare al tasso del 20%. Infatti, dopo 15 anni, reinvestendo costantemente a un rendimento del 20% il 100% degli utili, si avrebbe un utile annuo per azione di $ 15,41. Ipotizzando che il P/E di 20 si mantenga in-

---

[135] Sono esclusi i debiti commerciali.

[136] In questo esempio semplificato investendo solo gli utili non distribuiti (quindi senza presenza di debito) il ROIC coincide con il ROE. Nella realtà, anche le imposte hanno un effetto distorsivo sul ROE rispetto al ROIC, ma non si ritiene opportuno affrontare l'argomento in questa sede.

variato, il prezzo di mercato dell'azione, alla fine dei 15 anni, sarà di € 308,00. L'utile dell'impresa B, che ottiene un ROIC del 10%, dopo 15 anni sarà di $ 4,18. Mantenendo il P/E sempre a 20,[137] la valutazione finale di mercato sarà di € 83,54.

In pratica, mentre il valore dell'investimento iniziale nell'azione di A in 15 anni si è moltiplicato per 15 (ossia 15x), nell'azienda B si è soltanto quadruplicato (4x). Inoltre, dopo 15 anni, se l'investitore si trovasse in una situazione di mercato molto depresso con il P/E finale, che, per ipotesi, diventasse di 10 (ipotesi estremamente pessimistica), il prezzo finale delle due azioni sarebbe la metà: quello di A pari a € 154,00, mentre quello di B a € 41,77.

Ipotizzando invece che, oltre al P/E che si dimezza a 10, il ROIC scenda per entrambe del 5% (riducendosi al 15% per A e al 5% per B), il prezzo dell'azione A sarebbe di € 81,37, mentre quello di B sarebbe di € 20,79. In pratica, dopo 15 anni, chi ha comprato l'azione A sarebbe comunque in guadagno del 300%, nonostante un pessimo andamento dei mercati, mentre chi ha comprato la B sarebbe pressoché in pari. E sarebbe sempre in vantaggio chi ha comprato la A, anche se l'acquirente della B avesse comprato inizialmente a $ 10 anziché a $ 20 (cioè approfittando per la B di un P/E di 10, dimezzato rispetto al 20 della A). In tal caso, infatti, A avrebbe guadagnato sempre il 300% a fronte di un guadagno del 100% in B.

Quindi, grazie al ROIC più alto, il *margine di sicurezza* che esiste nell'investire nell'azienda A è molto superiore a quello che esiste per l'azienda B, sia in caso di ribassi dei mercati, sia in caso di riduzione della crescita. Comprare un titolo azionario semplicemente perché ha un basso P/E espone, pertanto, al rischio di investire in cattive aziende, poiché la maggior parte della per-

---

[137] Il P/E dell'azienda A dovrebbe essere maggiore, in quanto è capace di un tasso di crescita superiore.

formance di un titolo nel lungo periodo deriva, infatti, dalla crescita dell'utile per azione, e molto meno da dall'espansione del multiplo P/E.

In definitiva, la matematica ci dice che, <u>se trovi il giusto business, il multiplo P/E che paghi per acquistare un'azione è molto meno importante per il rendimento ottenibile, rispetto alla qualità e alla sostenibilità del rendimento del capitale</u>. È questo il motivo per cui scegliere un'impresa che produce costantemente alti rendimenti sul capitale investito significa aumentare, significativamente, la probabilità di realizzare ritorni sugli investimenti superiori alla media.

Del resto, quello di cercare un alto livello di ROIC è un principio più che ovvio, che consiste nel provare ottenere tanto (utile) con poco (capitale). Sarebbe stupido il contrario, ossia ottenere poco (utile) con tanto (capitale). Quest'ultima ipotesi si verifica nel caso delle società che attuano aumenti di capitale emettendo nuove azioni. Esse sono da evitare come la peste, giacché, se si chiede nuovo capitale, vuol dire che non si riesce a produrre utili (o, peggio, si producono perdite) ed è difficile che ci si riuscirà in futuro. Infatti, essi, una volta realizzati, diventano nuovo capitale, che l'azienda può reinvestire per generare altri utili (o può restituire agli azionisti sotto forma di dividendi). E un'azienda ad alto ROIC produce utili che consentono di espandere la dimensione e il reddito della società, quindi il dividendo spettante alla singola azione che, per questo, aumenterà di prezzo.

Tutto il contrario si verifica quando non si producono utili e non si ha capitale sufficiente (o addirittura lo si distrugge), con la conseguenza che, aumentando in modo permanente il numero delle azioni, gli utili, già insufficienti, si ripartiranno su un numero di titoli maggiore e, quindi, scenderà il dividendo spettante alla singola azione e, di conseguenza, il suo prezzo.

A proposito del ROIC è interessante riportare le parole di Charles Munger, investitore e socio di Buffett, nel suo articolo *"Art of Stock Picking"* pubblicato nel 2006[138] (T.d.A.): *"Abbiamo davvero fatto i soldi con le imprese di alta qualità. In alcuni casi, abbiamo comprato tutta l'azienda. E, in qualche altro caso, abbiamo comprato solo un grosso pacchetto di azioni. Ma quando si analizza quello che è successo, i soldi veri vengono fatti con le aziende di alta qualità. E la maggior parte delle altre persone che hanno fatto un sacco di soldi lo hanno fatto in aziende del genere.*

Nel lungo termine, è difficile per un'azione guadagnare un rendimento migliore rispetto all'azienda sottostante. Se un'azienda guadagna il 6% sul capitale per oltre 40 anni, e la si tiene per 40 anni, non si avrà qualcosa di molto diverso da un ritorno del 6%, anche se in origine l'azione è stata acquistata con un grande sconto. Al contrario, se un business guadagna il 18% sul capitale per oltre 20 o 30 anni, persino se è stato pagato un prezzo che sembra caro, ci si ritroverà con un bel risultato. Quindi il trucco è entrare sempre nelle imprese migliori".

La matematica, perciò, ci dice che, se è possibile individuare una società cha sta producendo rendimenti interessanti sul capitale investito, e se la società sarà in grado di produrre tali rendimenti anche per il futuro, allora si avranno, probabilmente, dei tassi di rendimento composti al di sopra della media. Naturalmente occorrono indizi per determinare se un business può continuare a produrre rendimenti elevati anche in futuro. E Buffett fornisce un indizio molto prezioso nella sua lettera del 1987, e cioè <u>guardare alle aziende che stanno facendo ora la stessa cosa che facevano 10 anni fa</u>.

La storia, infatti, dimostra che è difficile prevedere il destino delle aziende che cambiano rapidamente il loro scenario in pochi anni, e riuscire a valutarle in

---

[138] http://www.grahamanddoddsville.net/wordpress/Files/Gurus/Charlie%20Munger/Charlie%20Munger%20_%20Art%20of%20Stock%20Picking.pdf.

modo solo parzialmente attendibile. Per fare un esempio, aziende tecnologiche dieci anni fa o più sulla cresta dell'onda, come Blackberry, Nokia, Motorola, che producevano rendimenti sul capitale investito molto alti, sono entrate in crisi pochi anni dopo, per finire assorbite da altre aziende o a condurre una difficoltosa sopravvivenza, con gravi perdite per i loro azionisti.[139]

Il margine di sicurezza risiede, pertanto, nella prevedibilità del business. Difatti, nella ricerca realizzata dal sito Gurufocus.com *"What worked in the market in the decade of 2000-2009"* (Cosa ha funzionato nel mercato nel decennio 2000-2009) è stato evidenziato il ruolo della prevedibilità del business nel rendimento degli investimenti, facendo riferimento a un periodo molto negativo per il mercato azionario, il c.d. *"decennio perduto"*, che parte dalla bolla hi-tech del 2000 per arrivare all'anno culminante della *grande recessione* (2009). In particolare, lo studio ha trattato le performance dei prezzi di 3.543 titoli trattati sul mercato USA durante il periodo dal 03.01.2000 al 31.12.2009, verificando gli effetti della prevedibilità delle aziende sulla performance a lungo termine dell'azione. Tale prevedibilità è stata classificata attraverso un punteggio di stelle basato sulla costanza dei ricavi e della crescita degli utili. Per avere un punteggio di almeno 2 stelle le società, nel decennio in questione, non dovevano mostrare nessun anno con perdite di bilancio. Il prospetto che segue mostra i risultati.

È possibile notare che, dopo 10 anni, il 48% delle 3.543 azioni risultava ancora con quotazioni in perdita al termine del decennio e il 13% di loro aveva perso più del 90%. Il guadagno medio del gruppo totale nei 10

---

[139] Nel settore tecnologico il futuro è difficile (se non impossibile) da prevedere. Lo stesso Bill Gates, il fondatore di Microsoft nel suo libro *"The road ahead"* (La strada che porta al domani) del 1995, ha sbagliato alcune delle sue previsioni, ipotizzando, tra l'altro, un ruolo modesto della rete internet (cfr. http://www.appuntidigitali.it/17582/the-road-ahead-la-strada-che-porta-al-domani/).

III) COME INVESTIRE IN TITOLI AZIONARI 171

anni era pari al 5%, corrispondente allo 0,5% annuo. Tuttavia il gruppo delle azioni con almeno quattro stelle di prevedibilità avevano realizzato, nel decennio, un guadagno del 192%, corrispondente a una percentuale annua composta dell'11,3%, risultato eccezionale in un decennio tanto difficile.

Predictability Rank	All	5-Star	4-Star	3-Star	2-Star	1-Star
Total Number of stocks	3543	74	141	192	135	3001
% of Stocks in Loss	48%	15%	10%	17%	20%	54%
% in Loss > 50%	30%	0%	4%	4%	6%	35%
% in Loss > 90%	13%	0%	0%	0%	0%	16%
Max Loss/Min Gain	-100%	-48%	-86%	-77%	-90%	-100%
Median gain	5%	192%	193%	129%	112%	-11%
Annualized Median gain	0.5%	11.3%	11.3%	8.6%	7.8%	-1.2%

Tali risultati mostrano, quindi, che nel lungo termine più è alta la prevedibilità di un'azienda, maggiore è il rendimento azionario. Gli investitori possono evitare perdite potenziali e ottenere rendimenti migliori, pur non focalizzandosi eccessivamente sulla valutazione iniziale delle azioni in termini di P/E. Se s'investe in società che aumentano nel tempo gli utili e i ricavi, la crescita dell'azienda compenserà l'eventuale prezzo più alto che è stato pagato all'atto dell'acquisto.

Da tale conclusione si evidenzia come l'investitore attivo focalizzato sul *"long term investing"* in imprese di qualità, può ottenere, nel tempo, risultati superiori rispetto all'indice di mercato. In generale, concentrarsi soltanto sulle società sottovalutate, a prescindere dalla loro qualità in termini di vantaggio competitivo durevole, rende molto più incerto realizzare dei guadagni, poiché, per ottenerli, deve verificarsi un *turnaround*[140] che non è detto debba accadere. Infatti, molto spesso, i prezzi bassi dei titoli significano che il mercato conosce la situazione della società o dei settori meglio del sin-

---

[140] Il termine *turnaround* significa *"risanamento aziendale"* e recupero della redditività.

golo investitore, e che le basse valutazioni sono probabilmente giustificate. Acquistare a prezzi stracciati funziona, come strategia, in situazioni ben definite, come dopo un crollo epocale (tale fu nel 2008/2009), quando tutti i prezzi sono bassi, o per aziende dimenticate (come le piccole capitalizzazioni) oppure in settori trascurati.

Free cash flow e owner's earning

Si è visto sopra come l'investimento ideale sia nelle aziende che crescono i loro utili a interesse composto (in inglese *compounders*), ossia aziende di alta qualità che riescono a far aumentare il loro valore intrinseco a un tasso percentuale elevato per lunghi periodi. Aziende di questo tipo riescono a creare un enorme valore per i loro proprietari, a prescindere dal contesto economico generale e dall'andamento degli indici del mercato azionario.

È opportuno precisare che, quando si parla di utili, si fa riferimento agli utili contabili che si evidenziano nell'ultima riga del Conto Economico (*Income statament* nella terminologia USA) del bilancio (*Financial statement*). Quest'ultimo, oltre che dal Conto Economico, è composto dallo Stato Patrimoniale (*Balance sheet*) e dal Rendiconto finanziario (*Cash flow statement*).

Va detto anche che, ai fini della valutazione della redditività di un'azienda, è importante che gli utili del Conto Economico siano l'espressione contabile di un flusso finanziario il quale entra, effettivamente, nella società, e non derivino, se non in minima parte, da valutazioni di investimenti, contratti o lavori pluriennali in essere e non ancora conclusi. A tal proposito, Charlie Munger, durante l'assemblea annuale della Berkshire Hathaway per l'anno 2008 ha detto: "*Preferiamo aziende che realizzano surplus di liquidità. Diverse da quelle che, ad esempio, costruiscono impianti. In tal caso lavori duro tutto l'anno ma il tuo profitto rimane*

III) COME INVESTIRE IN TITOLI AZIONARI 173

poggiato sul suolo. Evitiamo aziende del genere. Preferiamo quelle che sono in grado di staccarci un assegno a fine anno".

Sono, pertanto, da preferire le imprese che producono, nello stesso tempo, elevati ritorni sul capitale (ROIC) e consistenti *free cash flow*. Il free cash flow è la differenza tra il flusso finanziario prodotto dalla gestione operativa e la spesa per l'acquisto e il rinnovo dei beni materiali di investimento (fabbricati, impianti, macchinari, attrezzature, ecc.) che servono al mantenimento della capacità produttiva, denominata in inglese *Capital expediture* (o *Capex*). Bisogna, infatti, tenere a mente che un'impresa, in grado di produrre più denaro di quanto sia necessario per mantenere la sua attuale posizione competitiva, nel corso degli anni difficilmente potrà avere delle difficoltà finanziarie.

Warren Buffett tratta dell'importanza del free cash flow nella sua lettera agli azionisti del 1986, definendo il concetto di *Owner's Earnings* (il reddito del proprietario). Esso consiste nel denaro che è generato dall'attività dell'impresa, a prescindere dall'utile ufficiale[141] che la società riporta nel suo bilancio, e che dovrebbe essere considerato sia dall'investitore il quale deve acquistare delle azioni, sia da chi deve acquistare l'intera azienda.

L'owner's earnings è calcolato come somma algebrica di: (a) utile di bilancio più (b) ammortamenti, svalutazioni, e altri costi che non danno luogo a esborsi finanziari, meno (c) l'ammontare medio annuale delle spese in conto capitale per immobili, impianti, macchinari e altri beni strumentali di cui l'impresa ha necessità per mantenere la sua posizione competitiva nel lungo termine, e il suo attuale volume di produzione. L'owner's earnings si differenza dal free cash flow in quanto considera, nelle spese per il capitale da sottrar-

---

[141] Si tratta dell'utile d'esercizio che risulta dal bilancio secondo corretti principi contabili, che negli Stati Uniti sono denominati U.S. GAAP (general accepted accounting principles).

re, soltanto quelle necessarie per il mantenimento dell'attuale capacità produttiva,[142] e non quelle per la sua espansione.

Il calcolo dell'owner's earnings ci dice se un'azienda potrebbe, o meno, sopravvivere e prosperare solo grazie alla sua attività operativa, o se ha bisogno di trovare costantemente delle fonti alternative di liquidità (vendere altre azioni, aumentare i debiti, etc.). In pratica, l'owner's earnings è, essenzialmente, l'ammontare della liquidità che l'azienda può restituire annualmente agli azionisti o può utilizzare per alimentare la crescita.

Al di là della maggior precisione dell'owner's earning (che è difficile da calcolare dall'esterno dell'azienda),[143] è importante comprendere come, rispetto all'utile d'esercizio, che viene calcolato attraverso l'utilizzo del principio di competenza economica,[144] il free cash flow mostra la liquidità che entra ed esce. Quindi, mentre l'utile può essere manipolato, anche in modo rilevante, grazie alla contabilità per competenza, il principale vantaggio del free cash flow è che non può essere manipolato in modo rilevante. Alcune famose frodi contabili, infatti, si potevano intuire dalle differenze che perduravano nel tempo tra gli utili contabili (positivi) e i free cash flow (negativi).[145]

---

[142] Da qui la difficoltà di calcolare l'owner's earnings in quanto dal Rendiconto finanziario (*Cash flow statement*) non sono distinte le spese per il mantenimento della capacità produttiva attuale da quelle per gli investimenti di ampliamento. Va detto anche che i free cash flow negativi non sono un problema, se l'azienda ha fatto dei significativi investimenti, a condizione che il rendimento di questi nuovi investimenti si dimostri in seguito sufficiente, così che prima o poi i free cash flow negativi devono diventare positivi. Un altro elemento importante, tuttavia, è che nel Capex sono incluse solo le spese per l'acquisto di beni strumentali, ma non l'acquisizione di altre aziende.

[143] Richiede, infatti, di conoscere la quota di Capex per il mantenimento della capacità distinguendola da quella per i nuovi investimenti.

[144] La contabilità per competenza registra i costi e i ricavi alla data in cui i beni sono consegnati e i servizi prestati, e non al momento dell'effettivo pagamento. Inoltre, i costi degli investimenti (Capex) sono ripartiti negli anni attraverso la procedura dell'ammortamento, spesso sulla base di stime, in parte, soggettive.

[145] Ciò, ad esempio, si è verificato per gli scandali Enron e Worldcom. Compa-

In generale, vi sono settori che richiedono enormi requisiti di capitale per sostenere il loro modello di business. Si tratta, ad esempio, del settore petrolifero, minerario, della cantieristica navale, della siderurgia, dell'industria automobilistica, ecc. Anche se realizzano utili di bilancio, spesso presentano dei free cash flow negativi, poiché devono continuare a spendere denaro nei loro progetti in corso (esplorazioni di giacimenti, acquisti di miniere da sfruttare, costruzione di navi, realizzazione o ristrutturazione di nuovi impianti), che dal punto di vista della contabilità per competenza sono ripartiti su molti anni e non incidono sugli utili del periodo in cui sono realizzati. L'effettivo contributo di tali progetti agli utili si potrà osservare esclusivamente nel lungo periodo.

Ne deriva, dunque, che la qualità dei profitti realizzati nel settore dei beni di consumo, dove gli utili di bilancio di un anno trovano corrispondenza nel free cash flow dello stesso anno (poiché l'incasso delle vendite è molto ravvicinato nel tempo agli ordini e alle consegne dei prodotti), è superiore a quella dei settori sopramenzionati. In questi casi, difatti, gli utili contabili spesso non trovano un analogo flusso di cassa, a causa della presenza di progetti a lungo termine dei quali non si conoscono gli esiti finali. Sotto tale aspetto è preferibile investire in aziende che, oltre a un alto ROIC, presentano free cash flow positivi, maggiori o uguali agli utili contabili, e comunque non inferiori di molto rispetto a questi ultimi. Si tratta proprio delle aziende che richiamava Buffett nella lettera del 1987,

---

rando, nei bilanci di Enron a partire dal 1997, l'utile con i free cash flow generati negli stessi periodi, si evidenziava che, mentre gli utili erano positivi in 15 trimestri su 16, i free cash flow lo erano solo in tre trimestri. Allo stesso modo di Enron, il confronto tra l'utile e il free cash flow di Worldcom, tra il settembre 1998 e il settembre 2000, mostra che, a eccezione di due periodi, il free cash flow è stato negativo, a fronte di utili positivi contabili.

il cui business è soggetto a cambiamenti molto lenti, e che non richiedono continuamente investimenti d'importo considerevole (ad esempio: produzione di alimenti confezionati, bevande alcoliche e analcoliche, detersivi, tabacchi, ecc.).

Si mostra di seguito un esempio concreto a conferma di come il ROIC influenza l'andamento dei titoli azionari, ponendo a confronto il titolo Monster Beverage (MNST) con il titolo US Steel (X). La prima è un'azienda che produce bevande analcoliche (energy drink), la seconda è un'impresa siderurgica che esiste dal 1901. Nei due grafici (fonte www.morningstar.com) si vede l'esito di un investimento (total return ossia comprensivo degli eventuali dividendi) di $ 10.000 dollari fatto a inizio 2006 nelle due compagnie:

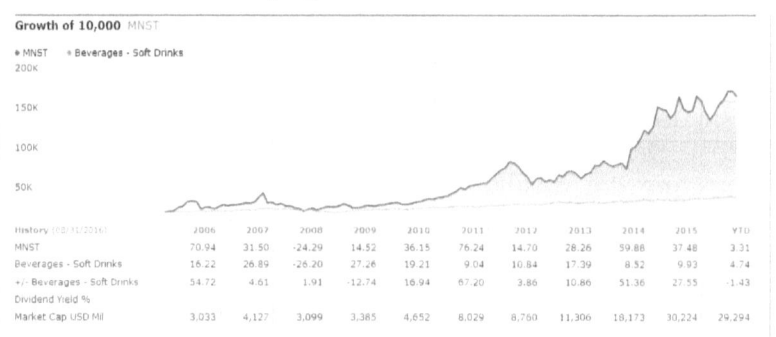

Mentre i 10.000 dollari in US Steel dopo 10 anni si sono ridotti a meno di 7.500, i 10.000 dollari investiti in Monster Beverage sono diventati oltre 150.000 dollari: un aumento del 1.500% in 10 anni!

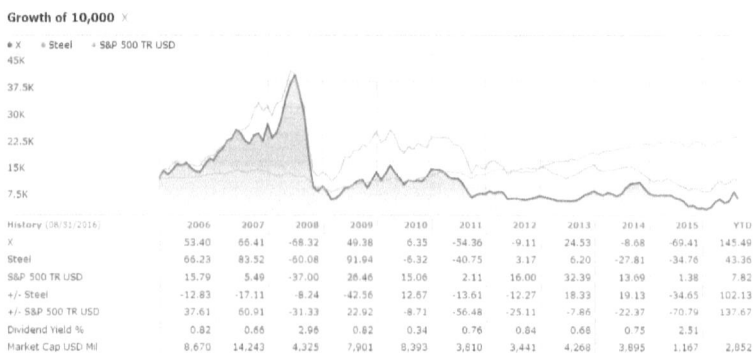

III) COME INVESTIRE IN TITOLI AZIONARI

Nelle due tabelle seguenti sono mostrati alcuni dei dati finanziari delle due società e, nella penultima riga, c'è il ROIC. Il tasso di rendimento della US Steel dal 2009 in poi è negativo, o vicino allo zero, mentre il ROIC della Monster dal 2006 al 2014 è spesso superiore al 40% e non è sceso mai sotto il 25%.

Profitability	2006-12	2007-12	2008-12	2009-12	2010-12	2011-12	2012-12	2013-12	2014-12	2015-12	TTM
Tax Rate %	18.80	19.68	28.37	—	—	296.30	—	—	40.00	—	—
Net Margin %	8.69	5.21	8.89	-12.68	-2.77	-0.27	-0.64	-9.60	0.58	-14.19	-16.38
Asset Turnover (Average)	1.54	1.29	1.50	0.70	1.13	1.27	1.24	1.23	1.38	1.08	1.02
Return on Assets %	13.39	6.71	13.32	-8.89	-3.13	-0.34	-0.79	-11.79	0.80	-15.27	-16.79
Financial Leverage (Average)	2.43	2.83	3.29	3.30	3.99	4.59	4.38	3.93	3.24	3.77	4.67
Return on Equity %	36.56	17.76	40.51	-29.28	-11.31	-1.44	-3.55	-49.00	2.85	-52.67	-62.75
Return on Invested Capital %	27.62	13.23	26.40	-16.00	-4.36	0.89	0.14	-20.04	3.23	-22.61	-24.49
Interest Coverage	—	—	18.79	-10.60	-0.97	1.14	1.03	-7.39	1.73	-5.82	-4.08

Profitability	2006-12	2007-12	2008-12	2009-12	2010-12	2011-12	2012-12	2013-12	2014-12	2015-12	TTM
Tax Rate %	39.63	37.68	37.73	37.83	39.30	37.41	38.08	39.94	35.21	38.68	37.67
Net Margin %	16.17	16.52	10.45	18.26	16.26	16.80	16.50	15.08	19.60	20.08	22.73
Asset Turnover (Average)	2.57	2.12	1.58	1.46	1.39	1.39	1.71	1.82	1.47	0.72	0.59
Return on Assets %	41.48	35.03	16.54	26.73	22.53	23.42	28.27	27.49	28.77	14.36	13.46
Financial Leverage (Average)	1.37	1.29	1.75	1.37	1.31	1.39	1.62	1.43	1.28	1.18	1.26
Return on Equity %	55.88	46.17	25.17	40.87	30.00	31.67	41.89	41.38	38.54	17.29	16.44
Return on Invested Capital %	54.49	44.41	25.12	40.83	29.80	31.56	41.89	41.38	38.54	17.29	16.44
Interest Coverage	—	—	—	—	—	—	—	—	—	—	—

Se ne deduce immediatamente che, come è stato già detto più volte, l'andamento dell'investimento è strettamente legato al ROIC. Dal momento in cui questo diventa negativo, il valore della quota nella US Steel inizia a diminuire, mentre l'altissimo ROIC che evidenzia la Monster ne ha fatto impennare le quotazioni, e per di più senza risentire neppure della grande crisi del 2008/2009. Solo nell'ultimo anno considerato (2015) una discesa del ROIC ne ha rallentato la corsa. Possiamo dire, quindi, che i dati confermano il modello teorico del *long term investing*, poiché in termini statistici individuano una correlazione positiva tra qualità dell'azienda e rendimento azionario.

11. La valutazione delle aziende quotate

Nella lettera agli azionisti di Berkshire del 1996, Buffett afferma (T.d.A.): *"Per investire con successo, non è necessario capire il beta, la teoria dei mercati efficienti, la moderna teoria di portafoglio, di valutazione delle opzioni o i mercati emergenti. Si può, infatti, star meglio senza sapere nulla di tutto ciò. Questa, naturalmente, non è l'opinione prevalente nella maggior parte delle business school, i cui curriculum dei corsi di finanza tendono a essere dominati da tali materie. A nostro avviso, però, gli studenti nel settore degli investimenti hanno bisogno di solo due corsi ben appresi: come valutare un'azienda, e come comportarsi rispetto ai prezzi di mercato".*

Secondo quanto visto sopra, l'idea più semplice e più efficace presentata da Warren Buffett è che non c'è niente di meglio che investire in un business di qualità e lasciare che sia questo a creare valore nel corso del tempo, abbandonando l'idea di realizzare un profitto in un breve periodo e ignorando le inevitabili fluttuazioni dei prezzi di mercato. Resta, però, il problema di capire a quale prezzo possiamo arrivare a pagare per le azioni di una società, cioè il problema di come valutare l'azienda le cui azioni si pensa di comprare. Per i seguaci del value investing e del long term investing, valutare il prezzo di un'azione non è diverso dal valutare il prezzo che un investitore razionale pagherebbe per l'intera azienda, in una transazione privata. Dividendo il valore dell'azienda per il numero delle azioni in circolazione, si otterrà il prezzo equo per la singola azione. In altre parole, i titoli di un'azienda rappresentano un pezzo del business. Gli investitori, acquistando le azioni, comprano una fetta della torta complessiva degli utili che la società sarà in grado di generare.

In merito al problema della valutazione, bisogna

comunque considerare che, per qualsiasi investimento, è sempre necessario un margine di sicurezza, che rappresenta l'idea centrale del value investing di Benjamin Graham. Buffett, infatti, cerca dei *"business eccellenti a un prezzo ragionevole"*. Fare un affare vuol dire comprare senza pagare un prezzo esageratamente alto. In tal modo il margine di sicurezza, rappresentato dal prezzo ragionevole, consente di non fare un cattivo affare, anche nel caso in cui la percentuale attuale dei ROIC/ROE in futuro inizi a scendere.

Dal punto di vista teorico, il valore di ogni attività finanziaria è la somma dei suoi flussi di cassa (*cash flow*) futuri attualizzati. Poiché logicamente nessuno comprerebbe per $ 20 un'attività che genererà $ 10 in flussi di cassa futuri, questa dovrebbe normalmente essere acquistata per un prezzo inferiore a $ 10. Più basso è, meglio è per l'acquirente. Il calcolo dei flussi di cassa scontati risale a tempi molto antichi, corrispondenti alle civiltà dove è nato il prestito di denaro a interesse. Il metodo di valutazione bastato sui flussi di cassa ha guadagnato popolarità anche come metodo di valutazione per le azioni dopo il crollo della borsa del 1929, mentre, prima, la valutazione era basata essenzialmente sul valore contabile netto delle attività, ossia il patrimonio netto.

Il metodo *Discounted cash flows* o DCF (flussi di cassa scontati) in termini economici moderni è stato esposto da Irving Fisher nel suo libro del 1930 *The Theory of Interest* e da John Burr Williams nel 1938 nel suo libro *The Theory of Investment Value*. La formula è la seguente:

$$DPV = \sum_{t=0}^{N} \frac{FV_t}{(1+r)^t}$$

Dove il risultato (*Discounted present value* o valore attuale scontato) è la somma del valore attuale dei flussi di cassa futuri (*FV*) conseguiti in ogni anno (*t*) per

N periodi dal momento attuale, scontati al tasso di interesse r. Per la valutazione delle azioni, che determinano gli utili per competenza, l'attualizzazione del valore prende normalmente in considerazione gli utili per azione futuri previsti (EPS ovvero *earnings per share*).

Tuttavia vi sono numerose controindicazioni all'adozione di tale metodo per la valutazione delle azioni, che al contrario funziona molto meglio per le obbligazioni. Per un'obbligazione è noto l'importo e il tempo di ogni pagamento. Ad esempio per un titolo a 10 anni con tasso al 5%, si sa che si otterrà il 5% del valore nominale dell'obbligazione ogni anno e, al decimo, si avrà il rimborso del capitale.

Il valore di un'azione è, invece, il valore attuale dei suoi utili futuri, per calcolare il quale occorre conoscere tre dati: 1) quando il flusso dei redditi si fermerà; 2) il tasso di crescita di tali utili; 3) il tasso di sconto.

1) Quando il flusso dei redditi si fermerà?

Nessuna impresa dura per sempre. Alcune aziende hanno una durata superiore o inferiore rispetto ad altre. Ad esempio, le aziende tecnologiche tendono ad avere cicli di vita molto più brevi. Dal momento che nessuna impresa è eterna, utilizzare un modello di rendita perpetua per valutare un business non è ragionevole. Infatti, se un'azienda è valutata come una rendita perpetua e la società ha un tasso di crescita superiore al tasso di sconto, il metodo dei flussi di cassa attualizzati calcolerebbe un valore infinito per l'azienda. Nessuno sa in anticipo quando un'azienda smetterà di produrre utili o quando inizieranno a flettere.

2) Qual è il tasso di crescita adeguato?

Oltre a non sapere per quanti anni un'azione produrrà utili, nessuno conosce il tasso di crescita appropriato da utilizzare. Più lontano nel futuro gli utili sono proiettati, meno accurata è la previsione.

3) Qual è il tasso di sconto giusto?

III) COME INVESTIRE IN TITOLI AZIONARI

Il tasso di attualizzazione appropriato da utilizzare dipende dal rischio di non ricevere i flussi di cassa in futuro. Più certezze si hanno circa l'accuratezza del tasso di crescita e la longevità del business, minore è il tasso di sconto da applicare.

Con riferimento alla realtà degli Stati Uniti, il tasso di sconto dovrebbe essere sempre superiore al tasso sui titoli del tesoro a lungo termine, normalmente a 30 anni. Le azioni sono investimenti a lungo termine e, se le cose vanno bene, si può ipotizzare che avranno redditi per almeno altri 30 anni.

I titoli del tesoro americano sono visti come privi di rischio perché il governo USA ha il potere di tassare i propri cittadini e creare denaro. In sostanza garantisce che le proprie obbligazioni saranno rimborsate (anche se in realtà nulla è veramente privo di rischio),[146] mentre non esistono aziende che possano decidere di stampare soldi o prenderli dai cittadini con le tasse. Di conseguenza, il tasso di sconto utilizzato per le azioni deve essere superiore al tasso sui titoli del tesoro. Quanto più alto dipende dal rischio del business, ma non esiste una risposta esatta.

Quindi, anche se in linea teorica il calcolo basato sul DFC è condivisibile,[147] in pratica è meglio non usarlo giacché ci sono troppe variabili che lo condizionano. Il fascino dell'analisi dei flussi di cassa è che fornisce un valore preciso per ogni azienda per la quale si prevedono redditi positivi. Tuttavia, solo perché un numero è calcolato in modo preciso non significa che sia corretto. Come ha detto J.M. Keynes: *"Preferisco avere all'incirca ragione, che precisamente torto"*. E nel calcolo del DCF, pur con una formula matematicamente precisa, sbagliare il tasso di crescita o il tasso di sconto di uno o due punti percentuali può causare un enorme

---

[146] I titoli del tesoro italiano sono sicuramente molto più rischiosi di quelli degli Stati Uniti e ciò è dimostrato dalla differenza di rating tra i due paesi.

[147] Ed è, infatti, insegnata nei corsi universitari e nei libri di finanza.

cambiamento nel valore di un'azienda calcolato su una durata di 30 anni.

Anche Warren Buffett non ha fatto ricorso al DCF per determinare il valore intrinseco delle società su cui ha investito. Uno dei parametri da lui maggiormente seguiti è un rendimento degli utili ante imposte all'incirca del 10% o, in altri termini, un multiplo di 10x degli utili prima delle imposte.[148] L'incidenza delle imposte sul reddito può, infatti, variare ogni anno perché la base imponibile fiscale è diversa dal reddito contabile (a causa di agevolazioni, tassazioni differite, ecc.), rendendo gli utili netti meno attendibili rispetto agli utili prima delle imposte. In tal modo Buffett cerca di pagare un prezzo non elevato per acquistare imprese superiori alla media.

Pertanto, più che immaginare ciò che non conosciamo (in questo caso l'esatto valore dell'azienda) è meglio concentrarsi su quelle poche cose che sappiamo. E quello che possiamo sapere è se, in base alla quotazione delle sue azioni, un'azienda è al momento più conveniente o più costosa in termini di P/E di un'altra, se gli utili sono cresciuti più rapidamente negli ultimi 10 anni, o se ha mantenuto una volatilità (in termini statistici *deviazione standard*) più bassa del prezzo delle sue azioni. Confrontando le varie aziende è possibile stabilire la posizione (in inglese *ranking*) dell'una rispetto all'altra per detti parametri. Questo tipo di analisi non si basa sulla ricerca di un valore preciso per ogni azienda, ma pone lo sguardo su ciò che storicamente ha funzionato negli investimenti e classifica le azioni in base a tali caratteristiche.

Si possono stabilire diversi tipologie di ranking per classificare le aziende. Benjamin Graham, ad esempio, cercava di acquistare le azioni di società profondamente sottovalutate, con un prezzo inferiore ai 2/3 delle

---

[148] Ciò corrisponde a un P/E ante imposte di 10, che considerando ad esempio una tassazione complessiva del 40%, equivale a un P/E di 17 circa (100/6 = 16,66).

attività correnti nette. Come si vedrà nel prossimo paragrafo, la *Formula magica* di Joel Greenblatt classifica le azioni da comprare in base al rapporto EBIT/Enterprise Value e in base al rendimento del capitale, mentre nei paragrafi successivi verrà esaminato l'approccio basato sulla crescita pluriennale dei dividendi.

12. Joel Greenblatt, la Formula magica e il Grande segreto per il piccolo investitore

In base a quanto visto sopra di fronte al problema di individuare le azioni su cui investire le questioni sono quindi due:
- trovare le aziende quotate di qualità;
- capire se le loro quotazioni sono convenienti.

Molti si sono posti la domanda se è possibile elaborare delle strategie semi-automatiche per individuare buone società a prezzi d'occasione, e avere risultati in grado di battere il mercato. È stato già visto come Ben Graham aveva suggerito una formula automatica che prevedeva l'acquisto di azioni con un earnings yield (reciproco del P/E) pari almeno al doppio del rendimento dei titoli con rating AAA, e debiti inferiori al patrimonio netto (da vendere dopo due anni, o dopo una crescita del 50% della quotazione) e che detta formula è stata testata con successo garantendo una performance doppia rispetto al mercato.

Il Piccolo libro e la Formula magica

In tempi più recenti ha avuto un enorme successo, ed è stato tradotto in molte lingue, tra cui l'italiano, il testo di Joel Greenblatt:[149] *"The little book that beats*

---

[149] Joel Greenblatt è socio fondatore e partner di Gotham Capital, una società di gestione d'investimenti che ha ottenuto una performance media annua del 40% dal 1985 al 2006.

the market" (Il Piccolo Libro che batte il mercato azionario).[150]

Con stile molto semplice, comprensibile anche da un ragazzino senza competenze finanziarie, Greenblatt introduce il principio fondamentale dell'investimento azionario, quello di acquistare buone aziende (cioè aziende con un'elevata redditività sul capitale investito, ossia il ROIC) a un prezzo d'occasione (con un elevato rapporto utili/prezzo, cioè con un P/E ragionevole). In altre parole, azioni con alto ROIC vendute sul mercato a prezzi convenienti. Secondo Greenblatt, seguire tale regola basata su questi due soli parametri (il primo di qualità e il secondo di valore), potrà garantire notevoli risultati per l'investitore. Infatti, nel giro di uno/tre anni, il mercato tenderà a riconoscere le sottovalutazioni e a correggersi da solo. Per diversificare i rischi l'autore, comunque, sconsiglia di investire in pochi titoli ma suggerisce di acquistare un portafoglio di 20/30 titoli con tali caratteristiche. Ovviamente, per l'investitore individuale è praticamente impossibile procedere alla comparazione dei titoli quotati sul mercato USA, per giunta dopo aver calcolato i due multipli indicati.[151]

A questo punto Greenblatt tira fuori la sua *"Magic formula"* (tradotto in *"Formula vincente"* nel testo italiano), mettendo a disposizione, sul suo sito internet,[152] la selezione dei titoli che raggiungono i piazzamenti

---

[150] Edizioni CHW.

[151] Per i più tecnici va detto che Greenblatt, per calcolare l'earnings yield (E/P), ricorre al numeratore all'utile operativo (*Earnings Before Interests and Taxes* o EBIT) e non a quello netto, e al denominatore, anziché la semplice capitalizzazione di mercato (quotazione x n. di azioni in circolazione), impiega il valore effettivo dell'azienda (il cosiddetto enterprise value – EV – dato dalla somma del valore di mercato del capitale proprio e dell'indebitamento finanziario netto). Per calcolare invece il ROIC al numeratore impiega sempre l'EBIT e al denominatore calcola il capitale investito come somma di capitale circolante netto e immobilizzazioni nette.

[152] www.magicformulainvesting.com. Per i lettori italiani del libro di Greenblatt è stato sviluppato il sito www.finanze.net.

III) COME INVESTIRE IN TITOLI AZIONARI

migliori nella somma delle due graduatorie in cui sono classificate le azioni in base ai due criteri in questione (redditività del capitale investito e rapporto utili/prezzo). Egli afferma che, con tale formula, è possibile battere il mercato. Si tratta semplicemente di selezionare tra i 20 e i 30 titoli dalla lista di Greenblatt, acquistandone gradualmente 2–3 al mese nel corso dei primi 12 mesi. Dopodiché, occorre ribilanciare il portafoglio una volta l'anno, vendendo i titoli in perdita una settimana prima della scadenza annuale, e quelli in guadagno una settimana dopo.[153] E ovviamente continuare l'investimento nel lungo termine, secondo lo stesso sistema, reinvestendo i guadagni.

Greenblatt con numerosi *backtest*[154] dimostra che nei 17 anni dal 1988 al 2004 (l'ultimo prima della pubblicazione del libro) la formula vincente, applicata acquistando sistematicamente (e vendendo dopo un anno) le 30 azioni con la migliore combinazione di redditività del capitale e rapporto utili/prezzo tra le 3.500 principali azioni quotate sul mercato americano, avrebbe reso il 30,8% all'anno rispetto al 12,4% dell'indice S&P 500. Il rendimento sarebbe stato del 22,9% scegliendo tra le azioni delle 1000 società a maggiore capitalizzazione.

L'autore osserva che la sua formula vincente (magica) funziona molto bene sul lungo periodo, anche se spesso può non risultare efficace nel breve/medio periodo (fino a 3 anni). Questo, per Greenblatt, rappresenta un vantaggio, altrimenti la strategia sarebbe stata adottata così ampiamente da erodere l'extrarendimento rispetto al mercato. Per cui gli investitori debbono mantenersi fedeli nel lungo termine, senza abbandonare la strategia per goderne concreta-

---

[153] Questo è dovuto a motivi fiscali in quanto, negli USA, le plusvalenze per titoli posseduti oltre i 12 mesi sono tassate in modo più favorevole.
[154] Il *backtesting* è un sistema per provare l'efficacia di una strategia di investimento o di trading sui dati storici del mercato di riferimento.

mente i benefici.

Una ulteriore prova della validità della "*Magic formula*" è stata fornita da James Montier, global equity strategist della banca d'affari Dresdner Kleinwort, in una ricerca del 2006 intitolata: "*The Little Note That Beats the Markets*"[155] nella quale dimostra che il criterio di Greenblatt avrebbe funzionato anche al di fuori degli Stati Uniti. La strategia del *Piccolo libro* è stata provata sui mercati degli Stati Uniti, Europei, del Regno Unito e Giapponese tra 1993 and 2005. I risultati sono notevoli. La formula ha battuto gli indici di mercato dal 3,6% fino al 10,8% annuo, a seconda dei vari paesi. E in tutti i casi con una volatilità inferiore rispetto alla media. Lo studio di Montier dimostra quindi che la *Formula* è in grado di battere il mercato a livello globale, anche se in misura inferiore a quanto Greenblatt ha mostrato nel suo libro per gli USA.

The big secret

I problemi della Formula magica sono essenzialmente tre:
- non è facile seguire pedissequamente le indicazioni di un computer che classifica le azioni esclusivamente in base ai parametri prescelti, senza capire l'economia sottostante alle aziende che vengono selezionate, soprattutto se alcuni titoli sembrano scadenti al momento della selezione;
- vendere le azioni sempre dopo un anno significa andare incontro a pesanti oneri fiscali, e impedisce di usufruire della capitalizzazione composta dei rendimenti delle migliori società;
- per un singolo individuo rimanere fedele nel lungo termine alla formula, comprando e venendo a scadenze fisse, comporta una notevole disciplina come

---

[155] http://www.poslovni.hr/media/forum-user-upload/files/9a/9a5c2b2f55b461120e8d01095cf09a34.pdf.

investitore.

Per questo Greenblatt, rendendosi conto che per la gran parte dei piccoli risparmiatori è più semplice agire come investitori passivi, piuttosto che come investitori attivi, ha cercato di elaborare una strategia per i risparmiatori *pigri* che fosse migliore di un investimento nell'indice di mercato attraverso un ETF. Tale idea é l'argomento di un successivo libro da lui scritto nel 2011 e intitolato *"The Big Secret for the Small Investor"*. Egli parte dall'assunto secondo cui la maggior parte degli investitori individuali non ha l'esperienza, il tempo o il desiderio di comprendere i processi di valutazione, anzi la gran parte di essi vuole che il proprio denaro venga gestito da altri e non averci nulla a che fare.

Il libro cerca una soluzione al problema, tenuto conto che, come ribadisce Greenblatt, per i fondi comuni è molto difficile sovraperformare costantemente il mercato, soprattutto perché debbono evitare che i clienti portino il loro denaro da qualche altra parte e prelevare onerose commissioni. Posto, dunque, che gli ETF legati agli indici come lo S&P 500 o il Russell 1000, che sono ponderati in base alla capitalizzazione di mercato, consentono di battere la stragrande maggioranza dei fondi gestiti attivamente, è possibile fare ancora meglio?

Certamente, secondo lui. E a tal fine mostra come indici equipesati, (in cui tutte le azioni in un fondo sono acquistate per il medesimo valore, invece di essere ponderate per la capitalizzazione di mercato) fanno ancora meglio, circa l'1 o 2 % all'anno nel lungo termine. Questi ultimi sono a loro volta sorpassati dagli indici ponderati in base ai fondamentali, dove più peso è attribuito alle imprese sulla base degli utili, o sul valore contabile. Ciò porta all'idea di individuare dei fondi indicizzati ponderati in base al valore (*value weighted index funds*). È questo *"Il grande segreto per il piccolo investitore"*.

In pratica, si prendono i primi X titoli per capitalizzazione di mercato sulle borse statunitensi, li si classifica utilizzando delle metriche di valore (ad esempio una combinazione di livello degli utili sul prezzo (P/E) e di rendimento sul capitale (ROIC)), e si acquistano i titoli con il punteggio (rank) più alto.

Secondo il libro, i risultati di questa strategia sono stati molto buoni. Per il periodo 1990-2010, la "*value weighted index strategy*" avrebbe reso il 13.9% composto annualmente, rispetto al 7.6% dello S&P 500, e il 7.9% dell'indice Russell 1000.

Il minor rendimento degli indici di mercato ponderati in base alla capitalizzazione come lo S&P 500, sta nella circostanza che, in tal modo, gli investitori sono costretti a possedere i titoli a maggiore capitalizzazione, indipendentemente dal loro livello di valutazione. È possibile migliorare un poco rimuovendo la polarizzazione dell'indice sulle grandi capitalizzazioni. Il grande segreto è quello di fare un ulteriore passo avanti, con un indice ponderato in base al valore che darebbe un peso più elevato alle azioni più a buon mercato e con maggiore qualità, meno a quelle più care. Per un investitore passivo la ponderazione in base al valore ha certamente molto più senso della ponderazione in base al valore di mercato. In quest'ultimo caso, si acquista sistematicamente una maggior quantità di un titolo che sale, costringendo a comprare più azioni anche di titoli sopravvalutati, e meno di quelli sottovalutati.

In tal modo, verrebbero superati gli ostacoli all'uso individuale della *Magic formula* e gli investitori non dovrebbero far nulla, rimanendo passivi e beneficiando dei superiori risultati della strategia.

Per realizzare questo intento, Greenblatt, tramite la sua società d'investimento Gotham capital, ha creato i Formula Funds, con lo scopo di realizzare un indice ponderato in base ai criteri della Magic formula. Tuttavia i Formula Funds non hanno avuto il successo di pubblico sperato e sono stati chiusi dopo poco aprendo dei nuovi fondi i Gotham Funds,[156] che funzionano più come un hedge fund. In pratica, sono acquistate le migliori azioni secondo i criteri della Magic formula, contemporaneamente sono vendute allo scoperto le azioni peggiori. Tuttavia, secondo i dati Mornigstar, finora, nei due o tre anni trascorsi da quando sono stati creati, nonostante l'abilità del gestore e la fondatezza del criterio seguito, benché automatizzato, il rendimento di tali fondi non ha ancora battuto l'indice S&P 500.

Questa constatazione conferma, ancora una volta, le difficoltà di gestione dei fondi comuni, che debbono fare comunque i conti con la necessità di produrre risultati a breve termine, e che, data la scarsa pazienza dei clienti, non li rende adatti all'investimento di lungo periodo. In tal caso, difatti, i gestori, per limitare i riscatti, sono spinti a modificare lo stile d'investimento o a effettuare accorpamenti con altri fondi.

13. Investire nei titoli che pagano dividendi

Abbiamo visto come l'investitore passivo può convenientemente investire in uno o più ETF a basso costo nell'indice di mercato USA, aggiungendo, a mano a mano, nuovi risparmi in modo sistematico.

L'investitore attivo per acquistare i singoli titoli (aziende di qualità a prezzi convenienti) potrebbe ricorrere alla formula magica di Greenblatt, dato che ha fornito, nel tempo, risultati documentati sia sul mercato USA che sugli altri mercati. Tuttavia, vi sono delle controindicazioni a usare questa formula per investire. Difatti, anche se è possibile che nel corso dei prossimi anni i suoi risultati saranno difficili da battere come è avvenuto per il passato, essa impedisce all'investitore

---

[156] Si tratta di quattro fondi con caratteristiche leggermente diverse: https://www.gothamfunds.com/.

attivo di gestire il rischio, ossia di capire ciò che possiede in portafoglio.

A prescindere dall'affidabilità del sistema, è difficile considerarsi un investitore e acquistare *alla cieca* ciò che viene suggerito dagli elenchi sul sito di Greenblatt. È molto difficile sentirsi tranquilli nel suddividere il capitale su azioni di imprese che non sono state studiate, non sono acquistate con consapevolezza, e rivender-

S&P 500 Total Return: Price and Dividend Contribution

	Total Return	Price Appreciation	Income Return	As a Share of Total Return	
				Price App.	Div. Income
1930's	0.1%	(5.3%)	5.7%	na	na
1940's	8.9%	3.0%	5.7%	33.6%	64.5%
1950's	18.9%	13.6%	4.7%	72.0%	24.7%
1960's	7.7%	4.4%	3.1%	57.2%	41.0%
1970's	5.8%	1.6%	4.1%	27.8%	71.1%
1980's	17.2%	12.6%	4.1%	73.2%	23.8%
1990's	18.0%	15.3%	2.3%	85.1%	12.9%
2000's	(0.9%)	(2.7%)	1.8%	na	na
2012	16.0%	13.4%	2.3%	83.8%	14.3%
2003-2012	7.1%	4.9%	2.0%	69.7%	28.9%
1930-2012	9.3%	5.2%	3.9%	56.0%	41.8%

le dopo un anno a prescindere da come si sono comportate sul mercato e dai risultati aziendali della società. Ciò è del tutto contrario agli insegnamenti di Buffett, che prima di investire richiede:
  a) un business comprensibile e gestito da un management competente e onesto;
  b) un vantaggio competitivo di lungo periodo;
  c) un prezzo ragionevole a cui comprare.

Tali caratteristiche si ritrovano molto spesso nelle imprese che pagano dividendi crescenti per lunghi periodi di tempo, per i motivi che di seguito si illustrano. Le azioni che distribuiscono dividendi si differenziano dalle altre, poiché trasferiscono denaro al loro possessore. Una società che decide di pagare i dividendi, sta in pratica versando una parte degli utili ai suoi soci. Il pagamento dei dividendi viene, a torto, abbastanza trascurato dagli investitori di oggi (e completamente dai trader/speculatori) che sono interessati esclusivamente ai capital gain. Tuttavia, come mostra la tabella, tra il 1930 e il 2012 circa il 42% dei rendimenti azionari totali delle azioni dello S&P 500 sono scaturiti dai soli dividendi, il che dimostra la loro importanza per un investitore di lungo termine.[157]

L'importanza dei dividendi nel lungo termine è evidenziata anche da John Bogle[158] in una lezione agli studenti dell'Università del Missouri tenuta nel

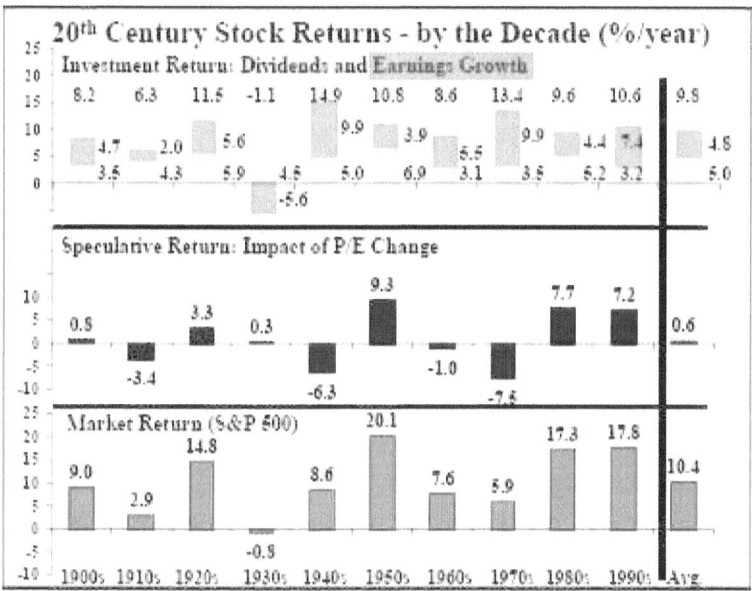

2002[159] in cui veniva presentato il seguente grafico:

Il prospetto mostra come il rendimento dell'indice S&P 500 (market return), nel corso del XX secolo, è sta-

---

[157] Fonte: Ned Davis Research, Business Insider
http://www.businessinsider.com/stock-returns-price-dividend-contribution-2013-1?IR=T.

[158] John Clifton Bogle è un famoso imprenditore e investitore. È il fondatore ed ex amministratore della società d'investimento Vanguard Group, pioniera degli ETF.

[159] Fonte: *After the Fall: What Lies Ahead for Capitalism and the Financial Markets?* http://johncbogle.com/speeches/JCB_Missouri_10-02.pdf.

to determinato da tre fattori: la crescita dei dividendi, la crescita degli utili (earnings), e la variazione del P/E di mercato (P/E change).

La crescita dei dividendi e degli utili sono considerate unitariamente e definite come rendimento dell'investimento (investment return), in quanto derivano dalla crescita dell'economia delle aziende e dell'attività d'impresa. La variazione del P/E è denominata rendimento speculativo (speculative return) e dipende dalla psicologia degli operatori presenti sul mercato.

Il grafico mostra come, se consideriamo tutto il ventesimo secolo, il ritorno medio annuo dello S&P 500, è stato del 10,4% (v. ultima colonna). Di questa percentuale, la quasi totalità, ossia ben il 9,8%, è rappresentato dall'investment return, di cui il 5% è stato quasi prodotto dai dividendi, mentre un altro 4,8% della crescita degli utili. Il restante 0,6% ha origine dal piccolo aumento netto nel rapporto prezzo/utili.

La conclusione di Bogle è che, nel lungo periodo, il rendimento delle azioni dipende, realmente, da quello degli investimenti realizzati dalle aziende. Molto poco conta, invece, il rendimento speculativo. In altre parole, <u>su un lungo arco di anni, i fondamentali economici dominano i rendimenti azionari. L'importanza delle emozioni, così rilevante nel breve periodo, si dissolve nel lungo termine</u>.

Dalla tabella di Bogle si può osservare che, se si esclude il decennio 1930, caratterizzato dalla Grande Depressione, in tutti gli altri decenni del XX secolo dividendi e utili (investment return) hanno dato un ritorno rendimento positivo, sempre superiore al 6%, con differenze limitate tra un decennio e l'altro. Il rapporto prezzo/utili, dovuto alle fluttuazioni del mercato, ha avuto delle variazioni molto elevate tra i diversi decenni, pur finendo per annullare i suoi effetti.

Detto in altro modo, mentre gli utili hanno evidenziando una tendenza secolare alla crescita, il P/E ha dimostrato la tendenza alla regressione verso la media. Infatti, l'autore nota anche un fenomeno curioso: a ogni decennio di ritorno speculativo significativamente negativo, ha fatto immediatamente seguito un decennio in cui vi è stato un risultato positivo.

E tale fenomeno è continuato anche oltre la ricerca di Bogle. Infatti, nel XXI secolo, dopo lo scoppio della bolla azionaria internet nell'anno 2000, vi è stato il decennio 2001/2010 caratterizzato da un'evidente contrazione del P/E, mentre, nel successivo decennio, attualmente in corso, il multiplo P/E è ritornato a crescere.

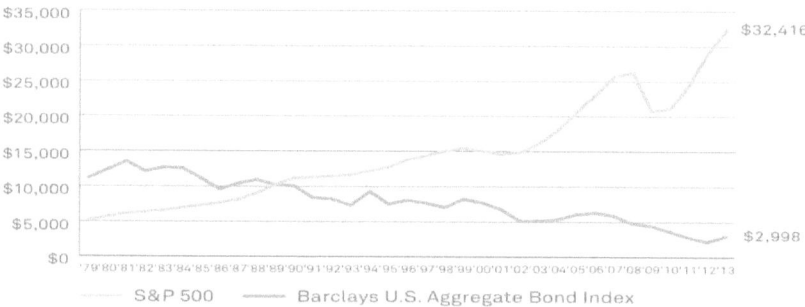

All'investitore, a differenza dello speculatore, interessa l'*investment return*, e cioè il rendimento che può ricavare nel tempo dalla crescita degli utili e dei dividendi. Per quanto riguarda i dividendi, si fa notare come la loro importanza sul rendimento azionario sia storicamente equivalente a quella degli utili, ma l'aspetto più rilevante è che il rendimento dei dividendi è stato sempre storicamente positivo, e lo è stato addirittura durante la Depressione degli anni '30.

In generale, il rendimento di un investimento nelle azioni che pagano cedole è stato straordinario anche e soprattutto se paragonato alle obbligazioni. Il grafico sottostante[160] mostra come è cambiato il rendimento annuale (dividendo) dal 1980 al 2013 di un semplice

---

[160] Fonte: www.dividend.com.

investimento di 100.000 dollari nell'indice S&P 500. È passato da 5.000 a oltre 32.000 dollari, (rendimento annuo finale pari al 32% di soli dividendi) rispetto a un investimento in un indice obbligazionario (Barclays U.S. Aggregate Bond Index) il cui interesse annuo nel corso di 30 anni, con il prolungato calo dei tassi è sceso da 10.000 a soli 3.000 dollari (dal 10% al 3%). Tale confronto dovrebbe far riflettere sulle obbligazioni come investimento di lungo termine in un modo con tassi vicini allo zero.

A maggior ragione, scegliere come investimento le azioni che distribuiscono dividendi crescenti nel corso degli anni dovrebbe, per logica, essere una strategia in grado di garantire un rendimento positivo nel lungo termine, permettendo di attraversare anche fasi di mercato difficili. Tale legittima aspettativa, com'è ovvio, risulta confermata dai dati storici, riportati nei grafici che seguono.

Infatti, le azioni dello S&P 500 che premiano i loro possessori con il pagamento delle cedole hanno sovraperformato le azioni che non davano dividendi. Dal 1972 al 2013 le azioni che hanno versato dividendi hanno assicurato un rendimento medio del 9,3% l'anno. Le azioni che non li hanno distribuiti hanno reso, in media, il 2,3% l'anno. All'interno del gruppo delle azioni che hanno pagato dividendi spiccano quelle che li hanno accresciuti nel tempo, che hanno reso il 10,1% annuo, mentre quelle che hanno tagliato o eliminato i dividendi non hanno reso nulla.[161]

Dal punto di vista di un ipotetico risparmiatore, 100 dollari investiti nel 1972, come evidenziato nella tabella,[162] sarebbero diventati nel 2013:
- 5.997 dollari, se investiti in azioni con dividendi crescenti;
- 4.131 dollari, se investiti in tutte le azioni che pa-

---

[161] Fonte: Ned Davis Research e Chase Investment Insights.
[162] Fonte: Rising dividend fund brochure by Oppenheimer Funds.

gano dividendi;
- 2.199 dollari, se investiti in azioni che non hanno aumentato i dividendi;
- 264 dollari, se investiti in tutte le azioni che non pagavano dividendi;
- 99 dollari, se investiti in tutte le azioni che hanno ridotto o cancellato dividendi.

S&P 500 Index: Dividend Growers Have Outperformed Over Time
Hypothetical performance of $100 invested in each of the five strategies (1972-2013)

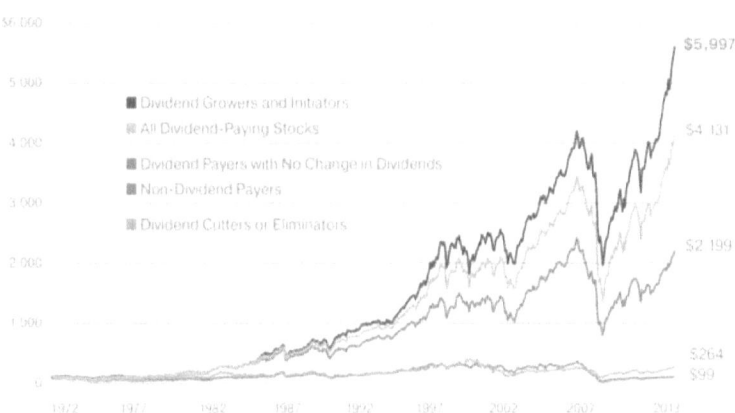

Con il reinvestimento costante dei dividendi nel periodo di 40 anni, l'investimento iniziale si sarebbe moltiplicato di ben 60 volte. Pur se il periodo considerato è molto lungo, il risultato probabilmente sarebbe stato oltre le più rosee aspettative.

In base ai dati storici sappiamo quindi che:
- le azioni che distribuiscono dividendi storicamente sono riuscite a sovraperformare quelle che non pagano dividendi;
- i dividendi rappresentano una parte considerevole del rendimento degli investitori.

Focalizzando il proprio piano d'investimento sulle azioni che versano dividendi, si dà a se stessi una elevata probabilità di accrescere la ricchezza nel lungo termine. Ordunque, ignorare l'evidenza storica della sovraperformance delle azioni che pagano dividendi sarebbe un errore.

Un investitore in azioni che distribuiscono cedole in modo costante e crescente si concentra su qualcosa che può controllare facilmente nel corso del tempo. Mentre i prezzi delle azioni sono volatili, i pagamenti dei dividendi lo sono molto di meno. Inoltre, focalizzando l'attenzione sul reddito che si riceve dagli investimenti, piuttosto che sull'andamento del prezzo delle azioni, è possibile ridurre l'ansia che si produce con i cali dei prezzi azionari.

Le azioni che versano dividendi possono essere paragonate agli alberi da frutto. Man mano che crescono, producono più frutti (più dividendi). È possibile piantare i frutti per provare a far crescere nuovi alberi (reinvestire i dividendi in altre azioni che ne producono di nuovi) o mangiare i frutti per vivere (spendere le cedole per integrare il reddito). A tali azioni vengono associate due espressioni tipiche: *Dividend yield* e *Payout Ratio*. Il dividend yield è semplicemente il pagamento del dividendo annualizzato diviso per il prezzo corrente. Se un'azione ha pagato $ 3 all'anno di dividendi, e ha un prezzo di $ 100, ha un dividend yield del 3% ($ 3 / $ 100 = 3%). L'attuale dividend yield medio dello S&P 500 è di circa il 2%. Normalmente il dividendo di un'azione si colloca tra lo 0,5% e il 5%.[163]

Il *payout* è la percentuale degli utili netti per azione che la società sta pagando agli azionisti sotto forma di dividendi. Se un'azienda ha un utile per azione di $ 10 e paga $ 4 di dividendo, l'azienda ha un payout ratio del 40% ($ 4 / $ 10 = 40%). Più alto è il payout ratio, meno utili la società può reinvestire nella crescita, ed più probabile che la società dovrà ridurre il pagamento dei suoi dividendi. Se una società ha un payout ratio superiore al 100%, sta distribuendo dividendi più alti

---

[163] Mentre in Italia e in Europa il dividendo è pagato una sola volta l'anno, o al massimo due, negli USA il dividendo annuale viene quasi sempre diviso in quattro cedole trimestrali.

di quel che realizza come utili. Questo è chiaramente insostenibile nel medio/lungo termine. Azioni con payout e dividendi percentuali estremamente elevati sono probabilmente a rischio di tagliare la loro cedola.

Al contrario, se una società ha un payout molto basso, allora potrà probabilmente aumentare il payout e dare agli investitori un dividend yield maggiore, senza sacrificare molto la crescita. Il payout ottimale dipende dalle opzioni di investimento che ha di fronte una società. Una società del settore del tabacco, ad esempio, ha opportunità d'investimento molto limitate e dovrebbe avere un elevato payout, mentre una società in grado di reinvestire i propri guadagni in progetti ad alta redditività dovrebbe avere un payout ratio inferiore.

Un altro concetto, che vale per tutte le azioni, ma che va approfondito in modo particolare con specifico riferimento alle azioni che pagano cedole è quello del *Total Return*. Il *Total Return* (rendimento totale) è semplicemente il ritorno complessivo che un investitore riceve dalle plusvalenze o capital gain (ossia dall'aumento del prezzo dell'azione) e dai dividendi. La formula del *Total Return* può essere così scomposta:

Total Return = variazione nel rapporto P/E x variazione nell'EPS + dividendi.

Questa formula divide il capital gain nei suoi due aspetti: i mutamenti nella valutazione del mercato e la crescita (o decrescita) del business sottostante. Se il P/E aumenta mentre gli utili per azione rimangono costanti, il prezzo delle azioni salirà. D'altra parte, se il rapporto P/E resta costante e l'utile per azione (EPS o earnings per share) aumenta, il prezzo del titolo salirà anche in tal caso.

Il rapporto P/E cambia con l'opinione (detta *sentiment*) degli investitori, mentre l'utile per azione (EPS) cambia a causa della crescita del business sottostante (o della contrazione). I dividendi danno stabilità al rendimento degli investimenti azionari, a maggior ragione se crescono nel tempo. Il rendimento da capital gain è, invece, molto più volatile perché si fonda, in parte, sui risultati dell'azienda e, in parte, sull'atteggiamento mutevole e sulle percezioni del pubblico degli investitori e degli speculatori.

Tutti i discorsi fatti in precedenza sulla necessità di investire in imprese di qualità e con vantaggi competitivi si adattano facilmente alle azioni che pagano dividendi. È principalmente nell'ambito delle azioni con cedole che gli investitori possono cercare imprese di alta qualità e con forti vantaggi competitivi. Infatti, le principali azioni che Warren Buffett possiede nel suo portafoglio azionario sono titoli che distribuiscono dividendi da molti anni.[164]

Se acquistare questa tipologia di titoli ha funzionato bene per Warren Buffett, può funzionare anche per gli altri. Le aziende che aumentano il loro dividendo anno dopo anno possono farlo grazie al loro forte vantaggio competitivo. Esso consente di premiare gli azionisti, ogni anno, con una cedola crescente.

14. I Dividend Kings, i Dividend Aristocrats e i Dividend Achievers

L'indice S&P 500, com'è noto, è composto dalle azioni di cinquecento importanti aziende USA. Meno noto è che, di queste 500 azioni, oltre 400 pagano dividendi. Pertanto, è semplice trovare azioni che distribuiscono cedole. Tuttavia, nonostante ciò, non sono molte le aziende che possono mantenere una crescita degli utili nel corso di alcuni decenni e che possono aumentare i dividendi per periodi di tempo altrettanto lunghi.

Un posto eccellente per trovare imprese di alta qualità, in grado di far crescere gli utili e i dividendi in modo efficace nel tempo sono gli elenchi dei Dividend

---

[164] Trattasi, tra le altre, di: Wells Wargo, Coca-Cola, IBM, American Express, Wal-Mart, Procter & Gamble, ExxonMobil.

Aristocrats, dei Dividend Kings e dei Dividend Achievers.

Dividend Aristocrats

Se si vogliono trovare le azioni più affidabili tra quelle che distribuiscono dividendi, allora occorre guardare innanzitutto al *Dividend Aristocrats Index*. L'indice in questione è composto da poco più di 50 aziende, facenti parte dello S&P 500, che hanno incrementato i loro dividendi per 25 o più anni consecutivi. È evidente che un'azienda deve avere un vantaggio competitivo forte e durevole per aumentare il pagamento delle cedole, ogni anno, per almeno 25 anni di seguito.

Non a caso, come si vede dal grafico seguente[165]

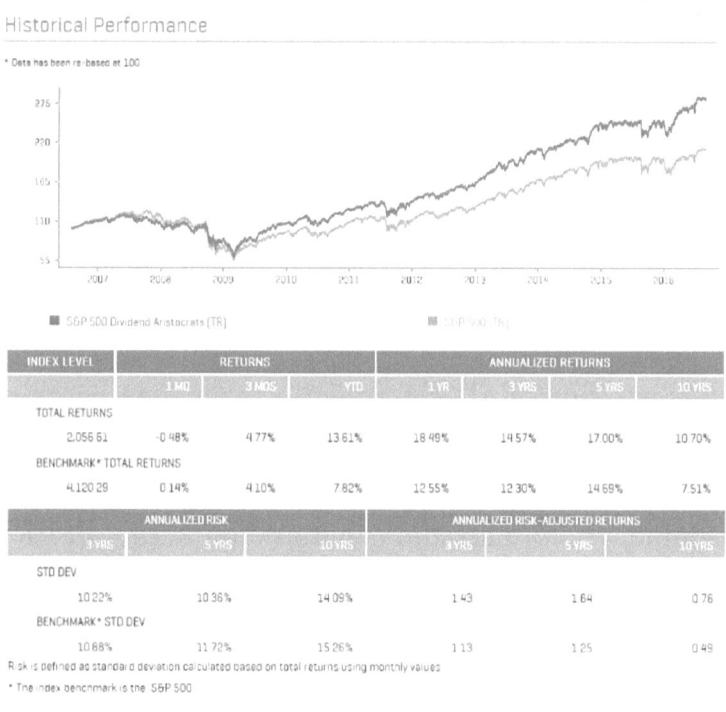

---

[165] Fonte S&P Factsheet.

l'indice dei dividendi Aristocrats ha superato il rendimento (*total return*) dello S&P 500 negli ultimi 10 anni (2006-2016). L'indice in questione ha avuto, infatti, un tasso di crescita annuo composto del 10,70%, rispetto al 7,51% dell'indice S&P 500 nello stesso periodo di tempo. Superare il rendimento del mercato del 3% circa l'anno, su un periodo di 10 anni, è un risultato eccezionale nel mondo degli investimenti. Ciò dimostra che comprare quote di aziende di alta qualità, le quali ricompensano gli azionisti con dividendi crescenti, ha funzionato bene. Si può, inoltre, notare come la volatilità dell'indice (rappresentata statisticamente dalla deviazione standard) sia stata anche leggermente inferiore rispetto al mercato, e pur prendendo in pieno la gravissima crisi di mercato del 2008/2009, il rendimento finale nel decennio 2006/2016 sia stato più che soddisfacente: un investimento effettuato nel 2006 si sarebbe più che raddoppiato nel 2016.

Analogamente a come rappresentato da Buffett nella sua lettera del 1987 sulle aziende che mostravano un rendimento sul capitale elevato e costante nel tempo, alcune tipologie di imprese sono sottorappresentate nell'indice Dividend Aristocrats. E, in particolare, sono molto poche le aziende del settore tecnologico (tra quelle attualmente presenti nell'indice possono essere considerate tali alla larga solo Automatic Data Processing e AT&T).

Questo perché il settore della tecnologia cambia rapidamente ed è molto più difficile mantenere un vantaggio competitivo nelle industrie in rapida evoluzione. Basti pensare al fallimento di Eastman Kodak, come esempio. Il suo marchio commerciale, una volta fortissimo, è stato reso irrilevante grazie al progresso della tecnologia. I settori che cambiano non sono un terreno fertile che può permettere alle imprese di far crescere i loro dividendi anno dopo anno. D'altra parte, i settori a lento cambiamento come i prodotti di consumo *usa e getta*, il cibo e le bevande, sono luoghi dove è molto più facile mantenere un vantaggio competitivo per diversi decenni. Inoltre, industrie con elevate barriere all'ingresso e grandi oneri normativi proibiscono l'ingresso a nuovi competitor. Questo crea una mancanza di concorrenza che consente alle aziende dominanti nel settore di rimanere tali per decenni. Esempi di quest'ultimo genere di settori includono l'industria del tabacco e le utility (energia, gas, ecc.).

Dividend Kings

La lista dei Dividend Kings è ancora più esclusiva, ed è un altro posto eccellente per cercare azioni di alta qualità, che pagano dividendi, allo scopo di formare un portafoglio azionario. Di essa fanno parte le 16 aziende che hanno aumentato il loro dividendo per almeno 50 anni consecutivi. In altri termini, si tratta di azioni che sono Dividend Aristocrats per due volte di seguito. Sono le più costanti tra le blue chip, includendo nomi famosi in tutto il mondo come: 3M, Colgate-Palmolive, Johnson & Johnson, Coca-Cola, Procter & Gamble, oltre a società più piccole, ma che si sono dimostrate altrettanto solide nel corso dei decenni.

Dividend Achievers

Il gruppo dei Dividend Achievers[166] è formato da oltre 200 imprese con 10 anni o più di aumenti consecutivi dei dividendi. Al suo interno vi sono moltissime imprese di alta qualità che non hanno ancora raggiunto il requisito dei 25 anni di crescita consecutiva per rientrare tra i Dividend Aristocrats.

In sintesi, investire in azioni che pagano cedole crescenti nel tempo riesce a combinare i diversi aspetti che aiutano ad aumentare il rendimento complessivo

---

[166] "*Achiever*" sta per: vincente, di successo.

dell'investimento azionario. Concentrandosi su tale tipologia di titoli gli investitori hanno un'elevata probabilità di aumentare la loro ricchezza e generare un flusso crescente di entrate passive[167] nel tempo.

---

[167] I dividendi rappresentano entrate "*passive*" in quanto non richiedono alcuna attività all'azionista, se non quella di mantenere le azioni in portafoglio.

IV) Costruire e gestire un portafoglio azionario per il lungo termine

1. Modi di cercare le aziende con un vantaggio competitivo durevole

Come sintetizza Warren Buffett in un articolo pubblicato sulla rivista Fortune del 22.11.1999 (T.d.A.): "*La chiave per investire non è valutare quanto un'industria sta incidendo sulla società odierna, o quanto crescerà, ma piuttosto determinare il vantaggio competitivo di ogni singola azienda e, soprattutto, la permanenza di tale vantaggio competitivo*". In altre parole, Warren Buffett ci dice che la chiave per investire è determinare se una società ha un *vantaggio competitivo durevole.*

Purtroppo, il vantaggio competitivo durevole non è qualcosa che si trova scritto accanto al nome dell'azione. Se lo fosse, investire sarebbe veramente facile. Ci sono molti fattori con cui si manifesta tale vantaggio competitivo che, come risultato, determina l'aumento degli utili per azione (EPS) e dei dividendi di una società. Le società che possiedono un vantaggio competitivo durevole (ossia un elevato rendimento sul capitale investito o ROIC) mostrano, nel tempo, le seguenti caratteristiche, in tutto o in parte:
- aumento delle vendite. Il potere di mercato di un'azienda si dimostra in prima battuta con la crescita dei ricavi;
- aumento dei margini. Un'azienda efficiente nel tempo cercherà di aumentare i margini percentuali di guadagno sul costo dei prodotti.

L'aumento dei margini, a parità di vendite, genera un aumento degli utili;
- aumento dei dividendi. L'aumento degli utili determina una conseguente crescita dei dividendi. <u>L'aumento dei dividendi nel tempo segnala, quindi, l'esistenza del vantaggio competitivo</u>;
- riacquisto delle azioni proprie (*buyback*). Oltre che attraverso i dividendi, i manager delle aziende quotate possono premiare gli azionisti riacquistando le azioni proprie. In tal modo la quantità di titoli in circolazione si riduce e quelli rimasti aumentano di valore, giacché gli utili si ripartiscono su una quantità minore di azioni. Per gli investitori, il vantaggio dei buyback, rispetto ai dividendi, è che non sono operazioni tassate, lo svantaggio, ovviamente, sta nel fatto che non si riceve alcun flusso di denaro;
- acquisizioni. Un'azienda che genera utili, se non li distribuisce sotto forma di dividendi o riacquisto delle azioni proprie, e non può o non vuole investire gli utili per la propria crescita dimensionale, acquista partecipazioni al capitale di altre aziende, in tal modo cresce per linee esterne.

In effetti, va detto che le aziende con vantaggio competitivo, ossia con un elevato rendimento sul capitale, si dividono in due famiglie: "*Legacy moat*" e "*Reinvestment moat*".[168] La maggior parte delle aziende con un vantaggio competitivo durevole appartengono al primo gruppo, sono, cioè, società in grado di generare forti ritorni sul capitale, ma non hanno grandi opportunità per reinvestire il capitale incrementale guadagnato a tassi di rendimento simili. In tal caso, beneficiano gli azionisti attraverso la distribuzione dei

---

[168] Per la distinzione si rinvia all'articolo pubblicato sul blog Basehitinvesting.com http://basehitinvesting.com/importance-of-roic-reinvestment-vs-legacy-moats/. Si potrebbe tradurre le due definizioni come "*vantaggio competitivo ereditario*" e "*vantaggio competitivo che si può reinvestire*".

dividendi e i buyback azionari.[169]

L'altra categoria è più rara e riguarda imprese che, oltre a generare un elevato rendimento sul capitale, hanno anche l'opportunità di reinvestire il capitale incrementale nel proprio business a tassi elevati per molti anni e, quindi, non distribuiscono dividendi o ne danno pochissimi, e non effettuano buyback. Tali imprese sono macchine a interesse composto e riescono a generare enormi rendimenti per i propri azionisti.[170] Sfortunatamente sono molto difficili da individuare, perché si tratta di aziende nelle fasi iniziali della loro crescita e sono confuse tra molte altre che sembrano avere caratteristiche simili, ma il cui vantaggio competitivo è effimero. Va detto anche che, poiché non è possibile che un'azienda possa espandersi all'infinito, le aziende del secondo gruppo, nel tempo, tendono a entrare nel primo gruppo, a mano a mano che le opportunità di investimento si esauriscono.

Ma ritornando al titolo del paragrafo, quali sono i modi per individuare un'azienda con un vantaggio competitivo durevole?

Fortunatamente ci sono delle scorciatoie per trovare rapidamente società del genere, anche se non tutte le aziende con questo tipo di vantaggio possono essere individuate. Le azioni identificate con i metodi di seguito descritti hanno un'elevata probabilità di avere tale vantaggio competitivo, ma non è detto che si possa aver ragione in tutti i casi: solo nella maggior parte di essi. Del resto, la diversificazione esiste proprio al fine di ridurre l'impatto sul portafoglio di eventuali errori di selezione.

---

[169] A tale categoria appartengono le multinazionali citate prima nella lista dei Dividend Aristocrats e Kings come 3M, Colgate-Palmolive, Johnson & Johnson, Coca-Cola, Procter & Gamble, ecc.

[170] Rientrano in tale categoria la già citata Monster Beverage e Fastenal, che curiosamente non sono aziende tecnologiche, ma producono beni di consumo nel settore alimentare.

a) Dividendi storicamente crescenti

Il metodo più semplice per acquistare società con vantaggio competitivo è sceglierle all'interno dei Dividend Aristocrats, ossia le azioni, presenti nello S&P 500, che hanno aumentato i dividendi per almeno 25 anni consecutivi. Un'azienda che è stata in grado di aumentare i propri dividendi per 25 anni deve avere, difatti, un vantaggio competitivo *forte e durevole*. Ciò non garantisce che questa caratteristica della società rimarrà tale anche in futuro, ma lo rende comunque molto probabile, perché simili aziende hanno dimostrato che possono far crescere i loro utili per lunghi periodi. Alla categoria dei Dividend Aristocrats si sovrappone quella dei Dividend Kings, che sono il me-

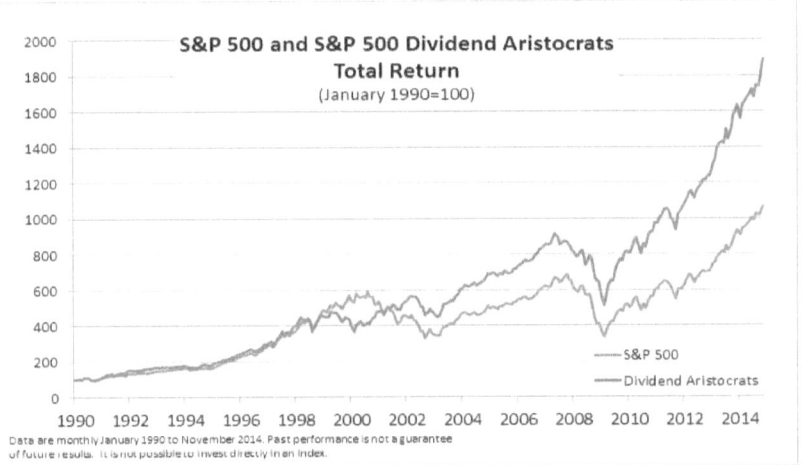

glio del meglio sotto l'aspetto della longevità, avendo assicurato la crescita dei loro dividendi per almeno 50 anni consecutivi.[171] Il precedente grafico (Fonte: S&P Dow Jones Indices LLC) evidenzia il migliore risultato

---

[171] Per consultare le liste dei Dividend Aristocrats e dei Dividend Kings il metodo più semplice è accedere agli elenchi e agli articoli pubblicati sul sito www.suredividend.com, dove vi sono anche delle analisi complete sulle aziende che ne fanno parte.

di un investimento nei Dividend Aristocrats rispetto a un investimento nell'indice S&P 500, in un periodo di 25 anni (1990-2014).

    b) Guardare ai portafogli degli investitori professionali

Un altro metodo da seguire per trovare imprese con potenziali vantaggi competitivi duraturi è quello di guardare il portafoglio dei gestori professionali. Essi seguono metodologie d'investimento a medio/lungo termine su aziende di qualità. In particolare, il sito www.gurufocus.com tiene monitorato l'andamento dei portafogli degli investitori più famosi o che gestiscono le somme più elevate, i quali, ogni trimestre, sono obbligati legalmente a comunicarne la consistenza e le variazioni. Queste comunicazioni sono denominate "*13F Filings*". Oltre al portafoglio della Berkshire Hathaway di Warren Buffett, vi sono molti altri investitori di fama di cui è possibile vedere l'andamento storico del portafoglio, le partecipazioni possedute con la relativa percentuale di incidenza sul totale, e seguirne i movimenti (tra gli investitori "*value*" in attività si citano, ad esempio, Donald Yacktman, Chuck Akre, Seth Klarman, Jean-Marie Eveillard, David Dreman).

    c) Usare gli stock screener per cercare azioni di società con bassa volatilità storica, e che presentano ROIC e margini più alti delle aziende concorrenti

Le imprese con vantaggi competitivi forti e duraturi sono in grado di aumentare il loro reddito negli anni. Inoltre, i loro utili saranno più stabili rispetto ai concorrenti più deboli e, soprattutto, non scenderanno o lo faranno di poco durante le recessioni.

Una minore volatilità degli utili si traduce in una minore volatilità del prezzo delle azioni. D'altra parte, una bassa volatilità nel prezzo delle azioni potrebbe essere un modo per verificare la volatilità degli utili effettivi, rispetto a quella degli utili contabili, tenuto conto che i prezzi misurano proprio le attese degli utili da parte del mercato. Ad esempio, se una società ha una riduzione occasionale degli utili a causa di una svalutazione resa necessaria da modifiche nelle politiche contabili, il mercato, probabilmente, non penalizzerà molto il prezzo delle azioni e, quindi, saranno limitati gli effetti sulla volatilità.

Il vantaggio per l'investitore è che, se il portafoglio è composto di azioni con bassa volatilità, il suo valore totale avrà meno oscillazioni dell'indice di mercato, con evidenti benefici di tipo psicologico. Il modo più semplice per individuare le azioni con bassa volatilità è la lista del PowerShares Low Volatility ETF (SPLV). Si tratta di un ETF che investe nelle 100 azioni dello S&P 500 con la più bassa volatilità dei prezzi,[172] oppure usare degli stock screener, come quelli accessibili (previo abbonamento) dal sito www.gurufocus.com.

In generale è interessante notare come le azioni a bassa volatilità non sono distribuite equamente tra i vari settori dell'economia. Vi si trovano raramente aziende che operano nel campo delle materie prime, del petrolio, dell'energia o in alcune industrie (come quella automobilistica). Infatti, quando i prezzi di vendita di una società sono determinati dalle forze di mercato (come il prezzo del petrolio), piuttosto che dalla forza dei marchi, gli utili (e i prezzi delle azioni) diventano più instabili. Allo stesso modo, tra le azioni poco volatili si trovano poche società del settore tecnologico e dell'informatica, poiché tali settori mutano rapidamente a causa di costanti miglioramenti tecnologici. La maggior parte delle azioni con bassa volatilità si trovano, infatti, nei seguenti settori: prodotti di consumo

---

[172] https://www.invesco.com/portal/site/us/financial-professional/etfs/product-detail?productId=SPLV.

non ciclici (Consumer Staples); sanità e prodotti per la salute (Health Care); fornitura di gas, energia elettrica e utenze telefoniche (Utilities); compagnie di assicurazioni), aziende industriali di nicchia. Dunque, l'esame della volatilità contribuisce a identificare le aziende con caratteristiche di stabilità che possono garantire, all'investitore, un margine di sicurezza per il lungo periodo.

Un'altra caratteristica delle aziende con vantaggi competitivi forti e duraturi è che esse sono più redditizie rispetto ai loro concorrenti. Se si ha un vantaggio competitivo, si hanno anche costi di produzione più bassi e/o si possono vendere i prodotti a un prezzo più alto. Questo si rifletterà, quasi sicuramente, in un ROIC e/o in un margine di profitto netto (calcolato come rapporto tra utile netto/totale vendite) più elevati rispetto ai concorrenti.

L'importanza del ROIC è già stata trattata al par. 10 del secondo capitolo, in quanto la remunerazione del capitale investito è la misura finanziaria più efficace per mostrare se una società sta facendo fruttare il suo capitale, ossia se il suo posizionamento competitivo permette di generare rendimenti solidi. Il ROIC, infatti, sintetizza la capacità di un'azienda di remunerare tutti i fattori produttivi, e le azioni di una società sono tanto più desiderabili quanto più denaro l'impresa produce da ogni dollaro o euro investito. Bisogna, tuttavia, avere presente che il ROIC e, conseguentemente, il rendimento finale per gli azionisti, è condizionato dai cambiamenti tecnologici e dalle variazioni dei modelli di business. Occorre, perciò, prestare attenzione che il rendimento del capitale della società sia sufficientemente duraturo e protetto dai concorrenti e non sia minacciato da tali cambiamenti.

L'altra misura del vantaggio competitivo è data dal margine di profitto. Va detto subito che quest'ultimo non è una metrica particolarmente utile per confrontare imprese appartenenti a diversi settori industriali.

Wal-Mart (WMT), che gestisce una catena di supermercati, avrà sempre un margine di profitto inferiore a Microsoft (MSFT), che produce software, ma è normale che sia così, ed entrambe sono imprese che godono di un vantaggio competitivo sui concorrenti.[173]

Il confronto dei margini di profitto è, invece, molto utile per paragonare imprese nello stesso settore. Essi possono cambiare in modo rilevante di anno in anno. Quando si confrontano i margini, è importante rapportare il margine medio per un periodo di diversi anni, in modo da tener conto delle fluttuazioni dei profitti. Per visualizzare i margini delle imprese che appartengono ai diversi settori, è possibile far ricorso a *stock screener*.[174] In generale, le aziende con i vantaggi competitivi più forti mostreranno i margini più elevati all'interno dei propri settori.

In conclusione, si può affermare che non c'è un unico sistema che consente di identificare, immediatamente e senza errori, le imprese con vantaggi competitivi forti e durevoli. Degli approcci sopra descritti il più semplice è quello certamente di investire in titoli con dividendi crescenti nel tempo, cercando di acquistare le azioni a prezzi non sopravvalutati o, se possibile, a sconto.[175] Gli altri metodi richiedono molto più discernimento e conoscenze contabili sufficientemente approfondite, e si presentano meno semplici rispetto a quello di investire nelle azioni a dividendo crescente. Difatti, la circostanza che i titoli di una società siano posseduti da altri investitori professionali, anche di successo, non è una buona ragione per acquistare le medesime azioni. Esse potrebbero essere state comprate da costoro, in passato, a prezzi più favorevoli, o in quantità mini-

---

[173] Il margine di profitto netto sui ricavi di Microsoft arriva a sfiorare il 20%. Quello di Wal-Mart è del 3,0%. Microsoft è un Dividend Achiever, Wal-Mart è un Dividend Aristocrat.

[174] Si può utilizzare il sito www.finviz.com e il sito www.gurufocus.com.

[175] Si vedrà come metterlo in pratica nelle prossime pagine.

me nell'ambito del portafoglio gestito.[176] Prima di investire sugli stessi titoli bisognerebbe, allora, verificare in proprio la loro qualità, attraverso approfondite analisi, che non sono alla portata di tutti.[177]

Anche condurre un esame sulla volatilità, sul ROIC e sui margini di profitto all'interno dei diversi settori economici è un buon punto di partenza, ma richiede l'uso oculato degli stock screener per identificare le azioni. In seguito servono ulteriori ricerche sulle aziende trovate, per assicurarsi che queste abbiano un vantaggio competitivo duraturo. Ossia, in altre parole, occorre accertarsi che i vantaggi competitivi espressi dai numeri siano sufficientemente permanenti e non si stiano erodendo, più o meno, velocemente.

2. I criteri per la costruzione del portafoglio

Abbiamo visto come per l'investitore attivo l'opzione più semplice per massimizzare le sue probabilità di guadagno in relazione al rischio sia quella di orientarsi sui titoli a dividendo crescente.

Oltre alle liste dei Dividend Aristocrats, Dividend Achievers e Dividend Kings, che possono esser trovate con una semplice ricerca su Google, sulla rete vi sono numerosi siti che costituiscono eccellenti risorse per reperire idee di investimento su azioni di alta qualità che pagano dividendi. Tra i migliori siti, attualmente esistenti sul tema, si segnalano:
- Sure Dividend: http://www.suredividend.com

---

[176] In altre parole, una debacle di un titolo in portafoglio molto diversificato di un investitore professionale avrebbe meno effetti di quella provocata sul portafoglio di un investitore non professionale.

[177] Sempre in merito ai portafogli ispirati al vantaggio competitivo, va segnalato che esiste un ETF che investe solo in aziende che si ritiene posseggano un vantaggio competitivo durevole. Si tratta del VanEck Morningstar Wide Moat ETF (MOAT). Il portafoglio dell'ETF *MOAT* comprende circa 40 azioni, che possono essere visionate al seguente link: https://www.vaneck.com/vaneck-vectors/equity-etfs/moat/Holdings/.

- Dividend Mantra:
  http://www.dividendmantra.com/
- The DRiP Investing Resource Center:
  http://www.dripinvesting.org
- Dividend Monk: http://www.dividendmonk.com/.

Gli autori di detti siti spiegano perché le azioni a dividendo sono un eccellente investimento, come trovarle e quali sono i pericoli da evitare.

La costruzione di un portafoglio di azioni di alta qualità con dividendi crescenti non è un'operazione complicata. Posto che una diversificazione su 20/30 titoli è sufficiente e ipotizzando l'acquisto di singole azioni per un importo almeno di € 10.000 cadauna, onde evitare di effettuare tanti piccoli micro-investimenti, è necessario disporre di un capitale di almeno 200.000/300.000 euro da investire. Può trattarsi di una somma liquida oppure di un portafoglio esistente da liquidare, magari precedentemente investito in Titoli di Stato e obbligazioni.

Ipotizzando di suddividere gli acquisti gradualmente durante un periodo di un anno, ogni mese potranno essere acquistate due azioni, investendo per ciascuna 1/20 (o 1/30 se si vuole costruire un portafoglio con 30 azioni). Ovviamente, il mese successivo si acquisteranno azioni differenti. Nel corso del tempo, si costruirà un portafoglio ben diversificato di ottime aziende. Per la scelta delle azioni con cui costruire il portafoglio si potranno seguire inizialmente le seguenti regole:
- devono far parte dei Dividend Aristocrats, ossia aver pagato almeno 25 anni di dividendi crescenti;
- si iniziano a scegliere i titoli che pagano il dividendo più alto (yield %) in modo da aumentare il flusso cedolare iniziale;
- non devono avere un payout superiore all'80%. Se un'azienda sta versando agli azionisti tutto il reddito sotto forma di dividendi, non ha alcun margine di sicurezza. Infatti, se si verifica una flessione degli utili, il dividendo dovrà essere ridotto. Le so-

cietà con un payout non eccessivo garantiscono meglio la prosecuzione della crescita dei dividendi;
- devono mostrare un tasso di crescita soddisfacente degli utili per azione negli anni. Se un'azienda ha mantenuto un tasso di crescita elevato per molti anni, è probabile che continuerà a farlo. Quanto più un business cresce, più redditizio sarà l'investimento;
- non devono avere una volatilità del prezzo troppo elevata. Un prezzo relativamente stabile delle azioni le renderà psicologicamente più facili da mantenere per il lungo termine.

I nuovi risparmi e i dividendi ricevuti dovranno essere reinvestiti nello stesso modo. Quando il numero delle azioni è diventato sufficientemente grande (nell'ordine di 30 o più titoli) si può reinvestire su quelle già in portafoglio, incrementando quei titoli le cui quotazioni sono più convenienti.[178]

L'andamento delle singole azioni e dell'intero portafoglio potrà essere visualizzato in tempo reale sul sito della banca, dove si mantiene il conto titoli. Se, per ragioni di sicurezza, non si vuole accedere continuamente al sito della propria banca (magari da uno smartphone o da PC non strettamente personale), si può facilmente replicare il contenuto del portafoglio usufruendo del servizio gratuito che forniscono i siti finanziari dei grandi motori di ricerca. Ad esempio, sui siti Yahoo finance e Google finance, dopo essersi registrati in forma quasi anonima, basta cliccare a sinistra della pagina sulla voce Portfolio (Google) o My Portfolio (Yahoo) per creare un portafoglio in cui inserire i dati dei titoli acquistati.

---

[178] Un'ottima newsletter che ogni mese classifica i titoli a dividendo crescente, individuando quelli più convenienti da acquistare, è quella fornita dal sito www.suredividend.com (a pagamento, ma a un prezzo relativamente basso: attualmente 79 dollari l'anno).

3. La gestione del portafoglio e la psicologia dell'investitore.

La costruzione del portafoglio per il risparmiatore ha il fine di farlo diventare un investitore di lungo termine, che è il miglior modo di aiutarlo a risparmiare in maniera proficua. Per ottenere ciò occorrono sia un approccio sistematico all'investimento, sia un determinato schema mentale.

a) I vantaggi dell'approccio sistematico

L'approccio d'investimento sistematico consente di ridurre parecchio l'errore umano nelle decisioni d'investimento. Avere un approccio sistematico nel creare il portafoglio, significa pianificare gli investire a intervalli di tempo regolari, indipendentemente dall'andamento del mercato azionario.

Purtroppo, invece, tutti noi nella vita siamo inclini a errori comportamentali rilevanti, studiati oggigiorno dalla branca della finanza comportamentale.[179] Gli errori incidono anche sui rendimenti degli investimenti. Coloro che operano in modo disciplinato otterranno, molto probabilmente, migliori risultati di coloro che operano la selezione dei titoli in base al loro *fiuto*. Investire sistematicamente con regole ben definite e con basi logiche impedisce di incorrere in tutti quei costosi errori caratteristici del processo d'investimento. A causa di essi si determina la decisione di comprare e vendere nel momento sbagliato e ai prezzi sbagliati.

La combinazione tra un approccio sistematico e un investimento a lungo termine consente di ridurre al minimo sia gli errori comportamentali sia le spese e le

---

[179] Proprio per studiare gli errori commessi dai risparmiatori e dagli investitori nell'ultimo ventennio del XX secolo sono nati gli studi di finanza comportamentale, che hanno dimostrato come le persone, anche a livello professionale, prendono spesso decisioni basate su regole empiriche approssimative e non seguono analisi razionali. Per un'analisi accessibile a tutti (in italiano) si consiglia il libro *Penso dunque investo* di J. Montier; edizioni CHW.

IV) COSTRUIRE E GESTIRE UN PORTAFOGLIO AZIONARIO PER IL LUNGO TERMINE

tasse sugli investimenti, che rappresentano i due fattori di riduzione del rendimento. In altri termini, l'investitore di lungo termine agisce seguendo i due principi sotto elencati:
- mantenere un basso turnover del portafoglio, cioè non occorre comprare e vendere continuamente azioni. Bisogna cercare azioni che è possibile acquistare e tenere per lunghi periodi. Più bassa è la rotazione del portafoglio, meno costi e spese si devono pagare e, in particolare, le tasse sulle plusvalenze e le commissioni di negoziazione;
- ridurre al minimo le commissioni di investimento, infatti investire personalmente in singoli titoli e non in fondi comuni attraverso un promotore finanziario, non fa fuoriuscire denaro dal proprio portafoglio titoli. Come si è visto nel secondo capitolo, quando s'investe in fondi comuni azionari, è necessario pagare una salata commissione (fino al 3% annuo) alla società che gestisce gli investimenti.

Tuttavia, nonostante la loro efficacia, le strategie individuali d'investimento azionario nel lungo termine non sono incoraggiate dall'industria del risparmio, perché in tal modo i singoli investitori possono fare bene da soli senza l'aiuto di banche, promotori e consulenti. L'acquisto e il possesso di azioni di aziende di alta qualità, con dividendi crescenti, non ha bisogno di professionisti istruiti. Invece dei fondi, che fanno pagare alte commissioni e, spesso dopo alcuni anni, sono liquidati, vengono acquistate singole azioni che possono essere mantenute in portafoglio per molti anni o, addirittura, per decenni senza agitarsi per comprare e vendere. Tutto questo significa assenza di guadagni per l'industria del risparmio gestito. Di conseguenza, nonostante la loro efficacia, raramente sui giornali finanziari si parla di strategie d'investimento individuali di lungo termine, tenuto conto che gli inserzionisti principali sono banche e società di gestione di fondi.

b) Lo schema mentale

Mantenere le azioni per il lungo termine non è nella mentalità del piccolo investitore che in borsa non *vuole* perdere e il cui orizzonte temporale, per questo, si colloca (a torto) nel brevissimo periodo. Infatti, proprio perché non vogliono incorrere in una perdita, i piccoli investitori tendono a vendere le loro azioni vincenti (o a liquidare la posizione in guadagno) troppo presto e a tenere le loro azioni perdenti (o le posizioni in perdita, in generale) troppo a lungo.

Un tale comportamento è chiaramente spiegato nella teoria dei giochi del premio Nobel John Nash (dalla cui storia è stato tratto il film *A beautiful mind*). In tale teoria si evidenzia come, in qualsiasi situazione rischiosa (nei giochi d'azzardo e in borsa), l'uomo si comporta aumentando il rischio quando ha già subito le conseguenze di un comportamento azzardato, e diminuendolo quando ha ottenuto un buon risultato.

In pratica, ciò significa far correre le perdite e tagliare i profitti, o in altre parole, come dice Peter Lynch *"Vendere i titoli quando s'è guadagnato abbastanza è come strappare i fiori e innaffiare le erbacce"*. Il comportamento razionale sarebbe invece il contrario. E la finanza comportamentale dimostra che guadagna di più colui che meno movimenta il suo portafoglio, meno guarda la sua posizione e ha l'orizzonte temporale più lungo. Viceversa, minore è il periodo di possesso delle azioni, maggiori sono le probabilità di perdere.

Nella pratica, invece, gli investitori non professionali non capiscono che i prezzi delle azioni non sono una variabile indipendente ma, come già ampiamente visto, riflettono gli utili di un'azienda e le sue prospettive, e non i prezzi segnati nel passato (come invece teorizza l'analisi tecnica).

I compratori delle azioni ragionano, normalmente, in termini di *ancoraggio* rispetto ai loro prezzi di acquisto. In pratica dicono: "*non vendo, se ci perdo rispetto a quando le ho comprate*" oppure "*ci ho guadagnato e le posso vendere*". In realtà, è palese che le azioni non conoscono i loro proprietari e il loro andamento non tiene conto del prezzo a cui costoro le hanno acquistate. Di fronte a più titoli in portafoglio, la tendenza dei risparmiatori è, invece, quella di vendere i titoli che sono saliti di più, pensando che abbiano "*fatto la loro corsa*" per paura che scendano di prezzo, e mantenere i titoli che sono rimasti indietro. Oppure ne cercano di nuovi che siano diminuiti di prezzo, nella convinzione che le azioni che si sono comportate peggio sono destinate a risalire più delle altre. Alla fine, si ritrovano in mano i titoli delle società peggiori e passivamente li guardano continuare a scendere. Nella speranza che i prezzi si riprendano, molti incauti risparmiatori accettano rischi e perdite senza limiti. La sensazione di perdere impedisce loro di valutare quello che sarebbe più conveniente fare. Perciò non comprendono che è meglio perdere poco, invece che perdere molto o tutto.

L'investitore intelligente cerca, al contrario, di selezionare buone società a prezzi convenienti, o almeno giusti, e tenerle a lungo, per consentire di aumentare il loro valore intrinseco. Se un'azione continua a salire, nella maggior parte dei casi vuol dire che la società va bene e conviene tenerla il più possibile. Infatti, Warren Buffett ha mantenuto molte delle azioni in portafoglio per diversi decenni.

Questo porta a rimarcare la differenza principale tra la mentalità tipica dell'operatore non professionale, rispetto all'investitore di lungo termine. Il primo tende a essere, in primo luogo, concentrato sul prezzo delle azioni. Nel suo mondo l'unica cosa che importa è se il prezzo del titolo sale o scende. Un'azione con un prezzo che scende è una *cattiva* azione, quella con un aumento del prezzo è una *buona* azione. Non ha poco o nessun interesse o preoccupazione per i fondamentali aziendali.

Ironia della sorte, l'approccio da *trader* richiede più tempo, energia e sforzo rispetto a un approccio più prudente a lungo termine. In altri termini, il trading trasforma essenzialmente l'investimento in un lavoro a tempo pieno. Naturalmente un'attività del genere non è appropriata per la maggior parte delle persone, le quali hanno cose più importanti da fare nella loro vita che passare il tempo sedute davanti a uno schermo di computer, a guardare ossessivamente i prezzi azionari.

Per contrasto, l'investimento di lungo termine rende necessario focalizzarsi sull'impresa nella quale si è investito, preoccupandosi poco della volatilità del prezzo. Invece del movimento dei prezzi, l'obiettivo è la performance dell'azienda e il suo vantaggio competitivo. L'investitore prudente è consapevole che, nel lungo termine, quello che conta veramente è il successo dell'azienda e comprare un'azione consiste nel diventarne socio.

Diventare socio, tuttavia, non significa reperire ed elaborare tutte le informazioni sull'attività che viene svolta dalla società. Queste sono cose che riguardano i manager. L'investitore azionario deve comportarsi passivamente rispetto alla gestione. La sola cosa che deve interessargli è che il denaro investito stia lavorando per lui e, perciò, deve comprendere il valore dell'azienda in cui ha investito, guardando all'incremento degli utili per azione nel corso degli anni.

Se gli utili si continuano a comportare come ci si attende, i movimenti di prezzo di breve termine non dovranno destare preoccupazioni. Se il prezzo scende sotto quello di acquisto, i titoli andranno considerati come fossero illiquidi, poiché non è intelligente vendere qualcosa per meno di quel che vale. Se c'è bisogno di denaro, in caso di necessità, si potrà scegliere di vendere le azioni in portafoglio che sono sopravvalutate o comunque valutate correttamente.

In sintesi, lo schema mentale del socio che si com-

IV) COSTRUIRE E GESTIRE UN PORTAFOGLIO AZIONARIO PER IL LUNGO TERMINE

porta da *proprietario* serve a tenere fuori le emozioni fuori dalla porta, e come fanno capire Graham e Buffett ad "*approfittare*" del mercato, non a subirlo. Detto in termini di teoria dell'informazione, i risultati aziendali (utili, dividendi, cash flow) rappresentano il "*segnale*" o "*significato*", e il movimento dei prezzi il "*rumore*". <u>L'investitore saggio, per sopravvivere e avere successo, deve concentrarsi sul segnale e trascurare il rumore.</u>

Questo concetto è bene evidenziato da N.N. Taleb (paradossalmente un trader) nel suo libro *Giocati dal caso* (capitolo 3, pag. 82-83). In esso immagina un ipotetico investitore (un dentista in pensione) che ottiene dal suo portafoglio un rendimento eccellente del 15 percento medio annuo, superiore rispetto ai Titoli di Stato a breve termine, con un tasso d'errore (*volatilità*) del 10 percento l'anno, e che guarda continuamente le quotazioni, il valore del suo portafoglio dalla sua postazione di trading. Afferma l'autore: "*Un rendimento del 15 percento con una volatilità (o incertezza) del 10 percento l'anno si traduce in una probabilità del 93 percento di avere profitti in ogni dato anno. Visto su una scala temporale molto piccola, però, ciò si traduce in una probabilità di solo il 50,02 percento di guadagnare in un dato secondo (...) Sui lassi di tempo più brevi, l'osservazione non rivela quasi nulla. Eppure, il cuore del dentista la pensa diversamente e gli fa avvertire una fitta a ogni perdita, ben evidenziata in rosso sullo schermo. Si compiace quando i risultati sono positivi, ma è più forte il dolore che prova quando i risultati sono negativi. Alla fine della giornata il dentista è emotivamente esaurito. L'esame minuto per minuto dei suoi risultati fa sì che ogni giorno (ipotizzando otto ore al giorno) avrà 241 minuti piacevoli e 239 spiacevoli. In un anno ce ne saranno rispettivamente 60688 e 60271. Ora, se la spiacevolezza del minuto spiacevole è maggiore della piacevolezza del minuto piacevole, allora il dentista ricava un forte deficit emotivo dall'esame fre-*

quente dei risultati. Consideriamo la situazione nella quale il dentista esamina il proprio portafoglio solo una volta al mese, quando riceve l'estratto conto dalla banca. Poiché il 67 percento dei mesi sarà positivo, egli avrà ogni anno solo quattro fitte di dolore, contro otto sensazioni di benessere. E si tratta dello stesso dentista e della stessa strategia d'investimento. S'immagini ora che il dentista controlli i risultati solo una volta all'anno. Nei successivi vent'anni di vita attesa, avrà diciannove sorprese piacevoli per ogni sorpresa negativa! (...) Alcune conclusioni:

1) su intervalli temporali brevi, quel che si osserva è la variabilità del portafoglio, piuttosto che il suo rendimento. In altre parole, si vede la varianza e poco più. Tengo sempre a mente che quel che si osserva è nel migliore dei casi una combinazione di varianza e rendimenti, non solo rendimenti;

2) le nostre emozioni non sono progettate per cogliere questo fatto. Per il dentista sarebbe molto meglio guardare solo gli estratti mensili, e sarebbe forse ancora meglio se si limitasse ai resoconti annuali;

3) quando vedo un investitore controllare il suo portafoglio in tempo reale sul suo cellulare o sul suo palmare, sorrido, due volte".

Un altro importante vantaggio del long-term investing rispetto al trading è la sua scalabilità, ossia la possibilità di essere applicato a portafogli di dimensioni molto diverse, senza particolare differenze di operatività. Infatti, comprare 100, 1000 o 10.000 azioni di una compagnia e mantenerle nel medio/lungo termine non è concettualmente diverso, varia soltanto la dimensione del portafoglio a disposizione.

Al contrario, impiegare nell'attività speculativa piccole cifre è molto diverso dal farlo con grosse somme. Poiché nel trading si assumono rischi più alti, trattandosi di una scommessa sulle variazioni dei prezzi, chi ha un capitale più alto sarà portato a dividerlo tra più scommesse, proprio al fine di calmierare il rischio. C'è,

IV) COSTRUIRE E GESTIRE UN PORTAFOGLIO AZIONARIO PER IL LUNGO TERMINE

quindi, la fondata probabilità di non riuscire più a seguire le tante operazioni oltre una determinata soglia di capitale.

Vi è, inoltre, il grosso problema del reinvestimento delle somme che derivano dalle posizioni di trading chiuse in altre operazioni, e che diventa tanto più pesante in termini d'impegno di tempo e costi psicologici quanto più alto è il capitale a disposizione. Accade, così, che anche chi è inizialmente in grado di realizzare operazioni di trading redditizie viene sopraffatto nel tempo, perché non riesce a far fronte al carico di decisioni che gli si richiedono continuamente per trovare nuovi spunti speculativi, e comunque ha difficoltà a seguire un elevato numero di operazioni.

Al contrario, l'investitore di lungo termine può possedere senza problemi anche alcune decine di azioni perché, avendole scelte con determinati criteri di valore, sa che la sua movimentazione di portafoglio sarà molto bassa.

Gli investitori che si concentrano sul trading ricercano costantemente costrutti matematici o empirici per decidere quando comprare o quando vendere, e accusano perdite nel momento in cui scoprono che quelle formule basate sull'estrapolazione dei comportamenti precedenti dei prezzi non necessariamente continuano a funzionare. *Alpha, beta* e quant'altro sono accrocchi matematici inventati da accademici e commercializzati da consulenti, che rendono misteriosa la finanza e, spesso, sono utilizzati allo scopo di spingere ad affidarsi a sistemi di trading o agli *hedge fund* gestiti da sedicenti "*super esperti*".

Non bisognerebbe, invece, ignorare la saggezza impartita con semplicità da Benjamin Graham, e cioè che le azioni sono parti di un business. Non sono lettere greche, o simboli misteriosi, e neanche l'andamento erratico dei loro prezzi deve essere interpretato mediante formule segrete. Le azioni costituiscono il diritto legale degli azionisti di partecipare pro-quota agli utili e ai dividendi dell'azienda. Nel lungo termine le persone che possiedono le azioni di una società accresceranno, o meno, la loro ricchezza in proporzione ai risultati dell'azienda sottostante.

4. Quando vendere e la rotazione del portafoglio

La stragrande maggioranza dei testi e dei giornali finanziari che trattano d'investimenti spiega che cosa e quando comprare, e talvolta come costruire un portafoglio titoli. Molto più raramente si discute del tema di quando vendere. Questo, probabilmente, perché l'acquisto è la parte eccitante dell'investimento, il momento in cui il risparmiatore immagina quanti soldi riuscirà a guadagnare.

Vendere un'azione è, invece, la parte più difficile poiché è decisamente meno entusiasmante, ma talvolta *deve* essere fatto, perché si ritiene che si possa fare altrove un investimento migliore, o perché è necessario utilizzare il denaro per un altro scopo.

Sotto il primo punto di vista si osserva che non tutte le scelte compiute si rivelano corrette e, se le condizioni che ci avevano portato a selezionare un titolo sono cambiate, occorre tenerne conto, altrimenti il problema si trascinerà per anni. Ci sono due ragioni principali per le quali vendere un'azione di una società, che distribuisce dividendi, acquistata per il suo vantaggio competitivo durevole:
- se il prezzo dell'azione è ampiamente sopravvalutato;
- se la società ha perso o è in pericolo di perdere il suo vantaggio competitivo e non è più in grado di continuare e aumentare il pagamento dei dividendi.

IV) COSTRUIRE E GESTIRE UN PORTAFOGLIO AZIONARIO PER IL LUNGO TERMINE

La prima regola si basa sul riscontro che le azioni, con elevato rapporto prezzo/utili, storicamente hanno significativamente sottoperformato quelle con un basso rapporto prezzo/utili. Il grafico che segue mostra l'andamento delle azioni con alto prezzo/utili, contro quelle con basso prezzo/utili per un periodo di 35 anni.[180]

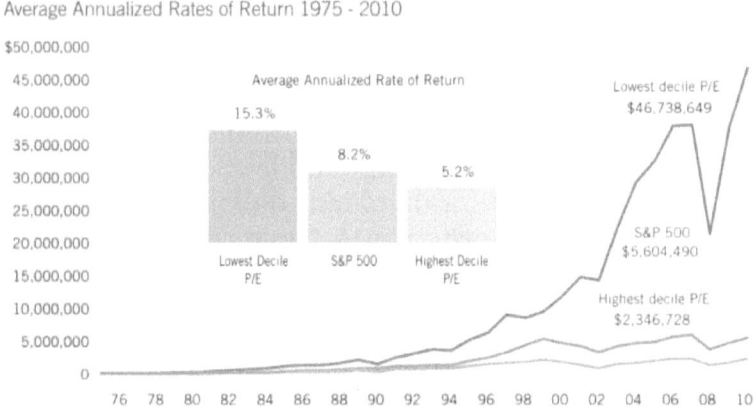

Una buona regola è quella di vendere se il rapporto prezzo/utili normalizzato supera il valore di 40. Il P/E di 40 corrisponde a una valutazione superiore al doppio della media storica dello S&P 500. In termini di E/P equivale a un rendimento attuale del 2,5% che, per essere conveniente, richiede prospettive di crescita degli utili che difficilmente si potranno mantenere nel lungo termine. In seguito, se la società mantiene il proprio vantaggio competitivo, e se la sopravvalutazione rientra, le azioni potranno essere riacquistate a un prezzo più basso. Le somme provenienti dal disinvestimento

---

[180] Fonte : *The Case for Value* by Brandes Investment Partners – giugno 2013.

dalle azioni troppo care verranno destinate ad acquistare titoli a dividendo con valutazioni più convenienti. Esse meglio potranno ricompensare l'investitore in futuro. Per controllare il P/E ai fini di un'eventuale sopravvalutazione, è importante guardare gli utili normalizzati (non GAAP), piuttosto che gli utili ufficiali di bilancio (GAAP).[181] Difatti, non è opportuno vendere un titolo che ha un rapporto prezzo/utili di oltre 40, poiché gli utili sono stati ridotti in un determinato anno a causa di un evento occasionale o eccezionale (come una svalutazione).

Il secondo caso in cui vendere le azioni si verifica quando le società riducono o eliminano il pagamento di dividendi. Le azioni che tagliano le cedole innanzitutto riducono il reddito da dividendi dell'investitore in modo temporaneo o permanente. Se lo scopo di possedere titoli di alta qualità con dividendi in crescita è anche quello di vedere il reddito delle cedole che aumenta progressivamente negli anni, il taglio del dividendo fa venir meno il motivo di continuare a possedere le azioni.

L'impresa che elimina o riduce il pagamento dei dividendi invia, poi, un segnale molto chiaro agli investitori. Dimostra, infatti, che i manager non sono fiduciosi che l'azienda possa mantenere i suoi utili e il suo cash flow. Ciò, generalmente, sta a significare che il vantaggio competitivo della società è stato indebolito o si è perso. Se è così, è opportuno vendere e reinvestire il proprio denaro in un'azienda di qualità superiore, scelta tra quelle che continuano ad aumentare, regolarmente, il pagamento dei dividendi.

---

[181] Negli Stati Uniti, i principi di contabilità generalmente accettati, comunemente abbreviati come US GAAP, o semplicemente GAAP (*Generally Accepted Accounting Principles*), sono regole di contabilità usate per preparare, presentare e depositare i bilanci delle aziende. Gli utili normalizzati Non-GAAP vengono sempre posti a confronto con gli utili contabili GAAP nelle relazioni di bilancio delle società quotate.

IV) COSTRUIRE E GESTIRE UN PORTAFOGLIO AZIONARIO PER IL LUNGO TERMINE

Anche l'idea di vendere le azioni che hanno tagliato o ridotto il loro dividendo è pienamente fondata sui dati storici. Infatti, durante il periodo 1972-2013, come evidenziato dalla tabella che segue,[182] le azioni che hanno tagliato o ridotto la loro cedola hanno prodotto un rendimento medio pari a zero. Nello stesso tempo i titoli a dividendo crescente hanno realizzato un rendimento medio del 10,1%. Ma più sorprendente è la vola-

S&P 500 Index: Dividend Growers Have Outperformed with Less Risk
Risk and Return (1972-2013)

tilità (deviazione standard) delle azioni con dividendi crescenti (16.1). Essa è stata notevolmente inferiore a quelle delle altre categorie di azioni. In altri termini, le azioni che aumentano il pagamento dei dividendi segnalano agli investitori la fiducia nella crescita futura degli utili e garantiscono, così, rendimenti migliori.

Stabilire delle regole di vendita è molto importante poiché coloro che non hanno un piano predefinito possono vendere prematuramente, nel caso di rialzo dei titoli, o essere tentati di *resistere*, in caso di ribasso, nella speranza che un'azione che ha ridotto il dividendo possa ritornare ad aumentarlo. Regole chiare e pre-

---

[182] Fonte: *Rising dividend fund brochure* by Oppenheimer Funds.

cise su quando vendere evitano il panico e le emozioni normalmente connesse con il prendere la decisione.

5. Gli obiettivi di lungo termine e il pensionamento (la regola del 4%)

"Qualcuno oggi sta seduto all'ombra perché ha piantato un albero molto tempo prima" è una bella frase di Warren Buffett. Sottolinea i vantaggi dell'investimento a lungo termine, che dovrebbe essere un viaggio il quale duri buona parte della vita e nel quale si può imparare da coloro che hanno realizzato, prima, lo stesso percorso. Se non si compie il sacrificio di piantare l'albero e di farlo crescere, non si riuscirà a goderne dell'ombra e dei frutti.

Abbiamo visto all'inizio del libro che l'investimento dovrebbe avere principalmente finalità previdenziali. Il concetto di pensionamento, come aspettativa generalizzata, è relativamente nuovo nella storia dell'uomo, in quanto risale al XX secolo e ancora oggi è riservato ai soli paesi sviluppati:

il grafico sotto riportato si riferisce alla popolazione

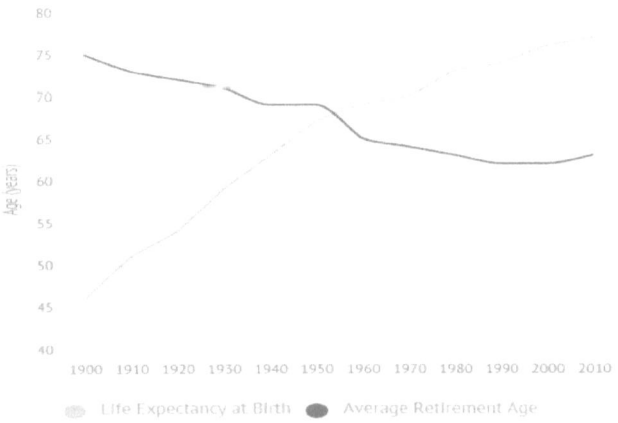

degli Stati Uniti, evidenziando la speranza di vita alla nascita e l'età di pensionamento, e fa comprendere come la pensione, per la generalità della popolazione, sia stata una realtà affacciatasi nella storia solo nella seconda metà del '900.[183]

Lo stesso allungamento dell'aspettativa di vita si è verificato in Italia, come dal grafico sotto riportato, anche se negli ultimissimi anni c'è stato un andamento in controtendenza.[184] Tuttavia, con le attuali riforme delle pensioni, l'età effettiva del pensionamento si è spostata molto in avanti, cosicché, mentre fino a pochi anni fa un neopensionato poteva immaginare circa 20 anni davanti a sé, oggi il numero di anni dell'aspettativa di vita, una volta in pensione, si è ridotto in modo considerevole, né in un contesto di perdurante crisi della finanza pubblica è possibile attendersi miglioramenti in futuro.

Quindi, nei prossimi anni, come già osservato nel

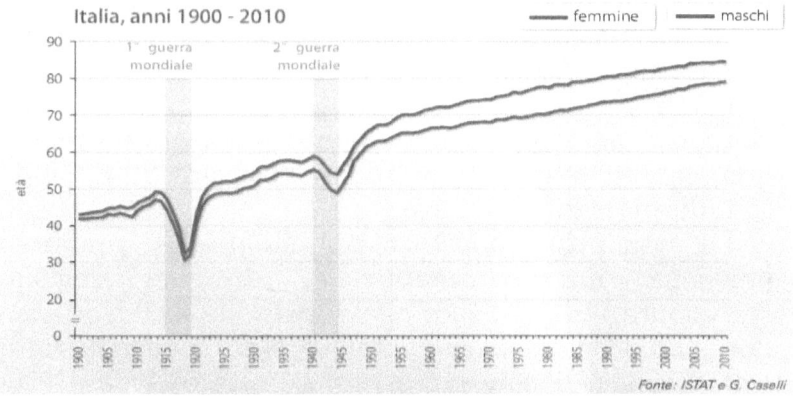

---

[183] Fonte: Work in Retirement, Merrill Lynch and AgeWave 2014 https://www.ml.com/publish/content/application/pdf/GWMOL/MLWM_Work-in-Retirement_2014.pdf.

[184] http://www.ansa.it/saluteebenessere/notizie/rubriche/stilidivita/2016/04/26/per-la-prima-volta-cala-aspettativa-vita-italiani_fa9c8cbb-30a1-462b-8554-a978f1ffe584.html.

primo capitolo, per l'aumento dell'età pensionabile e per la contestuale diminuzione dell'importo delle pensioni calcolate con il sistema contributivo, sempre più persone si troveranno con la necessità di sostituire o integrare l'importo dell'assegno previdenziale. Nel primo caso perché smettono di lavorare (per licenziamento o motivi di salute), ma sono troppo giovani per accedere alla pensione pubblica, nel secondo perché l'importo della pensione è solo una frazione dell'ultima retribuzione.

Per chi ha avuto la capacità, la fortuna e la costanza di costruire e mantenere un portafoglio di titoli, si porrà la necessità di utilizzarlo per il pensionamento. E, nel momento in cui ciò si verifica, bisogna avere dei criteri predefiniti per decidere se e come liquidare il patrimonio accumulato.

In primo luogo bisogna partire dalla valutazione dei propri bisogni: quelli fondamentali devono essere necessariamente soddisfatti. Tra questi rientrano, in particolare, le spese per il cibo e per la casa. Poi ci sono i bisogni *superflui* che derivano dal desiderio di apparire con uno status uguale o migliore degli altri. Contrariamente ai bisogni fondamentali, questi potrebbero non essere mai soddisfatti, nonostante il ricorso a grandi quantità di denaro.

La cosa più importante per chi intende andare in pensione anticipatamente è, dunque, calcolare l'ammontare delle spese che si prevede di dover sostenere. Lo scopo è di raggiungere *l'indipendenza finanziaria*, ossia di non avere la necessità di lavorare per guadagnare, ma la possibilità di scegliere come passare il proprio tempo, avendo un reddito da *entrate passive* (una rendita) sufficiente a coprire le spese. Ci sono, infatti, persone che non vanno *mai* in pensione e si concentrano semplicemente su ciò che gli piace fare, sia che tale l'attività produca denaro, sia che non lo produca.

Chi deve fare i calcoli sulla data del proprio pensionamento, sul raggiungimento dell'indipendenza finanziaria o su uno o più anni sabbatici, deve concentrarsi sulle spese che dovrà sostenere. Si tratta di un problema tipicamente personale, perché la spesa dipende dalle esigenze e dai desideri di ciascuno. Tuttavia, data una quantità limitata di denaro, l'ammontare delle spese deve essere calcolato innanzitutto tenendo conto delle cose realmente necessarie, a cui poi aggiungere quelle restanti, più o meno superflue.

Raggiungere il punto di pareggio tra entrate e spese

Le azioni che pagano dividendi generano un reddito che può contribuire a coprire le spese di pensionamento. Investire periodicamente nei titoli che producono un rendimento crescente, aumenta la rendita percepita in modo costante. Immaginiamo, ad esempio, di investire 10.000 euro (o dollari) in titoli che rendono un dividendo medio del 3% il quale cresce del 6% ogni anno. Nel primo anno si percepirà un dividendo di 300 euro. Reinvestendo i dividendi e continuando a investire altri 10.000 euro l'anno, alla fine del secondo anno si percepiranno 627 euro di dividendi, di cui 327 dai primi 10.000.[185]

Se si continuano ad aggiungere 10.000 euro ogni

---

[185] Infatti € 10.000 + € 300 = € 10.300 x 3% = € 327. Per semplicità non è stata considerata la tassazione dei dividendi. Che, comunque, il risparmiatore deve tener presente nei suoi calcoli. È da precisare che anche sui dividendi delle azioni estere viene applicata la tassazione del 26% (essa è trattenuta direttamente dall'intermediario, nel regime del risparmio amministrato). Per le azioni delle società con sede negli Stati Uniti è applicata una ritenuta federale del 15%, cosicché il 26% italiano viene applicato sul netto. In pratica il carico fiscale complessivo su un dividendo USA è del 37%, per un netto percepito di 63 ogni 100 dollari distribuiti [(lordo 100 -15%) = 85 − (85*26%)=22 = 63]. I dividendi delle società con sede in Gran Bretagna (alcune quotate negli USA) sono, invece, esenti dalla doppia tassazione. La ritenuta del 15% potrebbe scoraggiare qualcuno, tuttavia va considerato che su un dividendo medio del 3% sul capitale investito, corrisponde a una perdita di reddito di uno 0,45% sull'ammontare complessivo del portafoglio (3% x 15%). Tale percentuale è analoga o di poco superiore alla commissione annua prelevata da un ETF azionario, e sicuramente molto inferiore alla commissione di un fondo comune.

anno fino al raggiungimento della pensione, grazie alla capitalizzazione composta applicata all'investimento a lungo termine, si raggiungeranno i seguenti risultati:

Anno	Reddito annuo da dividendi
1	300
2	627
3	983
5	1.795
10	4.557
15	8.808
20	15.348
25	**25.410**
30	40.892
35	59.094
40	101.364

In base alla tabella si può osservare che dopo 25 anni si ottiene un reddito di circa 25.000 euro l'anno, esclusivamente da dividendi, da poter spendere per le proprie esigenze. Ma quel che dovrebbe essere più rilevante è la crescita del valore del portafoglio nel tempo. Infatti, se si mantiene il rapporto del 3% tra il dividendo medio e il valore di mercato dei titoli che lo producono, il portafoglio che produce 25.410 euro di dividendi dovrebbe avere un valore di mercato di circa 847.000 euro.[186] Allo scopo è esposta di nuovo la suddetta tabella con una ulteriore colonna che mostra l'evoluzione del portafoglio investendo 10.000 euro l'anno con crescita dei dividendi al tasso del 6%, e supponendo che gli stessi dividendi continuano a mantenersi in un rapporto del 3% con il valore dei titoli, sempre nell'ipotesi di un reinvestimento totale delle somme ottenute come dividendo.

---

[186] 833.000 x 3% = 25.000.

IV) COSTRUIRE E GESTIRE UN PORTAFOGLIO AZIONARIO PER IL LUNGO TERMINE

Anno	Reddito annuo da dividendi	Valore ipotetico del portafoglio
1	300	10.000
2	627	20.900
3	983	32.767
5	1.795	59.833
10	4.557	151.900
15	8.808	293.600
20	15.348	511.600
25	**25.410**	**847.000**
30	40.892	1.363.067
35	59.094	1.969.800
40	101.364	3.378.800

Gestione del portafoglio accumulato, e la regola del 4% per la vendita delle azioni

Una volta terminata la fase di accumulo, ci si trova con un portafoglio di azioni che distribuiscono dividendi crescenti. Pertanto il reddito che forniscono dovrebbe aumentare nel corso degli anni al tasso medio di crescita dei dividendi. In tal modo, potrebbe accadere che, se ci si fa bastare l'importo iniziale dei dividendi percepiti come reddito da spendere, negli anni si avrà un surplus di liquidità, perché i dividendi salgono a fronte di spese più o meno costanti. In altre parole, una volta che attraverso i dividendi si raggiunge il livello di reddito desiderato, sarà difficile non accumulare altro denaro liquido. Questo surplus di liquidità potrebbe essere utilizzato come cuscino per far fronte a eventuali imprevisti che si dovessero presentare. Inoltre, anche se si utilizzano integralmente i pagamenti delle cedole a copertura delle spese, diventerà sempre più probabile che sia i dividendi, sia i prezzi delle azioni che compongono il portafoglio, cresceranno nel tempo.

Tuttavia, non sempre ci si trova in una situazione

simile a quella descritta in cui, per coprire le proprie esigenze, sono sufficienti solo i dividendi ricevuti, creando addirittura un *tampone* di liquidità che permette al patrimonio, verosimilmente, di continuare ad aumentare negli anni. C'è una possibilità alternativa di provare a coprire le proprie esigenze di pensionamento anche nel caso in cui i soli dividendi non siano sufficienti. Infatti, è possibile sia utilizzare i dividendi, sia decidere di vendere una parte delle azioni per ottenere delle somme di denaro aggiuntive.

L'ambizione di non vendere mai le proprie azioni è un lodevole obiettivo, soprattutto per coloro che vogliono trasmettere un'eredità ai loro familiari, ma è importante capire che vendere una piccola percentuale del portafoglio ogni anno, non solo non lo riduce a zero, ma potrebbe consentire di mantenerne il valore nel tempo.

Incidentalmente è proprio quello che sta facendo Warren Buffett, che gradualmente sta destinando in beneficenza il suo patrimonio. Infatti, nella relazione annuale del 2012 della Berkshire Hathaway il miliardario afferma (T.d.A.):

"Vorrei concludere questo esercizio di matematica (...) utilizzando il mio caso per illustrare come una cessione regolare di azioni può accompagnarsi a un incremento del valore del proprio investimento in una società. Durante gli ultimi sette anni, ho dato via ogni anno circa il 4 e 1/4% delle mie azioni Berkshire. Attraverso questo processo, la mia posizione originale di 712.497.000 azioni (...) è scesa a 528.525.623 azioni. Chiaramente la mia percentuale di possesso della società è notevolmente diminuita. Eppure il mio investimento nell'azienda è in realtà aumentato: il valore di libro (book value) della mia attuale partecipazione nella Berkshire supera notevolmente il valore attribuito alle mie partecipazioni di sette anni fa. Le cifre effettive sono 28,2 miliardi di $ nel 2005 e $ 40,2 miliardi per il 2012. In altre parole, ora ho molti più soldi che lavorano per me nella Berkshire, anche se la mia percentuale

di proprietà della società ha registrato un calo sensibile. Allo stesso tempo è vero che la mia parte di valore intrinseco del business di Berkshire e della sua capacità di guadagno è di gran lunga maggiore di quella che era nel 2005. Nel corso del tempo, mi aspetto che questo accrescimento di valore continui – anche se in maniera decisamente irregolare – nonostante adesso ogni anno trasferisco più del 4 e 1/2% delle mie azioni (incremento che si è verificato perché recentemente ho raddoppiato i miei impegni verso alcune fondazioni)".

La vendita di azioni, in aggiunta alla percezione dei dividendi è, quindi, una possibilità che non necessariamente riduce il valore del portafoglio. Un apposito studio della Trinity University[187] ha dimostrato che vendere ogni anno dal 3% al 5% di un portafoglio azionario non dovrebbe danneggiare il valore del portafoglio stesso nel lungo periodo. Pertanto il 4% annuo è generalmente considerato un tasso di prelevamento abbastanza sicuro.

La regola del 4% si fonda sul principio che si dovrebbe essere in grado di ritirare tale importo ogni anno dal portafoglio e vivere del medesimo a tempo indeterminato. Funziona perché il portafoglio è composto da imprese redditizie che generano utili crescenti negli anni. In tal modo, nel medio termine, la crescita dei profitti e dei dividendi sarà suscettibile di mantenere, o addirittura far aumentare, il valore del portafoglio stesso, anche se si sta sottraendo il 4% ogni anno dal totale. Infatti, pur disinvestendo il capitale in misura del 4% l'anno, considerando che i dividendi dei titoli in portafoglio crescono in media ogni anno almeno di tale percentuale, il flusso cedolare non dovrebbe ridursi.

È opportuno spiegare con un esempio tale affermazione: immaginiamo di avere la necessità di 25.000 euro per anno. Basandosi su un tasso di disinvestimento

---

[187] http://afcpe.org/assets/pdf/vol1014.pdf.

del 4% annuo, significa avere un capitale di 625.000 euro all'inizio del pensionamento (in altri termini pari a 25 volte le spese annue). Ai 25.000 euro derivanti dal disinvestimento (dai quali, però, si dovrebbero sottrarre le tasse sul capital gain) si sommeranno i dividendi percepiti sui 600.000 euro di capitale residuo, che al 3% di rendimento sarebbero ulteriori 18.000 euro, per un totale di 43.000 euro pari a quasi 3.600 euro al mese, più che sufficienti per una vita dignitosa.[188]

Il capitale si è ridotto a 600.000 − 25.000 = 575.000 euro, ma i dividendi crescono del 5% l'anno, così ora saranno del 3,15%.[189] Su 575.000 euro saranno 18.112 euro, salvaguardando il flusso cedolare (che l'anno precedente era di 18.000 euro). Nel frattempo, se tutto va bene, la crescita degli utili per azione nel medio termine dovrebbe aumentare la valutazione dei titoli in portafoglio e riportarla al valore precedente, nonostante i prelievi del 4% annuo. In termini numerici, se l'importo dei dividendi continua a rappresentare il 3% del valore del portafoglio, quest'ultimo dovrebbe risalire a oltre 600.000,00 euro (18.112,00 / 3% = 603.733,00).

In conclusione, la possibilità di agevolare il pensionamento, grazie alla gestione di un portafoglio azionario che paga dividendi, è probabilmente più ampia di quello che si può immaginare, ed è alla portata di coloro che possiedono una capacità di risparmio adeguata, ma non possono essere considerati, certo, ricchi. Il capitale va, naturalmente, dimensionato in base alle spese correnti che si prevede di dover sostenere. Volendo utilizzare la regola del 4%, un modo rapido di identificare il portafoglio minimo *obiettivo* è quello di moltipli-

---

[188] Si deve tener conto che i calcoli degli esempi non considerano l'inflazione, i cui effetti riducono il valore delle rendite e del portafoglio nel corso degli anni. Tuttavia, per quanto riguarda le valute forti, come il dollaro e l'euro, l'obiettivo delle banche centrali (FED e BCE) è di fare in modo che il tasso d'inflazione non superi il 2% annuo, cosicché la perdita di potere d'acquisto risulterebbe abbastanza limitata nel tempo.

[189] 3% + (3% x 5%) = 3,15%.

care le spese annuali per 25 volte.

In tal modo, per far fronte alle spese, si utilizzeranno in prima battuta i dividendi (la situazione ideale sarebbe, infatti, di utilizzare solo le cedole per la copertura delle spese), e successivamente si potrà vendere una piccola percentuale di titoli dall'1% a massimo il 4%.

Attenendosi scrupolosamente a tali principi, il valore di un portafoglio diversificato e ben costruito con azioni a dividendo crescente non dovrebbe necessariamente diminuire, ma potrebbe anche aumentare e, cosa più importante, non dovrebbe subire drammatiche perdite di valore nel tempo.

Un'ultima questione da affrontare riguarda la scelta delle azioni che si ha bisogno di vendere. Nella fase di accumulazione è importante massimizzare la crescita. Perciò, come visto in precedenza, vanno vendute solo le azioni molto sopravvalutate, assieme a quelle che hanno tagliato il dividendo, poiché in entrambi i casi, probabilisticamente, vi sono minori prospettive di incremento.

Durante la fase del pensionamento, il consiglio più opportuno è, invece, di eliminare le posizioni che hanno il rapporto dividendo/prezzo più basso, ossia lo yield percentuale inferiore. In tal modo, incidendo meno sul flusso cedolare, si ridurrà al minimo la necessità di vendere azioni per coprire le spese annuali. Naturalmente, se vi sono, vanno innanzitutto vendute le azioni che riducono il dividendo, sostituendole con altre a dividendo crescente, perché la riduzione del dividendo incide direttamente sul reddito disponibile.

6. Conclusioni

Investire per il risparmiatore significa percorrere una maratona, non la gara dei cento metri. Si è visto all'inizio come tra le varie possibilità d'investimento sui mercati finanziari, una delle più redditizie è rappresentata dall'investimento in titoli azionari. Tuttavia, nel sentire comune il modo migliore di entrare nel mercato azionario è attraverso operazioni di breve termine condotte su pochi titoli, cercando di indovinare il momento giusto in cui comprare e in cui vendere. A tal fine, libri, giornali e soprattutto internet sono pieni di studi, formule matematiche, e fanno ricorso persino all'astrologia. In realtà, è quasi impossibile trovare una strategia a breve termine che vada bene per decenni. Alcune di esse, per periodi più o meno brevi, possono validamente funzionare, ma poi dimostrano risultati fallaci.

Per tale motivo essere un *cassettista* e restare investiti in azioni di qualità è la strategia che consente di ottenere i risultati migliori, anche perché, come dimostra uno studio della Sanford Bernstein & Company,[190] l'80/90% dei rendimenti degli investimenti in azioni si verifica in un tempo compreso tra il 2% e il 7% dei periodi di contrattazione. Pertanto, se l'investitore di lungo termine esce dal mercato, vi è il concreto pericolo di rimanere in tutto o in parte fuori, proprio quando si verificano i movimenti al rialzo, il cui timing è virtualmente impossibile da prevedere.

Ancora, il premio Nobel William Sharpe ha osservato che un operatore che cerca di trovare il giusto *timing* di mercato, entrando e uscendo dalle azioni, dovrebbe aver ragione l'82% delle volte per aver dei risultati migliori rispetto a una strategia *buy and hold*,[191] cioè da cassettista. Ciò dimostra, se mai ce ne fosse ancora bisogno, che una strategia di trading è molto più rischiosa rispetto a una da cassettista, e accade spesso che una strategia di entrata/uscita conduce a comprare a prezzi alti e a vendere a prezzi bassi.

---

[190] Cfr. "*The little book of value investing*" di Christofer Brown; edizioni John Wiley & Sons (pag. 124 e segg.).

[191] Ossia "*compra e tieni*".

IV) COSTRUIRE E GESTIRE UN PORTAFOGLIO AZIONARIO PER IL LUNGO TERMINE

A tale proposito è possibile citare il caso della Fidelity Investments che ha condotto uno studio sulle performance del suo fondo comune d'investimento di punta *Magellan*, durante il mandato di Peter Lynch che, come visto in precedenza, viene considerato il più grande gestore di fondi di tutti i tempi. Sotto di lui, nel periodo 1977-1990, il fondo Fidelity Magellan ha fornito un eccezionale 29% di rendimento medio annuo.

A dispetto di tale notevole performance Fidelity ha trovato che, paradossalmente, l'investitore medio, in realtà, ha perso denaro nel fondo durante i 13 anni del mandato di Lynch. Come è stato possibile? Secondo Fidelity, i risparmiatori uscivano dal fondo durante i periodi di scarso rendimento e si precipitavano dentro dopo i periodi di successo, cercando illusoriamente di inseguire le performance.

In senso più generale, secondo un'analisi condotta dalla società di ricerca Dalbar inc.[192] dal 1985 al 2005,

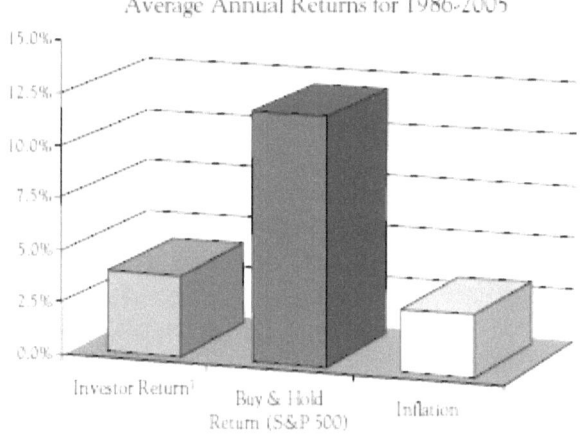

a fronte dell'indice S&P 500 che ha reso il 13,2% su base annua, l'investitore medio nei fondi comuni statunitensi ha guadagnato solo il 3,7% l'anno nello stesso

---

[192] Dalbar Quantitative Analysis of Investment Behavior (QAIB) http://www.dalbar.com.

periodo di tempo, coprendo a malapena l'inflazione (vedi la figura seguente)[193] e dimostrando come, in questo campo, l'individuo spesso riesce a essere il suo peggior nemico.

È impressionante vedere come avrebbe inciso una differenza annua del 9,5% sul risultato finale di un investimento di lungo termine. Se un ipotetico investitore aveva un portafoglio azionario di 100.000 dollari nel 1985, dopo 20 anni, ottenendo il rendimento medio del 3,7% calcolato dallo studio Dalbar, il suo portafoglio sarebbe cresciuto fino a circa 206.811 dollari. D'altra parte lo stesso investimento, effettuato nell'indice S&P 500 e lasciato lì, sarebbe cresciuto fino a circa 1.193.791 dollari. Una sorprendente differenza di 986.000 dollari!

Sfortunatamente non è solo l'investitore individuale che è vittima di tale comportamento, ma anche i gestori professionali e i consulenti. Sempre dallo studio della Dalbar inc. il gestore medio di fondi azionari, nel periodo dal 1984 al 2002, ha sottoperformato l'indice S&P 500 ottenendo un rendimento totale del 9,3% all'anno, rispetto a un rendimento medio del 12,2% dello S&P 500, registrando una differenza negativa di quasi il 3% all'anno.

Nella progettazione di una strategia d'investimento è fondamentale sviluppare un approccio che non sia dipendente dal comportamento del mercato a breve termine e, nello stesso tempo, sia basato su fatti comprovati e tale da eliminare il più possibile il peso delle emozioni. La mancanza di una visione di lungo termine è ciò che ha dato il maggior contributo agli scarsi risultati, ma a quali strumenti possono far ricorso gli investitori per acquisire la necessaria autodisciplina?

Come già illustrato, la prima strategia da prendere in considerazione è di tipo passivo e si basa sui vantaggi dell'indicizzazione, in cui si cerca di rispecchiare

---

[193] Grafico preso da *Frederic T. Kutscher Associates, inc.*

la performance di un benchmark come lo S&P 500. Gli indici sono molto facili da replicare e a costi molto bassi attraverso il ricorso agli ETF, e non richiedono la selezione di titoli e alcun coinvolgimento emotivo, se non la decisione di rimanere investiti. Essi consentono, in modo semplice, di battere i risultati della gran parte degli operatori professionali.

Un altro approccio vincente, stavolta di tipo attivo, che è stato anch'esso oggetto di analisi nel presente testo, è quello di investire in azioni di qualità con crescita dei dividendi, grazie al quale si acquistano le azioni di imprese che hanno un'elevata probabilità di premiare gli investitori con il pagamento di cedole che aumentano. Il pagamento in contanti di queste ultime assicura agli investitori un reddito passivo crescente. Per sostenere meglio tale affermazione, di seguito si riassumono i vantaggi che sono alla base di una strategia fondata sull'acquisto di azioni di qualità e con dividendi costantemente in crescita (Dividend Kings, Aristoctrats e Achievers):

1. Sono riuscite a battere il mercato

Ogni investitore vuole battere il mercato. Purtroppo, nella pratica, non ci riesce neppure la maggior parte degli investitori professionali. Invece nei paragrafi precedenti è stato dimostrato come il gruppo dei Dividend Aristocrats ha chiaramente sovraperformato il mercato, con una volatilità inferiore delle quotazioni.

L'indice dei Dividend Aristocrats è composto esclusivamente da aziende presenti nello S&P 500 con 25 o più anni consecutivi di aumenti dei dividendi e che soddisfano determinati requisiti di dimensione e di liquidità. Negli ultimi dieci anni (2006-2016) ha battuto in modo significativo l'indice S&P 500 di quasi 3 punti percentuali l'anno. È interessante notare che il Dividend Aristocrats Index non solo ha sovraperformato l'indice S&P 500, ma lo ha fatto mostrando, nel contempo, una deviazione standard più bassa. Del resto non dovrebbe essere una sorpresa che aziende con forti vantaggi competitivi e una lunga storia di dividendi in aumento tendono a fare meglio del mercato nel suo complesso. Nel mercato, difatti, convivono imprese buone e ottime con imprese mediocri.

2. Il loro acquisto è efficiente dal punto di vista delle spese

Investire in fondi comuni d'investimento o in gestioni patrimoniali comporta uscite di denaro sotto forma di commissioni di gestione.[194] Queste commissioni di gestione si sommano nel tempo. L'acquisto dei singoli titoli permette, invece, di non pagare alcuna commissione di gestione. Una volta che i titoli sono stati acquistati, non ci sono più i costi associati al loro possesso.[195]

3. Le azioni di qualità consentono di focalizzarsi sul business e non sulle quotazioni

Il valore fondamentale di un'azione deriva dal valore dell'azienda che rappresenta. Nel corso del tempo le aziende mediocri si estinguono, perché sono consumate dalle forze concorrenziali. Le imprese eccellenti, invece, aumentano la ricchezza degli investitori a interesse composto. Le aziende con forti vantaggi competitivi in settori che cambiano lentamente, storicamente, hanno fatto bene. Società come Johnson & Johnson (JNJ), Coca-Cola (KO), Clorox (CLX), Colgate-Palmolive (CL), Kimberly-Clark (KMB), pagano agli azionisti dividendi crescenti ogni anno.

---

[194] Anche gli ETF presentano delle commissioni di gestione, ma nettamente inferiori a quelle dei fondi e delle gestioni patrimoniali.

[195] In Italia i depositi titoli sono generalmente gratuiti, ma esiste la minipatrimoniale dello 0,2% che è molto più bassa delle commissioni dei fondi, ai quali, comunque, si applica ugualmente.

IV) COSTRUIRE E GESTIRE UN PORTAFOGLIO AZIONARIO PER IL LUNGO TERMINE

L'informazione finanziaria sui giornali e su internet considera, invece, l'acquisto delle azioni come il gioco alle slot machine. Niente potrebbe essere più lontano dalla verità. Quando si acquista un'azione, si entra in possesso di una piccola frazione di un'azienda. Perciò è importante mettere a fuoco gli aspetti del business, non il movimento dei prezzi del titolo. E c'è un importante vantaggio psicologico che si trova nell'investire in aziende che si conoscono bene. La familiarità con l'azienda, i marchi e i prodotti, aiuta a valutare meglio il suo vantaggio competitivo. Ci sono meno sorprese quando si capisce come funziona un business.

Se il prezzo delle azioni di un'azienda che fa parte degli Aristocrats ha un calo nel corso di una recessione, si può trarre conforto nel sapere che i prodotti della società continuano a essere molto richiesti e venduti. Questo significa evitare le vendite di azioni indotte dal panico e una maggiore propensione a tenerle in portafoglio per il lungo periodo.

4. Consentono di evitare le follie speculative e di investire in aziende in rapido declino

Quando gli investitori si concentrano sulla costruzione di un portafoglio di azioni con dividendi in crescita, essi evitano le mode e le follie speculative, come pure evitano di acquistare azioni apparentemente a sconto, ma in società che sono in declino irrimediabile. Le perdite maggiori per chi acquista azioni si verificano per chi compra società molto sopravvalutate, nell'aspettativa che i prezzi salgano ancora, o per chi compra azioni di società in difficoltà, nella speranza che si riprendano.

Focalizzando l'attenzione sulle azioni che pagano dividendi, gli investitori evitano le imprese speculative che non generano flussi di cassa. Non verranno acquistate le azioni di nuova quotazione, che sono spesso tra le più sopravvalutate, non distribuiscono dividendi e, comunque, non hanno una storia di dividendi in crescita. Gli investitori che avessero guardato alla crescita dei dividendi non avrebbero mai investito nelle costosissime azioni *dot.com* al pieno della bolla internet, giacché si trattava, spessissimo, di start-up che non pagavano cedole e non avevano una storia di redditività alle spalle.

Lo stesso vale per le azioni di aziende in difficoltà, perché un business che sta perdendo soldi semplicemente non può pagare dividendi, o non può farlo a lungo.

5. Impone di rimanere concentrati sul lungo termine e a sopportare i cali di mercato

Le azioni delle aziende che, anno dopo anno, aumentano i dividendi sono ideali per essere mantenute a lungo termine. Non vi sono motivi di vendere le azioni se esse pagano disciplinatamente le cedole. Questa crescita lenta ma costante premia coloro che non comprano e vendono continuamente le azioni.

Se si rimane focalizzati sulla costruzione di ricchezza a lungo termine, investendo in grandi imprese, non ha molto senso saltare da un'azione all'altra. Se un'azienda è stata per molti anni di alta qualità (generando un ROIC elevato), lo sarà molto probabilmente anche per il futuro.

Inoltre, le azioni di alta qualità con crescita dei dividendi, storicamente, hanno ottenuto buoni risultati durante le recessioni. Infatti, tendono ad avere deviazione standard inferiore all'indice di mercato. Ciò significa che tendono a scendere di meno durante i periodi di calo (mercati orso), e aumentano di meno durante i mercati al rialzo (toro). Dal punto di vista fondamentale, una performance migliore durante le recessioni è spiegabile, perché tali società sono spesso in grado di mantenere o far crescere gli utili e i dividendi durante le fasi negative dell'economia.

6. L'investimento è relativamente semplice ed è persino divertente

Acquistare azioni in imprese di alta qualità con la capacità di aumentare costantemente il pagamento dei dividendi semplifica il processo d'investimento. Le aziende che possono aumentare, anno dopo anno, le cedole molto probabilmente hanno un vantaggio competitivo che protegge i profitti. Questo riduce sicuramente il rischio di incappare in business in declino o di investire in azioni che hanno modelli di business non provati o instabili.

Gli investitori nell'ambito delle azioni con cedole crescenti devono solo stare attenti a evitare quelle società che sono sopravvalutate in modo esagerato, e cercare unicamente tra quelle che sono negoziate a prezzi equi o, addirittura, sottovalutate.

Diceva John D. Rockefeller[196] che la cosa che gli dava più piacere era vedere i dividendi che arrivavano sul suo conto. In effetti, è gratificante ricevere periodicamente somme sul conto come reddito passivo, semplicemente perché si possiedono le azioni in portafoglio. Ancora più gratificante è che i dividendi crescano nel tempo. E ci sono pochissimi investimenti che offrono sia reddito attuale, sia futura crescita del reddito, e che fanno aumentare il flusso di reddito passivo al di sopra dell'inflazione.

In definitiva investire da *cassettista* nelle azioni con dividendi crescenti consente di entrare in aziende di alta qualità che danno priorità all'interesse degli azionisti, attraverso il pagamento delle cedole. Il risultato è un metodo d'investimento di lungo periodo facile da implementare, che premia gli investitori con flussi di

---

[196] Capitalista e petroliere statunitense (1839-1937) portò a una enorme espansione l'industria petrolifera. Rapportando il valore del suo patrimonio a oggi è considerato l'uomo più ricco di tutti i tempi.

reddito in aumento e che, difficilmente, può condurre a risultati pessimi o disastrosi. Ciò è osservabile dai dati storici che mostrano rendimenti più alti della media del mercato, con una minore volatilità. Si tratta di una delle migliori possibilità che ha di fronte un investitore individuale e che si basa su principi che rimangono sempre attuali, che hanno funzionato bene nel XX secolo, e che stanno funzionando altrettanto bene anche nel XXI secolo. E forse il segreto dei suoi risultati sta anche nel fatto che un tale stile d'investimento sia in realtà poco praticato, pur se risulta perfettamente sensato. Del resto Warren Buffett, alla fine del suo discorso del 1984, "*I superinvestitori di Graham e Doodsville*", afferma, a proposito dell'importanza di investire basandosi sul valore: "*Posso dire che questo segreto viene divulgato da 50 anni (...) eppure non ho visto alcuna moda dell'investimento fondato sul valore nei 35 anni in cui l'ho praticato. Sembra che ci sia qualche caratteristica umana perversa che pare rendere difficili le cose facili*".

Ringraziamenti

Un grazie particolare a Maria Grazia de Sena e a Raffaele Castelli che mi hanno aiutato nella revisione di questo testo.

GIANPAOLO IULIANO

www.ingramcontent.com/pod-product-compliance
Lightning Source LLC
Chambersburg PA
CBHW031834170526
45157CB00001B/300